法藏知津

四編：佛教歷史與文獻研究專輯

杜潔祥 主編

第 7 冊

《比丘尼傳》及其補遺考釋（上）

周奢 著

花木蘭文化出版社

國家圖書館出版品預行編目資料

《比丘尼傳》及其補遺考釋（上）／周奢 著 — 初版 — 新北市：
花木蘭文化出版社，2015〔民104〕
目 2+182 面；19×26 公分
（法藏知津四編：佛教歷史與文獻研究專輯　第7冊）
ISBN：978-986-254-412-9（精裝）
1. 比丘尼　2. 佛教傳記
011.08　　　　　　　　　　　　　　　　　　100000221

ISBN-978-986-254-412-9

9 789862 544129

法藏知津四編：佛教歷史與文獻研究專輯
第 七 冊　　　　　　　　ISBN：978-986-254-412-9

《比丘尼傳》及其補遺考釋（上）

作　　者　周奢
主　　編　杜潔祥
副總編輯　楊嘉樂
編　　輯　許郁翎
出　　版　花木蘭文化出版社
社　　長　高小娟
聯絡地址　235 新北市中和區中安街七二號十三樓
　　　　　電話：02-2923-1455 ／傳眞：02-2923-1452
網　　址　http://www.huamulan.tw 信箱 hml 810518@gmail.com
印　　刷　普羅文化出版廣告事業
初　　版　2015 年 5 月
定　　價　四編 15 冊（精裝）新台幣 25,000 元

《比丘尼傳》及其補遺考釋（上）

周奢 著

作者簡介

姓　　名：周　奢
學、經歷：已從教職退休
習作概略：
《〈太平廣記〉人名書名索引》、《六朝志怪小說研究》、《神異經研究》、《老子考述》、《陰符經考》、《吳越釋氏考》、《〈比丘尼傳〉及其補遺考釋》、《尼師成道典型之研究》、《易經卦爻辭考說》、《周易翼傳考說》、《唐碑誌研究（一）──女子身份與生活部分》等。

提　要

　　寶唱和尚的《比丘尼傳》中所載尼師，時間長而篇幅短，實不足以考究彼時尼師之實情，因此而有本論文之作。

　　本論文考察的面向，略為：一、《比丘尼傳》考釋，二、補遺考釋；再者二者得出的資料上，作以下的分析與探討：（一）女眾入道的因緣、（二）比丘尼受具足戒的爭執、（三）比丘尼的堅持與成就、（四）法系考、（五）寺院考、（六）地域考、（七）罕見姓氏考、（八）比丘尼繫年長編、（九）本《考釋》可以補史志之缺者等九節。最後一章，則是「總結」。

　　其有不能涵蓋的，則作成以下附錄：一、本傳索引，這包括了：書名篇、僧名篇、人名篇、職官篇、寺名篇、地名篇等；二、俗語名物典；三、刺史與州牧表。

　　至於另文之《尼師成道典型之研究》則是以漢譯巴利文原典《長老偈‧長老尼偈》為入手資料所作的研究，很可以作拙著《〈比丘尼傳〉及其補遺考釋》的補篇。尤其是一、入道因緣，既可以考見佛陀時期女眾入道之所以，又可與《比丘尼傳》中的女子作一比較，察其異同如何？二、入道法門，先以梁‧僧祐和尚的〈釋迦譜〉為底本，將長老尼眾因之得道的法門歸類；然後與《長老尼偈》、《比丘尼傳》者作比較，由於時代的差異，其成就的不盡相同處就自然顯現了。

　　本論文獲「國科會」之研究補助，補助文號是：NSC89-2411-H-324-006，又，本論文得陳仲和兄幫忙精校，謹致謝忱。

目

次

下　冊

前　言

　　寶唱和尚的《比丘尼傳》中所載的尼師，多不是所謂高門大戶的「世家」；恰相反對的，竟多是布衣平民的中下階層〔註 1〕。這樣的背景、出身，居然能夠使她們屹立迄今，即便是倖至，也不容許研究僧史的學者專家不去正視的。

　　然而，和尚所傳的尼師，時間上是「起晉升平訖梁天監」的一百六十二年，凡正傳六十五人、附見五十四人，總共只一百一十九尼師而已。可見所遺漏者不在少數，乃不能不為之鉤輯補苴，因此而有本論文之作。鉤輯補苴之數，凡的四十〈傳〉，尼師百餘人（因石刻史料之中，往往一石而有數十尼師之刻名，乃未遑盡計）；至於其資料的鉤輯，殆從史書、僧傳、地志、碑銘、詩文、筆記、小說等等而得。

　　史料既備，乃擬從以下諸端為作考察：

　　一、《比丘尼傳》考釋，二、補遺考釋；所謂「考釋」，是就每一〈尼傳〉的傳文，於字的訛誤、詞的不馴、尼師的姓氏、鄉里、郡望、師承、交遊、立寺等等，加以考訂，因之此一部分所費的時間最多，所佔的篇幅也最夥。因為有以上的分析，乃得出了以下的「結論」：（一）女眾入道的因緣～附論：我國首位尼師的商榷；（二）比丘尼受具足戒的爭執～附論：「八敬法」的探討；（三）比丘尼的堅持與成就～附論：(1)尼師的官制、(2)釋道之爭；（四）法系考～附論：尼師們的禪學之考察──東青園寺是比丘尼的禪學窟；（五）寺院考～附論：借金考；（六）地域考～(1)地域與宗教的關係、(2)尼師的分

────────────

〔註 1〕 請參閱本論文〈罕見姓氏考〉節。

佈（關於此節，又分成出生地、遷徙地、弘法地等三項作爲考察，庶幾可以更近於事實）；（七）罕見姓氏考；（八）比丘尼繫年長編；（九）本《考釋》可以補史志之缺者等九節，以爲條分縷析的效果。最後一章，則是「總結」，這當然是就以上的分析，作總而言之、統而言之的簡明歸納了。

然而，就以上資料，在研讀之餘；猶有上述章節所不能涵蓋的，乃作成以下附錄：一、本傳索引，這包括了：書名篇、僧名篇、人名篇、職官篇、寺名篇、地名篇等；二、俗語名物典；三、刺史與州牧表等。

從以上的分析推演，因有寺院、尼師之分布情形，乃製圖而附焉；圖則根據楊衒之《洛陽伽藍記》、程光裕和徐聖謨主編之《中國歷史地圖》、譚其驤主編之《中國歷史地圖集》等，增補而成。

第一章 《比丘尼傳》考釋

本章是只就梁・釋寶唱的《比丘尼傳》而作的考釋，其凡例是：

1. 本傳是以《龍藏》、《宋磧砂藏》、《中華大藏經》、《佛教大藏經》、《卍字大藏經》、《日本大正大藏經》、《高麗國大藏經》、《文殊文化有限公司・比丘尼傳》、《佛教出版社・比丘尼全傳》等為校勘本的。
2. 考釋時，分從傳文的全篇迻錄、考釋、簡譜和小結等四個項目進行。
3. 本章之後，各附索引，以便學者翻檢。

晉・釋寶唱《比丘尼傳》考釋

晉竹林寺淨撿尼傳〔1〕考1

淨撿，本姓仲〔2〕，名令儀，彭城〔3〕人也。父誕，武威〔4〕太守。

撿少好學，早寡家貧；常為貴遊〔5〕子女教授琴書。聞法信樂，莫由諮稟；後遇沙門法始〔6〕，經道通達，晉建興中〔7〕，於宮城西門立寺〔8〕，撿乃造焉，始為說法。撿因大悟，念及強壯以求法利，從始借經，遂達旨趣。他日謂始曰：「經中云比丘、比丘尼，願見濟度？」始曰：「西域有男女二眾，此土其法未具。」撿曰：「既云比丘、比丘尼，寧有異法？」始曰：「外國人云，尼有五百戒，便應是異。當為問和尚。」和尚云：「尼戒大同細異，不得其法，必不得授；尼有十戒，得從大僧受，但無和上尼，無所依止耳。」撿即剃落，從和上受十戒，同其志者二十四人。於宮城西門共立竹林寺；未有尼師，共諮淨撿，過於成德。

和上者，西域沙門智山〔9〕也，住罽賓國，寬和有智思，雅習禪誦。晉

永嘉末〔10〕來達中夏，分衛〔11〕自資，語必弘道；時信淺薄，莫知啓稟。建武元年〔12〕，還反〔13〕罽賓，後竺佛圖澄〔14〕還述其德業，皆追恨焉。

撿蓄徒養眾，清雅有則，說法教化，如風靡草。

晉咸康中〔15〕，沙門僧建〔16〕於月支國得《僧祇尼羯磨》及戒本。升平二年〔17〕二月八日，洛陽請〔18〕外國沙門曇摩羯多〔19〕爲立戒壇；晉沙門釋道場〔20〕以《戒因緣經》爲難，云：「其法不成。」因浮舟於泗。撿等四人同壇，上〔21〕從大僧以受具戒，晉土有比丘尼亦撿爲始也〔22〕。當其羯磨之日，殊香芬馥，闔眾同聞，莫不欣歡加其敬仰。善修戒行，志學不休，信施雖多，隨得隨散，常自後己，每先於人。

到升平末〔23〕，忽聞前香，并見赤氣。有一女人，手把五色花，自空而下。撿見欣然，因語眾曰：「好持後事，我今行矣。」執手辭別，騰空而上，所行之路，有似虹蜺，直屬于天。時年七十矣。

考釋：

〔1〕案，《龍藏》、《宋磧砂藏》做「洛陽竹林寺竺淨檢尼傳」；而《日本大正大藏經》、《高麗國大藏經》則在卷頭的總目上與之相同，卻在篇目上省去了「洛陽」和「竺」字；《文殊文化有限公司・比丘尼傳》、《佛教出版社・比丘尼全傳》乃逕做「晉竹林寺淨檢尼傳」。所以題爲「竺淨檢」者，殆是因爲掛名竺佛圖澄的關係，而事實上淨檢尼先是從智山和尙受十戒，又從曇摩羯多受具的。

〔2〕仲氏　這是比較罕見的姓氏，又，《龍藏》、《宋磧砂藏》做「种氏」，其他各本皆不如是，因從眾。其詳請參見本論文〈罕見姓氏考・仲氏條〉。但如果眞是做种氏，他的本姓也是仲氏。《廣韻・東》：「种，姓。後漢司徒河南种暠。」《元和姓纂・一東》：「种，本姓仲氏；仲山甫之後，因避難，改爲种氏。後漢有种暠，司徒。暠生拂，拂生邵、大鴻臚卿。」又，《通志・二八・以次爲氏》：「种氏，本仲氏；或言仲山甫之後，避難改种氏。宋种放，長安人，望出河南。」

〔3〕彭城　屬徐陵道，即江南徐州府，也就是現在的江蘇銅山縣。《太平寰宇記》（案，以下簡稱《寰宇記》）卷十五〈河南道・徐州〉條說：「彭城郡，今理彭城縣。古大彭氏國，地則青、兗之域，星分房宿四度。」與之和《元豐九域志》（案，以下簡稱《九域志》）對看，《九

域志》卷一〈西路・大都督府徐州〉條說：「東京七百里。東至本州界一百里，自界首至淮陽軍九十里；西至本州界一百二十里，自界首至南京二百三十里；南至本州界五十里，自界首至宿州九十五里；北至本州界二百五十五里，自界首至兗州一百里；東南至本州界一百里，自界首至泗州三百五十里；西南至本州界一百三十里，自界首至亳州二百五十里；東北至本州界七十里，自界首至沂州二百八十里；西北至本州界二百一十里，自界首至單州一百三十里。」這是繼關中殘破之後，佛學最盛的地方，本《比丘尼傳》中，就有本地的出家眾五人，正是受這風氣的影響。其他請詳本論文的〈地域考・一、地域與宗教的關係・彭城條〉。

〔4〕武威　屬陝西道，今甘肅省武威縣。淨撿尼師的父親仲誕爲武威太守，然則仲氏一族殆又有遷入甘肅武威的了。（詳見本論文〈罕見姓氏考〉）

〔5〕貴遊　此是魏晉人生活習性的寫照，也是其時特有的用詞，如《昭明文選》卷四十九〈史論上〉就引王隱的《晉書》說：「貴遊子弟，多祖述於阮籍，同禽獸爲通。」

〔6〕法始　據本〈淨撿尼〉傳，應是智山和尚的弟子；智山在華，前後不過五、六年，所以僧傳不載他的行儀，今法始爲其弟子，淨撿尼又從受十戒，都可以補梁・釋慧皎《梁高僧傳》（以下簡稱《梁傳》）之缺。

〔7〕晉建興中　案，「建興」是西晉最後一位皇帝——愍帝司馬鄴的年號，在位凡四年，十八歲被弒。這四年，相當於西元 313～316 年。

〔8〕宮城西門立寺　這寺應該是竹林寺，詳情請參閱本論文「寺院考」。

〔9〕智山　罽賓國人。餘詳本文〔14〕〈竺佛圖澄〉條。

〔10〕永嘉末　案，「永嘉」是西晉最後第二位皇帝——懷帝司馬熾的年號，在位凡六年，三十歲被弒。這六年，相當於西元 307～312 年。

〔11〕分衛　就是乞食，梵語作 Pindapada；但是分衛也自有它的用意在，《僧祇率》說：「啓十分施僧尼，衛護令修道業，故云分衛。」

〔12〕建武元年　案，「建武」只一年，相當於西元 317 年，是東晉元帝司馬睿的年號。不過，西晉惠帝也用過這一個年號，但是，他是「太安」之後，正月改元「永安」，七月改元「建武」，十一月又改回「永安」，

十二月改稱「永興」，第二年還是死了，時四十八歲。以是推之，從「太安」改到「永興」是西元 304 年的事體，所以應該不是這一年；而應該是東晉元帝的那一年才是。

〔13〕案，《龍藏》、《宋磧砂藏》做「西返」。

〔14〕竺佛圖澄　案，《梁傳》卷十〈晉鄴中竺佛圖澄傳〉說：「竺佛圖澄者，西域人也。（案，王靜庵先生以爲是罽賓王子，據湯錫予氏《漢魏兩晉南北朝佛教史》——以下簡稱《湯氏佛教史》——以爲是龜茲人；但是根據〈本傳〉後文：『自云再到罽賓，受誨名師。』云云，則王氏所言，或者不誤。又，『受誨名師』據《魏書·釋老志》——以下簡稱《釋老志》——說是『少於烏萇國，就羅漢入道。』）本姓帛氏。（案，《世說新語注》引〈澄別傳〉謂：『不知何許人也。』）少出家……以晉懷帝永嘉四年（310 A. D.）來適洛陽。（案，據本〈淨撿尼傳〉說釋智山是『永嘉末來達中夏』，那是竺佛圖澄來後的第一、二年就到了洛陽，卻在『建武元年』離開中國，前後不過五、六年，且竺佛圖澄相關的傳記又都沒有述及於他，可見竺佛圖澄之認識釋智山，又能『還述其德業』，一定是在罽賓的時候。這也可以反證竺佛圖澄『是罽賓王子』而出家，所以和『住罽賓國』的釋智山乃有了深知。）……於是中州胡、晉略皆奉佛……營造寺廟，相競出家，眞偽混淆，多生愆過……澄還寺……遣人與石虎辭……至十二月八日，卒於鄴宮寺，是歲晉穆帝永和四年也。（案，即石虎建武末年，348 A. D.）春秋一百一十七矣。（案，這樣算來，師當生於三國時曹魏明帝太和五年，231 A. D.）……澄自說生處去鄴九萬里，棄家入道一百九年……受業追隨者常有數百，前後門徒幾且一萬。所歷州郡興立佛寺八百九十三所，弘法之盛，莫之先矣……」談到戒律，當時傳譯者不多，也多不精審，乃頗就正於澄公者〔註1〕。案，竺佛圖澄的資料，又見《晉書》、《鄴中記》、《太平御覽》等。

〔15〕咸康中　案，「咸康」是東晉成帝司馬衍的年號，他在位凡十七年，二十二歲崩。這十六、七年裡，用了「咸和」、「咸康」兩個年號；前

〔註1〕釋道安〈比丘大戒序〉說：「大法東流，其日未遠，我之諸師始秦受戒，又之譯人考校者尟，先人所傳相承謂是，至澄和尚多所正焉。」（見《出三藏記集》卷十一）

者用了九年（326～334），後者用了八年（335～342）。

〔16〕沙門僧建 《唐傳》卷六〈法貞傳〉附有他的傳，但是，這一位僧建，並不是「晉咸康中」的沙門僧建。因爲這一位僧建，和法貞和尚是「義會之友」；而法貞是「以梁普通二年（521 A. D.）相率南邁；貞爲追騎所及，禍滅其身，春秋六十一矣。」那麼，和晉咸康中的沙門僧建相差了一、二百年；而且〈本傳〉也沒有說到他從月支國，得《僧祇尼羯磨》及《戒本》。因此應該是兩個人才是。

至於《僧祇尼羯磨》，應該是「大眾部」的《摩訶僧祇律》的尼戒部分。但是，根據釋僧祐的《出三藏記集》卷三所載，《摩訶僧祇律》是法顯和尚從西域帶回來，而在晉義熙十二年（416 A. D.）到十四年末（418 A. D.）和佛馱跋陀在道場寺把它譯出來的。（案，《梁傳・法顯傳、佛馱跋陀傳》所載同。）而《僧祇尼羯磨》卻早於它六、七十年，就已譯來授戒了，這很可以補《僧傳》的不足。

〔17〕升平二年 案，《大正大藏》校本條，或做「興平」。而此年號只在齊唐遇之於錢塘稱帝時用過，那是西元 486 年，不過唐氏在同年被斬，所以應該不是指這一年。升平二年，是東晉穆帝司馬聃的年號，他兩歲做了皇帝，十九歲死。升平二年，相當於西元 358 年。

〔18〕洛陽請 案，《大正大藏》校本條，做「於洛陽譯出」，文通字順，當從。

〔19〕曇摩羯多 案，曇摩羯多只見於此，乃日本鎌田茂雄氏的《中國佛教通史》即據以說明：「晉咸康中（335～342 A. D.）沙門僧建於大月氏國得到《僧祇尼羯磨》和《戒本》，因此他在升平元年（357 A. D.）二月八日在洛陽，禮請外國沙門曇摩羯多立戒壇，有淨撿等等四人從大僧受比丘尼的具足戒。」本人頗懷疑他就是曇摩堀（案，《梁傳》「堀」作「掘」）多，原因是：一、名字的譯音相近，段注《說文》九篇下〈山部〉：「堀（掘字同，見十二篇上〈手部〉），衢勿切、十五部；羯，居謁切、十五部（見四篇上〈羊部〉）」韻部相同，又衢、居同爲圓唇音，段氏〈古十七部諧聲表〉列瞿、居、且聲紐相同，同屬第五部，古人是可以通轉的。二、就掘和羯的梵文對音來說，前者音 kar，後者音 gup，都屬舌根音，在秦言的翻轉之中，也是可以相通的。三、《梁傳》卷一〈曇摩耶舍傳〉說：「（佛陀耶舍）至義熙中來入長

安，時姚興僭號，甚崇佛法，耶舍既至，深加禮異。會有天竺沙門曇摩堀多來入關中，同氣相求，宛然若舊。因共耶舍譯《舍利弗阿毗曇》，以僞秦弘始九年（407 A. D.）初書梵文，至十六年（414 A. D.）翻譯方竟，凡二十二卷。」佛陀耶舍據僧肇和尚在給劉遺民的信〔註2〕上，說是「律部」的宗匠，而曇摩耶舍因善「毗婆沙律」，人們更直接稱之爲「大毗婆沙」而不名，今曇摩堀多既然和他「同氣相求，宛然若舊」，則堀多之善《律藏》可以想見，這和僧建和尚爲立戒壇、淨撿尼師從受具戒的身分是相合的。四、當堀多在洛陽立戒壇時是升平元年（357 A. D.），而共耶舍譯《舍利弗阿毗曇》，是在秦弘始九年（407 A. D.）至十六年（414 A. D.）其間相差將近五十年，不過，《梁傳》也說耶舍在晉隆安中初達廣州，住白沙寺時已經八十五歲了（案，隆安凡五年，397～401 A. D.），還特別強調徒眾也只有八十五人，又在義熙中來入長安；案，義熙凡十四年（405～418 A. D.），〈傳〉中說：「時姚興僭號關中」則正當弘始年間，而〈傳〉說翻譯《舍利弗阿毗曇》，是在秦弘始九年（407 A. D.），那麼耶舍入長安的年歲應該在九十開外了。〈傳〉又說耶舍「至元嘉中辭還西域，不知所終」元嘉是宋武帝劉裕的年號，凡三十年（424～453 A. D.），假設「元嘉中」是元嘉十五年（438 A. D.）則曇摩耶舍已是百二、三十歲的壽考。因此推測堀多也必然是一長壽之人，才能與之「宛然若舊」，然則時間的相差應該不是問題。

〔20〕釋道場　道場法師，是當代名僧，《唐傳》卷八〈法上傳〉就記載了時人的諺語，說：「京師極望，道場、法上。」又，全書卷十一〈志念傳〉也載：「釋志念……至受具，問道鄴都。有道場法師精通《智

〔註2〕「領公遠舉，乃千載之津梁也。於西域還，得《方等新經》二百餘部，請大乘禪師一人、三藏法師一人、毗婆沙法師二人：什法師於大石寺出新致諸經，法藏淵曠，日有異聞。禪師於瓦官寺（案，瓦官寺可能是錯的，慧遠和尚在〈肇論疏〉寫作『官寺』：大概也是筆誤，應該根據高麗本的〈出三藏記集〉作『宮寺』，宮寺就是什法師譯經的逍遙園。）教習禪道，門徒數百，夙夜匪懈，邕邕肅肅，致可欣樂。三藏法師於中寺出《律藏》，本末精細，若睹初制；毗婆沙法師於石羊寺出《舍利弗阿毗曇胡本》，雖未即譯，時問中事，發言新奇。」（見〈肇論〉）據湯用彤先生的說法，以爲所謂大乘禪師就是佛駄跋陀羅，三藏法師就是佛陀耶舍，毗婆沙法師二人就是曇摩耶舍和曇摩堀多。

論》，爲學者之宗，乃荷箱從聽經于數載。」又，全書卷二十四〈明瞻傳〉說：「釋明瞻……投飛龍山應覺寺而出家焉，師密異其度，乃致書與鄴下大集寺道場法師，令其依攝，專學大論。」可以爲證。

另外，所謂《戒因緣經》實已亡佚；不過，現在還有同本異譯的《鼻奈耶》在，此可參見《出三藏記集》。

〔21〕上 案，《大正大藏》校本條，做「止」。

〔22〕晉土有比丘尼亦擽爲始也 詳見本論文〈我國首位尼師的商権〉。

〔23〕升平未 案，「未」應該是「末」的筆誤，《大正大藏》校本條，做「咸康」。考〈本傳〉文，曇摩羯多才在升平二年於洛陽立戒壇，淨擽也於此時和他的同參受具足戒，則不應該反在咸康末「直屬于天」。當以「升平末」爲是。而升平，凡五年，即西元 357〜361 年，那麼，淨擽之升天當在此時。假設是升平五年，則其生當在西晉武帝太熙二年，西元 291 年。

簡譜：

291 A. D. 西晉武帝太熙二年 師生。

312 A. D. 西晉懷帝永嘉六年 罽賓沙門智山來達中夏。時師二十二歲。

314 A. D. 西晉愍帝建興二年 沙門法始於宮城西門立寺，其後師從沙門智山受十戒（案，這「十戒」應該是有所本的。《出三藏記集》卷四〈新集續撰失譯雜經錄第一〉即載有〈沙彌尼戒〉一卷、〈比丘尼十戒經〉一卷，而這一些經，據僧祐和尚說是：「將是漢魏時來，歲久錄亡；抑亦秦涼宣梵，成文屆止；或晉宋近出，忽而未詳。譯人之闕，殆由斯與？」）；又同其志者二十四人，另立竹林寺於此。時師二十四歲，師或於此時得接聞於竺佛圖澄；因爲〈本傳〉說沙門智山還反罽賓以後，竺佛圖澄曾向人介紹他的行誼，而眾「皆追恨焉」。智山之還反罽賓是在建武元年，然則，師之得知竺佛圖澄，應該在建武元年之頃，而安令首尼也才能因竺佛圖澄而受戒於淨擽尼了。（見下篇〈僞趙建賢寺安令首尼傳考〉）

317 A. D. 東晉元帝建武元年 沙門智山還反罽賓。時師二十七歲。

339 A. D. 東晉成帝咸康四年 沙門僧建於月支國得《僧祇尼羯磨》及戒本，時師四十九歲。

358 A. D. 東晉穆帝升平二年 沙門僧建於洛陽譯出《僧祇尼羯磨》及戒本，

並請外國沙門曇摩竭多爲立戒壇，師與四人同受具戒。時師六十八歲。

361 A. D. 東晉穆帝升平五年　師執手辭別，騰空而上，直屬於天。時年七十一歲。

小結：

1. 師是漢地有比丘尼之始，這是就公認而言，也就是說政府以至於百姓都承認之正式比丘尼。

2. 嘗立竹林寺於西陽門外，而寺已不載於《伽藍記》中，可見頹圮已久了。

3. 淨撿尼所受的戒，是《僧祇尼羯磨》，這應該是「大眾部」的《摩訶僧祇律》的尼戒部分；於時《摩訶僧祇律》並未正式譯出。

偽趙建賢寺安令首尼傳考 2

安令首，本姓徐，東莞〔1〕人也。父仲，仕偽趙爲外兵郎〔2〕。

令首幼聰敏好學，言論清綺，雅性虛淡，不樂人間；從容閑靜，以佛法自娛，不願求娉。父曰：「汝應外屬，何得如此？」首曰：「端心業道，絕想人外，毀譽不動，廉正自足，何必三從然後爲禮？」父曰：「汝欲獨善一身，何能兼濟父母？」首曰：「立身行道，方欲度脫一切，何況二親耶？」仲以問佛圖澄，澄曰：「君歸家潔齋三日竟，可來。」仲從之。澄以茵支子磨麻油傅仲右掌，令仲視之，見一沙門在大眾中說法，形狀似女，具以白澄，澄曰：「是君女先身，出家益物。往事如此，若從其志，方當榮拔六親，令君富貴；生死大苦海，向得其邊。」仲還，許之，首便剪落，從澄乃淨撿尼受戒〔3〕，立建賢寺〔4〕。澄以石勒所遺剪花納七條衣及象鼻澡灌與之。

博覽群籍，經目必誦。思致淵深，神照詳遠，一時道學莫不宗焉，因其出家者二百餘人。

又造立五、六精舍〔5〕，匡懹勤苦，皆得修立。石虎〔6〕敬之，擢其父仲爲黃門侍郎、清河〔7〕太守。

考釋：

〔1〕東莞　屬山東青州府，今山東省沂水縣。

〔2〕外兵郎　案，《大正大藏》校本條，「郎」做「部」。考《通志·職官略第三·兵部尚書》〈兵部尚書〉條載：「魏置五兵尚書。五兵，謂：

中兵、外兵、騎兵、別兵、都兵也。晉初無，太康中乃有之；而又分中兵、外兵，各爲左右，與舊五兵爲七曹。然尙書唯置五兵而已，無七兵尙書之名；後魏始有七兵尙書，今諸家或謂晉太康中置七兵尙書，誤矣。」又，〈郎中〉條說：「歷代兵部曹皆有郎，見〈尙書中〉；或單爲郎，或置郎中，見〈吏部・郎中〉篇。」考全卷〈郎官總序〉說：「魏自黃初改祕書爲中書，置通事郎掌草詔，而尙書郎有二十三人（自注：有殿中、吏部……其民曹二千石：中兵、外兵、別兵、都兵……）非復漢時職任。青龍二年（234 A. D.）尙書令陳矯奏置都官騎兵，合凡二十五郎；每一郎缺，白試諸孝廉能給文案者五人，謹封奏其姓名以補之。晉尙書郎，選極清美，號爲大臣之副。武帝時有三十四曹（自注：加魏直事、屯田、起部、左士、右士，其民曹：中兵、外兵分爲左右主客，又有左右南北……）後又置運曹爲三十五曹，置郎中二十三人，更相統攝……當五王之難，其都官中騎三曹郎，晝出督戰，夜還理事。東晉有十五曹（……中兵、外兵。）過江之後，官資小減……」可知外兵屬民曹，不成一部；所以應該是「外兵郎」，不是「外兵部」。《梁傳》卷五〈晉長沙寺釋曇戒傳〉就說曇戒和尙是卓潛之弟，而卓潛正是「晉外兵郎棘陽令」可證。從這例證，也可證知外兵郎須是文武兼資的，因爲他往往要「晝出督戰，夜還理事」的；不過，它卻是官小、事煩而薪給微，所以〈釋曇戒傳〉才說：「居貧務學」。

又，安忡爲「僞趙外兵郎」，這一個「僞趙」不知道是劉曜「趙」？還是石勒的「大趙」？因爲，史說：劉淵在西晉惠帝永安元年（304 A. D.）稱漢王，都平陽；晉懷帝永嘉二年（308 A. D.）十月稱帝，傳到他的孫子劉隱，不過三代、十年而漢亡。

劉淵的族子劉曜在東晉元帝太興元年（318 A. D.）十月即皇帝位，卻改國號爲「趙」。而上黨武鄉羯族人的石勒，初歸劉淵，後據襄國，東晉元帝太興二年（案，即前趙劉曜光初二年，319 A. D.）十一月稱趙王，依《春秋》列國例稱元年。東晉成帝咸和三年（328 A. D.）十二月，石勒捉了劉曜；第二年石虎捉了太子劉熙，父子同年被弒，於是前趙亡，才十二年而已。接著石勒自稱「大趙天王」，同年九月即帝位，史稱「後趙」，凡二十二年，即東晉穆帝永和七年（351

A. D.）。

如果根據〈本傳〉：「忡問佛圖澄」云云的話，那是佛圖澄最受石勒、石虎寵信的時候，則應該是後趙的外兵郎吧？

〔3〕湯氏《佛教史》謂師是佛圖澄之弟子，不確。蓋師實「從澄乃淨撿尼受戒」，謂彼因佛圖澄之關係，而從淨撿尼得戒，是淨撿尼之得戒弟子，算不得是佛圖澄之弟子。

考淨撿尼得具足戒是在穆帝升平二年（358 A. D.），六十八歲時，則安令首之得戒，應不在這一年。因為佛圖澄是晉懷帝永嘉四年（310 A. D.）來到洛陽，而卒於晉穆帝永和四年（案，即石虎建武末年，348 A. D.），彼時淨撿尼還沒有從曇魔羯多受具，所以安令首尼之受淨撿尼的戒，應該是和其他二十四尼師一樣地「未有尼師，共諮淨撿」而受原初的十戒。當然，淨撿尼重受曇魔羯多的具足戒時，安令首尼也一定是「四人同壇」的四人之一的。

〔4〕建賢寺　詳情請參閱本論文「寺院考」。

〔5〕又造立五、六精舍　《十六國春秋》卷二十一〈徐忡〉條作：「又造五寺立精舍」是也。

〔6〕石虎　咸和八年（333 A. D.）後趙的石勒死，他的姪子石虎（字季龍）殺了他的兒子石弘，誅滅了他的孫子石宣，篡位為趙天王。《晉書》卷一○七、《載記》第七〈石季龍傳〉寫其酷虐，而頗信佛；然此信佛，殆是佛圖澄的教化，說見《梁傳》。

〔7〕清河　今山東省淄川縣，屬濟南府。

簡譜：

358～361 A. D.東晉穆帝升平二年～升平五年　師從淨撿尼受具足戒。

小結：

1. 師是淨撿尼的弟子，則應是守《僧祇律》的。

2. 其父徐忡原為石趙的外兵郎，後因師之戒行，乃為石虎擢為黃門侍郎、清河太守；這是宗教關涉到政治的一個面影，值得注意。

3. 師立寺、造精舍，殆是淨土崇拜的思想之表現，說詳本論文之〈法系考〉。

4. 〈本傳〉又見於《十六國春秋》卷二十一〈徐忡〉條，而文有少異。一

百卷舊本題魏崔鴻撰實則明嘉興屠喬孫項琳之僞本也。

司州西寺智賢尼傳考 3

智賢，本姓趙，常山〔1〕人也。父珍，扶柳縣〔2〕令。

賢幼有雅操，志槩貞立；及在緇衣，戒行修備，神情凝遠，曠然不雜。太守杜霸〔3〕篤信黃老，憎嫉釋種，符下諸寺剋日簡汰；制格高峻，非凡所行。年少怖懼，皆望風奔駭；唯賢獨無懼容，興居自若。集城外射堂皆是耆德，簡試之日，尼眾盛壯，唯賢而已。霸先試賢以格，格皆有餘。賢儀觀清雅，辭吐辯麗，霸密挾邪心，逼賢獨住；賢識其意，誓不毀戒法，不苟存身命，抗言拒之。霸怒，以刀斫賢二十餘瘡，悶絕躄地；霸去乃甦，倍加精進，榮齋苦節。門徒百餘人，常如水乳。

及苻堅僞立〔4〕，聞風敬重，爲製織繡袈裟，三歲方成，價值百萬。後住司州西寺〔5〕，弘顯正法，開長信行。晉太和中〔6〕，年七十餘，誦《正法華經》〔7〕，猶日夜一遍。其所住處，眾鳥依栖，經行之時，鳴呼隨逐云。

考釋：

〔1〕常山　有三處，一在浙江，屬金華道；一在山東，屬膠東道；一在河北，屬保定道。以趙珍爲扶柳縣令的事體例之，則應是第三者，因爲同爲直隸境內，即曲陽縣西北百四十里的恆山。案，《晉書》卷十四〈地理志上·司州〉條：「案，《禹貢》豫州之地。及漢武帝，初置司隸校尉，所部三輔、三河諸郡……及光武都洛陽，司隸所部與前漢不異。魏氏受禪，即都漢宮，司隸所部河南、河東、河內、弘農并冀州之平陽，合五郡，置司州。晉仍居魏都，乃以三輔還屬雍州；分河南立滎陽，分雍州之京兆立上洛，廢東郡立頓丘，遂定名司州，以司隸校尉統之。州統郡一十二、縣一百、戶四十七萬五千七百。」又，《魏書》卷一百六上〈司州·常山郡〉條：「漢高帝置，曰恆山郡；文帝諱恒，改爲常山，後漢建武中省眞定郡屬焉。孝章建初中爲淮陽，永元二年復。」領縣七，其中九門縣有常山城在焉。全書全卷又說：「治鄴城，魏武帝國於此。太祖天興四年置相州，天平元年遷都改。領郡十二，縣六十五。」但是，就司州一地而言，則應該是河南省洛陽縣東北二十里的洛陽故城，屬河洛道。

〔2〕扶柳縣　案，《晉書》卷十四〈地理志上‧冀州〉條：「《禹貢》、《周禮》並爲河內之地，舜置十二牧，則其一也。舜以冀州南北闊大，分衛以西爲并州，燕以北爲幽州，周人因焉。及漢武置十三州，以其地依舊名爲冀州，歷後漢至晉不改。州統郡國十三，縣八十三。」案，扶柳縣就在安平國屬，即今河北省冀縣西南六十里，屬直隸眞定府。

〔3〕杜霸　北朝前秦苻生時的常山太守，其時正是道教始初開展的時期。而道教原就反對「淫祀」，譬如後漢順帝時，魏郡內黃人欒巴好道，卻在其豫章太守任內：「郡土多山川鬼怪，小人常破資財以祈禱。巴素有道術，能役鬼神，乃悉毀房祀，翦理奸巫，於是妖異自消；百姓始頗爲懼，終皆安之。」（見《後漢書》卷五十七〈欒巴傳〉）又，全書卷七十六〈循吏傳〉：「延熹中（158～167 A.D.）桓帝事黃老道，悉毀諸房祀。」等皆可以爲證。杜霸是信黃老道的，乃藉沙汰佛教的時候凌虐佛教徒，在他看來，不過是禁「淫祀」而已。

其時道教已經從民間信仰，漸漸地發展到士大夫、執政階層了，如《通鑑》卷一○一〈晉紀二十三‧穆帝升平五年（361 A.D.）〉條：「方士丁進有寵於燕主暐；欲求媚於太宰恪，說恪令殺太傅評，恪大怒，奏收斬之。」這是當時北方的道教徒活動的情形，而南方也不遑多讓，全書全卷〈哀帝興寧二年（364 A.D.）〉條：「帝信方士言，斷穀餌藥以求長生。侍中高崧諫曰：『此非萬乘所宜爲，陛下茲事，實日月之食。』不聽。辛未，帝以藥發，不能親萬機，褚太后復臨朝攝政。」翌年（365 A.D.）丙申，帝崩于西堂，年二十五。

〔4〕苻堅立　是在東晉穆帝升平元年（357 A.D.）六月，《晉書》卷一一三〈苻堅傳〉：「（苻）生既殘虐無度，梁平老等亟以爲言，堅遂弒生，以僞位讓其兄法；法自以庶孽，不敢當。堅及母苟氏並慮眾心未服，難居大位；群僚固請，乃從之，以升平元年僭稱大秦天王。」《通鑑》卷一○○〈晉紀二十二‧穆帝升平元年〉：「生夜對侍婢言曰：『阿法兄弟亦不可信，明當除之。』婢以告堅及堅兄清河王法。法與梁平老及特進光祿大夫強汪帥壯士數百人潛入雲龍門，堅與呂婆樓帥麾下三百人鼓譟繼進，宿衛將士皆舍仗歸堅……堅兵引生置別室，廢爲越王；尋殺之，謚曰厲王……群臣皆頓首請立堅。堅乃去皇帝之號，稱

大秦天王，即位於太極殿。」

〔5〕司州西寺　司州，見本傳〈〔1〕常山條〉。西寺，楊衒之的《洛陽伽
藍記》不載此寺，可以補其闕，詳請參閱本論文「寺院考」。

〔6〕晉太和中　這是東晉海西公司馬奕的年號，「太和」凡五年（366～370
A.D.）。假設「中」是太和三年（368 A.D.），師七十餘歲；那麼符堅
立時，師應該是六十餘了。再推一步，她的生年應該在西晉惠帝元康
之間（291～297 A.D.）吧？

〔7〕正法華經　這是晉武帝時的沙門竺法護所譯而言，《出三藏記集‧第
二》說：「〈正法華經〉十卷（原注：二十七品，舊錄云〈正法華經〉，
或云〈方等正法華經〉太康七年（286 A.D.）八月十日出。）」因為
要和鳩摩羅什譯的〈妙法蓮華經〉做一區別，所以有這說法。而其間
的分別，據隋‧闍那崛多和達摩笈多共譯的〈添品妙法蓮華經序〉說：
「昔敦煌沙門竺法護於晉武之世，譯〈正法華經〉；後秦姚興，更請
羅什譯〈妙法蓮華經〉。考驗二譯，定非一本；護似多羅之葉，什似
龜茲之文。余檢經藏，備見二本；多羅則與〈正法〉符會，龜茲則共
〈妙法〉允同。」從此一經典的持誦，可以知道淨土思想的弘揚情形，
那就是支遁、道安的弘傳了，也就是劉虬的〈無量義經序〉上所說的：
「尋得旨之匠，起自支、安」之意。

簡譜：

291～297 A.D.西晉惠帝元康元年～七年　師生。

357 A.D. 東晉穆帝升平元年　師六十餘，很受符堅之敬重。

368 A.D. 東晉海西公太和三年　師七十餘歲，猶「誦《正法華經》，日夜一
遍」。

弘農北岳寺妙相尼傳考 4

妙相，本姓張，名珮華，弘農〔1〕人也。父茂，家素富盛。

相早習經訓，十五適太子舍人〔2〕北地〔3〕皇甫達〔4〕；達居喪失
禮，相惡之，告求離絕，因請出家，父並從之。精勤蔬食，遊心慧藏，明達
法相。住弘農北岳蔭林西野〔5〕，徒屬甚多，悅志閒曠，遁影其中二十餘載，
勵精苦行，久而彌篤。

每說法度人，常懼聽者不能專志，或涕泣以示之，是故其所啟訓，皆能

弘益。

晉永和中，弘農太守〔6〕請七日齋。座上白衣諮請佛法，言挾不遜，相正色曰：「君非直見慢，亦大輕邦宰。何用無禮，苟出人間耶？」於是稱疾而退，當時道俗咸歎服焉。

後枕疾累日，臨終怡悅，顧弟子曰：「不問窮達，生必有死，今日別矣。」言絕而終。

考釋：

〔1〕弘農　弘，字或做「宏」；弘農，當在今河南省靈寶縣境。晉時屬司州弘農郡，詳本論文〈司州西寺智賢尼傳考3・注四〉。

〔2〕太子舍人　這是職掌文記的官。案《通志・職官略第五》考其源流，說：「秦官也，漢因之，比郎中，選良家子爲之。後漢無員，更置宿衛，如三署郎中，魏因之。晉有十六人，職比散騎中書侍郎。從駕則正直從，次直守；妃出，次直從……後魏亦有之。」

〔3〕北地，就是現在的甘肅省。唐崔顥〈雁門胡人歌〉云：「高山北地東皆燕，雁門胡人家近邊，解放胡鷹逐塞鳥，能將北馬獵秋田。山頭野火寒多燒，雨裏孤峰濕作煙；聞道遼西無鬥戰，時時醉向酒家眠。」可見北地多山，又是胡人的住地。《通鑑》卷八十二〈晉惠帝元康六年（296 A.D.）〉條說：「夏，郝散弟度元與馮翊、北地馬蘭羌、盧水胡俱反，殺北地太守張損，敗馮翊太守歐陽建。」胡三省注：「北地有馬蘭山，羌居其中，因爲種落之名。又案，馬蘭山，唐時屬同州界，時蓋屬馮翊、北地二郡界也。」

〔4〕案，《大正大藏》校本條，「達」做「逵」。皇甫氏在北地，應爲大姓，譬如說北魏孝明皇帝的母親胡太后，就是姓「皇甫氏」。《通鑑綱目》說：「神龜元年（518 A.D.），司徒胡國珍卒，追號太上秦公，葬以殊禮。迎太后母皇甫氏之枢合葬，謂之太上秦孝穆君。」

《通志・氏族略》說其來源：「子姓，宋戴公之子充石，字皇父；其後以王父字爲氏，漢興，改父爲甫。後漢安定都尉皇甫隽生稜，始居安定；稜子彪有八子，號八祖，皇甫氏爲著姓。」（卷三）皇甫氏，後來也有單姓「皇氏」的。《通志・氏族略》卷四〈皇氏〉條就說：「〈風俗通〉云：『三皇之後，因氏焉。』〈左傳〉鄭大夫皇頡、皇辰，宋有皇氏世爲上卿，本皇甫充石之後，以字爲氏者。」這話不確，釋僧遠

就姓皇，〈本傳〉說他姓「皇」的緣由：「其先北地皇甫氏，避難海隅，故去甫存皇焉。」（《梁傳》卷九）很可以補《氏族略》的不足。剛才說「皇甫氏在北地，應為大姓」也可以在《梁傳》得到證明，如卷八〈宋京師中興寺釋道溫傳〉：「釋道溫，姓皇甫氏，安定朝那人，高士謐之後也。」就是。

〔5〕案，《大正大藏》校本條，「西」做「面」。

〔6〕晉永和中弘農太守　考晉時之弘農太守，其見於《晉書》者，略有：馮恢父、彭隨、戴寧之、傅玄、夏侯駿、長沙王司馬乂、裴廙、解育、尹安、杜尹、郭樸、王元德、桓延、陶仲山、尹雅等等，但不知確為誰何？

簡譜：

東晉穆帝永和元年～十二年（345～356 A.D.）弘農太守請師為七日齋。

小結：

〈傳〉不言師之師承，也沒有說到她受戒的情形；又在說法的時候，受到白衣的輕薄。推其原因，也許是離婚婦人、以及沒有正式受具的關係吧？

建福寺康明感尼〔1〕傳考5

明感，本姓朱，高平〔2〕人也，世奉大法〔3〕。為虜賊〔4〕所獲，欲以為妻，備加苦楚，誓不受辱。讁使牧羊，經歷十載，懷歸轉篤；反途莫由，常念三寶，兼願出家。忽遇一比丘，就請五戒，仍以〈觀世音經〉〔5〕授之，因得習誦，晝夜不休，願得還家立五層塔。不勝憂念，逃走東行，初不識路，晝夜兼涉，徑入一山，見有斑虎，去之數步，初甚恐懼〔6〕，少卻意定，心願逾至，遂隨虎而行，積日彌旬，得達青州〔7〕，將入村落，虎便不見。至州，復為明伯連〔8〕所虜，音問至家，夫兒迎贖。家人拘制其志，未諧苦身，勵精三年，乃遂專篤禪行，戒品無諐；脫有小犯，則累晨懺悔，要見瑞像，然後乃休。或見雨花，或聞空聲，或睹佛像，或夜善夢想。年及桑榆，操行彌峻，江北子女師奉如歸。

晉永和四年春，與慧湛〔9〕等十人濟江詣司空何充〔10〕。充一見，甚敬重。于時京師未有尼寺，充以別宅為之立寺，問感曰：「當何名之？」答曰：「大晉四部〔11〕今日始備，檀越所建皆造福業，可名曰建福寺〔12〕。」公從之矣。

後遇疾，少時便卒。

考釋：

〔 1 〕康明感尼　師本姓朱，今在其法號之前題一「康」字，殆是從其師姓。
考寶唱和尚的《名僧傳目錄》有〈吳建初寺康僧會傳〉、〈晉豫章山康
僧淵傳〉等二傳；今日本宗性和尚所遺留的《名僧傳抄》，雖沒有抄
到此二僧之傳，但是，慧皎和尚的《梁傳》卻是兼採當時眾僧傳而成
的，那麼僧會、僧淵的傳，應該參酌了寶唱的資料的。康僧會弘法於
東吳，時事又遠在明感尼之前，應不會是授五戒及〈觀世音經〉的比
丘。而《梁傳》卷四〈晉豫章山康僧淵傳〉說：「康僧淵，本西域
人，生於長安。貌雖梵人，語實中國……晉成之世（案，晉成帝司馬
衍太寧三年（325 A. D.）閏七月即位，咸康八年（342 A. D.）二十二
歲辛）與康法暢、支敏度等俱過江。」按其時間，很有點相合；但
是，法暢「每值名賓，輒清談盡日」，僧淵則除了也是「空理幽遠，
偏加講說」之外，更是「誦〈放光〉、〈道行〉二波若」又「常持〈心
梵經〉」，頗不類於授五戒及〈觀世音經〉的比丘。全書全卷又有康法
朗者，他是中山（今陝西省西安府涇陽縣）人，一生都在中山弘法，
應該也不是。

然則僧祐和尚的《出三藏記集》卷第二載有康法邃的〈譬喻經〉十卷，
說：「〈舊錄〉云：『〈正譬喻經〉十卷。』晉成帝時，沙門康法邃抄集
眾經，撰此一部。」又，全書卷第十又載其〈譬喻經序〉，其間有言：
「譬喻經者，皆是如來隨時方便，四說之辭。敷演弘教，訓誘之要，
牽物引類，轉相證據，互明善惡罪福報應，皆可寤心，免彼三塗……
今復撰集，事取一篇以為十卷。比次首尾，皆令條別，趣使易了，於
心無疑。願率土之賢有所遵承，永升福堂，為將來基。」這「願率土
之賢有所遵承，永升福堂，為將來基」的話，便很有授五戒及〈觀世
音經〉的比丘之味道了，因此，在沒有得到更精確的力證之前，擬將
之訂為明感尼之師。

〔 2 〕高平　這是令宗尼師的同鄉，因為所受的遭遇多同故，餘請看本論文
〈司州寺令宗尼傳考 11〉。

〔 3 〕大法　案，文殊文化出版社，民國七十七年十一月初版的《比丘尼傳》
作〈大法經〉，案諸佛教經典，應無是經，且他傳也常有「世奉大法」

之言，所以〈大法經〉之說疑爲衍文。

〔4〕虜賊　這裡的「虜賊」就是索虜，也稱索頭或索頭虜，是南北朝時南人詈罵北人的話。《通鑑》卷六十九〈魏紀・文帝黃初二年（221 A. D.）〉：「宋、魏以降，南北分治，各有國史，互相排黜。南謂北曰索虜，北謂南曰島夷。」案，〈禪基寺僧蓋尼傳43〉也講到了「索虜侵州」的事體。考《宋書》卷九十五〈索虜傳〉說：「索頭虜，姓託跋氏，其先漢將李陵後也。陵降，匈奴有數千百種，各立名號，索頭亦其一也。晉初，索頭種有數萬家在雲中，惠帝末并州刺史嬴公司馬騰於晉陽爲匈奴所圍，索頭單于猗𩥉遣軍助騰。懷帝永嘉三年（309 A. D.），𩥉弟盧率部落自雲中入鴈門，就并州刺史劉琨求樓煩等五縣……先是鮮卑慕容垂僭號中山，晉孝武帝太元二十一年（396 A. D.）垂死，開（什翼鞬的兒子）率十萬騎圍中山，明年四月剋之，遂王有中州，自稱曰魏，年號天賜。九年（案，這中間恐怕頗有出入。因爲「天賜」只到五年（408 A. D.）爲止，而且「魏」之立國，不始於什翼開；而是遲至其子拓拔珪，才又正式建國。詳請參閱陸峻嶺、林幹合編之《中國歷代各族紀年表》。）治代郡桑乾縣之平城，立學官、置尙書曹。」〈本傳〉又說：「虜悅勃大肥率三千餘騎，破高平郡。所統高平，方與、任城、金鄉、亢父等五縣，殺略二千餘家，殺其男子，驅虜女弱。」「大明元年（457 A. D.）十一月，虜又破邵陵縣，殘害二千餘家，盡殺其男丁，驅略婦女一萬二千口。」「虜掠抄淮西六郡，殺戮甚多；攻圍懸瓠城，城內戰士不滿千人。」又案，禿髮鮮卑也稱索虜，《晉書》卷一二五〈乞伏乾歸傳〉：「索虜禿髮如苟率戶二萬降之，乾歸妻以宗女。」也是同樣的血腥殺戮。

〔5〕觀世音經　學者多以爲是《法華經・觀世音菩薩普門品》的別行，而彼時《法華經》已有二譯：竺法護和鳩摩羅什，此處所誦持者，或者就是羅什所譯，因爲〈法華傳記〉一說：「唯有什公〈普門品〉於西海而別行。所以者何？曇摩羅懺，此云法豐，中印人，婆羅門種，亦稱伊波勒菩薩。弘化爲志，遊化葱嶺，來至河西；河西王沮渠蒙歸命正法，兼有疾患，以語菩薩。即云：『觀世音此土有緣。』乃令誦念，病苦即除，因是別傳一品，流通部外也。」

〔6〕其時虎患甚鉅，《通鑑》卷一〇〇〈晉紀二十二・穆帝升平元年〉：「自

去春以來，潼關之西，至于長安，虎狼爲暴。晝則繼道，夜則發屋；不食六畜，專務食人，凡殺七百餘人。民廢耕桑，相聚邑居，而爲害不息。秦群臣奏請禳災，（苻）生曰：『野獸飢則食人，飽當自止，何禳之有？且天豈不愛民哉？正以犯罪者多，故助朕殺之耳！』」而明感尼不但不爲虎食，反藉之得達青州，正是要顯其神異耳。

〔7〕青州　今山東省益都縣北，此時應該是被前趙石虎所竊據，《通鑑》卷九十七〈晉紀十九・穆帝永和三年〉：「趙王虎據十州之地，聚斂金帛。」胡三省注云：「幽、并、冀、司、豫、兗、青、徐、雍、秦十州。」

〔8〕明伯連　案，史志不載其人其事，但根據〈本傳〉的敘述，應該也是虜賊的一支。考《姓氏急就篇・上》引《唐志》的〈明氏世譜〉就說明粲即西域胡人，而《南史》卷五十〈明僧紹傳〉：「明僧紹，字休烈，平原鬲人，一字承烈。吳太伯之裔、百里奚之子、孟明之後以名爲姓也……明氏南渡雖晚；自宋至梁，爲刺史者六人焉。」吳太伯披髮紋身以入荊蠻，是盡人皆知的事實，則其後爲胡賊，乃頗有可能，然則此段或可以補正史之缺。

〔9〕慧湛　案，《龍藏》、《磧沙藏》「慧」都做「惠」，而下文〈建福寺慧湛尼傳七〉也寫做「惠」。但是，不論哪一個字，應該是同爲一人，其理由是：一、兩傳都說是渡江往見司空何充，不過〈明感尼傳〉說：「晉永和四年春」是錯的，因爲其時何充已經死了二年了；應該以〈慧湛尼傳〉所載建元二年才是，這可從下面一點得證。二、《南朝寺考》說：「晉中書令何充素信佛，好造塔院。此寺亦康帝時所創，隋初廢。」康帝，即司馬岳，在位才二年即從建元元年～建元二年（343～344 A. D.），正是慧湛、明感尼晉謁司空何充而充爲之立尼寺的時候。

〔10〕何充　《晉書》卷四十七有傳，司空是他死後的賜諡；他生前嘗都督揚、豫、徐州之琅琊諸軍事、假節領揚州刺史，〈本傳〉說他：「性好釋典，崇脩佛寺，供給沙門以百數，糜費巨億而不吝也。」他卒於永和二年（346 A. D.），得年五十五。《通鑑》說他：「己卯，都鄉文穆公何充卒。充有器局，臨朝正色，以社稷爲己任，所選用皆以功效，不私親舊。」另見下文〈北永安寺曇備尼傳考 6・〔4〕章皇后

何氏條〉至於他的護持佛法，僅就《梁傳》、《唐傳》所載，即有以下數端：

(1) 捨宅立寺。《會稽縣志》卷十六〈祠寺志下〉謂彼嘗捨宅建靈嘉寺於縣東七十里。

(2) 重修建初寺。《梁傳》卷一〈康僧會傳六〉：「至晉成咸和中，蘇峻作亂，焚會所建塔；司空何充復更修造。」

(3) 護持佛法。全書卷六〈釋慧遠傳一〉：「昔成帝幼沖，庾冰輔政，以爲沙門應敬王者；尚書令何充、僕射褚昱、諸葛淡等奏，不應敬禮。」

(4) 修造佛像。《唐傳》卷十九〈唐南武州沙門釋智周傳四〉：「又，晉司空何充所造七龕泥像，年代綿遠，聖儀毀容。」

(5) 舉辦八關齋戒。這是和當時名僧支遁所共同舉辦的，《廣弘明集》卷三十：「〈八關齋詩序〉云：（支遁）間與何驃騎期，當爲合八關齋，以十二月二十二日集同意者，在吳縣土山墓下，三日清晨爲齋。始道士、白衣凡二十四人，清和肅穆，莫不靜暢；至四日朝，眾賢各去。」

(6) 因爲對釋教的崇仰，竟招徠了譏彈。《世說新語》卷下之下〈排調第二十五〉說：「二郗奉道，二何奉佛，皆以財賄。謝中郎云：『二郗諂於道，二何佞於佛。』〈晉陽秋〉云：『何充性好佛道，崇脩佛寺，供給沙門以百數。久在揚州，徵役吏民，功賞萬計，是以爲遐邇所譏。充弟準，亦精勤，唯讀佛經，營治寺廟而已。』」又，「何次道往瓦官寺禮拜甚勤。阮思曠語之曰：『卿志大宇宙，勇邁終古。』何曰：『卿今日何見推？』阮曰：『我圖數千戶郡，尚不能得；卿乃圖作佛，不亦大乎？』」

〔11〕四部　又稱四部眾、四部弟子，蓋指比丘、比丘尼、優婆塞、優婆夷而言，《梁書‧武帝本紀》：「帝幸同泰寺，升法座，爲四部眾說〈摩訶般若波羅蜜經〉義。」又，〈法華經序品〉：「時四部眾咸皆歡喜。」、〈仁王經下〉：「一切國王、四部弟子」。

〔12〕建福寺　詳請參閱本論文「寺院考」。

簡譜：

348 A. D. 東晉穆帝永和四年　春，司空何充捨其別宅，爲師立建福寺。

小結：

1. 師但受五戒而已，並未受具，殆是康法邃的弟子。

2. 〈觀世音經〉的流通，可以具見淨土思想的流衍。

3. 索虜、明伯連的事體，可以概見五胡亂華的情況，尤其明伯連的事更足以補正史的不載。

4. 何充在佛教的護持上，自有其地位。

5.「慧湛」，應該是「惠湛」之誤。

北永安寺曇備尼傳考 6

　　曇備，本姓陶，丹陽〔1〕建康〔2〕人也。少有清信，願修正法；而無有昆弟，獨與母居，事母恭孝，宗黨稱之。年及笄嫁，徵幣弗許，母不能違，聽其離俗。精懃戒行，日夜無怠。晉穆皇帝〔3〕禮接敬厚，常稱曰：「久看更佳。」謂章皇后何氏〔4〕曰：「京邑比丘尼，競有曇備之後儔也。」

　　到永和十年，皇后何氏爲立寺于定陰里，名曰永安（原注：今之何后寺〔5〕是。）謙虛導物，未嘗有矜慢之容，名譽日廣，遠近投集，眾三百人。

　　年七十三、泰元二十一年卒〔6〕。弟子曇羅，博覽經律，機才瞻密，敕續師任。更立四層塔講堂房宇，又造臥像及七佛龕堂云。

考釋：

〔1〕丹陽　案，《晉書》卷十五〈地理志下〉謂揚州統十四郡，首即丹陽郡，在今江蘇江寧。

〔2〕建康　屬丹陽郡的首縣，晉定都之地，原稱建業，又寫作建鄴；愍帝立，避其諱而改名建康。

〔3〕晉穆皇帝　司馬聃，字彭子，康帝之子，建元二年（344 A. D.）立爲皇太子，隨即皇帝位，彼時才二歲。升平五年（361 A. D.）駕崩，才十九歲；升平元年（357 A. D.）才眞正親政，立何氏爲皇后（后年二十），時年十四。〈傳〉說帝常在何皇后面前稱讚曇備尼師，不知其時的是幾年；如果以皇后爲之立寺的永和十年（354 A. D.）來算，帝才十一歲的沖齡之童而已，則其讚尼之思想，當是頗受皇后之影響的了。

〔4〕章皇后何氏　諱法倪，這名諱是有其來由的，《晉書》卷九十三〈外戚‧何準傳〉說：「何準字幼道，穆章皇后父也。高尚寡欲，弱冠知

名，州府交辟，並不就……兄充居宰輔之重，權傾一時；而準散帶衡門，不及人事，唯誦佛經，修塔廟而已。」由此可見，且皇后與其伯父何充之信佛立寺，是有其家庭背景的。后崩於元興三年（404 A. D.），年六十六歲，在位四十八年。

〔5〕何后寺　案，《南朝寺考》作「何皇后寺」：「晉穆帝何皇后，性耽釋氏，造尼寺一所，在西州橋側，南臨大道（原注：當今倉巷橋左近。）後人呼爲何皇后寺。女尼居之者，戒行不盡嚴齊。」關於這一點，《南史》卷二十九〈蔡興宗傳〉說：「先是興宗納何后寺尼智妃爲妾，姿貌甚美。迎車已去，而（顏）師伯密遣人誘之，潛往載取；興宗迎人不得，及興宗被徙，論者並言由師伯，師伯甚病之。」可以爲證，蓋蔡興宗據《南史》所記，是一骨鯁忠義之臣，竟然會取何后寺尼爲妾，而智妃尼居然又會被顏師伯誘取，那麼，何后寺尼眾的修持，不能不令人有疑。不過，僧尼良莠不齊的現象，於此也可見一斑了。興宗是宋明帝泰豫元年（472 A. D.）死的，年五十八；他和顏師伯的政爭，約在前此不久，今姑繫智妃尼於此年。

〔6〕泰元二十一年　即東晉孝武帝年號，相當於 396 A. D.。案，師卒於是年，年七十三（《大正大藏》校，或做七十二），則其生當在東晉明帝太寧二年（324 A. D.）。

簡譜：

324 A. D. 東晉明帝太寧二年　師生。

354 A. D. 東晉穆帝永和十年　皇后何氏爲立永安寺於定陰里，時師三十一歲。

396 A. D. 東晉孝武帝泰元二十一年　師往生，時七十三歲。

小結：

1. 〈傳〉未言師受戒的情況，則其是否具足，不能無疑。

2. 何后寺，原來名爲永安寺。章皇后何氏，原是佛教世家從何尚之、何昌寓、何充、何準、何求、何點、何胤、何敬容等等，莫不皆然。

3. 弟子曇羅尼師，原也是博覽經律且能建樹的和尚。

建福寺慧湛尼〔1〕傳考 7

　　慧湛，本姓彭，任城人〔2〕也。神貌超遠，精操殊特，淵情曠達，濟物

為務，惡衣蔬食，樂在其中。嘗荷衣山行逢群劫，欲舉刃向湛，手不能勝；因求湛所負衣，湛歡笑而與，曰：「君意望甚重，所獲殊輕。」復解其衣內新裙與之；劫即辭謝，並以還湛，湛捨之而去。建元二年渡江，司空何充大加崇敬，請居建福寺住云。

考釋：

〔1〕慧湛　請詳〈建福寺康明感尼傳考5〉。

〔2〕本姓彭，任城人也　《龍藏》、《磧沙藏》都作「本姓任，彭城人也」。案，《晉書》卷十四〈地理志上〉謂任城屬任城國的首縣，就是現在的山東省濟寧縣，屬兗州府；而彭城則在徐州之域，屬彭城國的首縣，就是現在的江蘇省銅山縣。但是，〈本傳〉說她：「建元二年渡江，司空何充大加崇敬。」其時東晉都於建康（今江蘇省南京市），因此，從彭城則沒有渡江的必要，應該是任城人才是。

簡譜：

344 A. D. 東晉康帝建元二年　師渡江來見司空何充，後居建福寺。

小結：

慧湛尼，本姓彭，山東任城人；不應做「本姓任，彭城人」。

延興寺僧基尼傳考8

僧基，本姓明〔1〕，濟南人也。綰髮志道，秉願出家；母氏不聽，密以許人〔2〕，祕其聘禮。迎接日近，女乃覺知，即便絕糧，水漿不下；親屬共請〔3〕，意不可移。至於七日，母呼女婿，婿敬信，見婦殆盡，謂婦母曰：「人各有志，不可奪也。」母即從之，因遂出家，時年二十一。內外親戚皆來慶慰，競施珍華〔4〕，爭設名供，州牧給伎，郡守親臨，道俗咨嗟，歎未曾有。

基淨持戒範精進，習經數〔5〕，與曇備尼名輩略齊。樞機最密，善言事議，康皇帝〔6〕雅相崇禮。建元二年〔7〕，皇后褚氏〔8〕為立寺於都亭里通恭巷內，名曰延興〔9〕。基居寺住，徒眾百餘人，當事清明，道俗加敬。

年六十八，隆安元年卒矣。

考釋：

〔1〕姓明　考見〈建福寺康明感尼傳考5〉之〔8〕〈明伯連〉條。

〔２〕許人　《大正大藏》作「許嫁」，《龍藏》、《磧砂藏》作「許娉」。

〔３〕共請　《龍藏》、《磧砂藏》作「禁請」，不文；尤其下文有云：「母呼女婿，婿敬信」、「因遂出家，內外親戚皆來慶慰」云云，則應該不是用「禁」字，因彼有屬禁意，不應和「請」字連用。

〔４〕珍華　《龍藏》、《磧砂藏》作「珍席」，是。因爲「珍華」於義迂曲，作「珍席」則正和下文的「爭設名供」相照應。

〔５〕基淨持戒範精進，習經數　案，《龍藏》、《磧砂藏》無「進」字，則其斷句應當是「基淨持戒範，精習經數」。經數，是經與數；經即經書之部，數就是數論。所謂數論，即是量度諸法的根本數據，譬如立二十五諦來議論生死涅槃，因爲這樣才能得出智慧，所以「數」也代表了智慧，這是屬薩婆多部的說法。其時佛法流衍，多從經數兼習，因之二字往往並見。如《唐傳》卷五〈梁楊都莊嚴寺釋僧旻傳〉：「大明數論，究統經律；原始要終，望表知裏。」全書卷六〈梁大僧正南澗寺沙門釋慧超傳〉：「遂廣採經部及以數論，並盡其深義，朗若貫珠。」又，全書全卷〈梁楊都瓦官寺釋道宗傳〉：「復有法敞，住延賢寺。少研經數，長多講說。」即本《比丘尼傳》卷四〈山陰招明寺釋法宣尼傳〉也有：「僧柔數論之趣，惠其經書之要，咸暢其精微，究其淵奧」的話都是明證。

〔６〕康皇帝　即成帝的同母弟，司馬岳。咸康八年（342 A. D.）六月立，第二年改元建元；翌年（344 A. D.）九月卒，壽二十三。

〔７〕建元二年　《龍藏》、《磧砂藏》作「三年」，誤，因爲建元只有二年。

〔８〕皇后褚氏　《晉書》卷三十二〈后妃下〉：「康獻褚皇后，諱蒜子，河南陽翟人也。父裒……」康皇帝坐了兩年的王位而崩，她皆著以太后之銜，爲穆帝、哀帝、海西公、簡文帝等臨朝聽政，這在歷史上是罕有其儔的；更難得的，是每當諸帝既冠，她必還政，絕無戀棧。所以史稱其：「聰明有器識」，因此，當桓溫廢海西公時，「太后方在佛屋燒香，內侍啓云：『外有急奏』，太后乃出；尙倚戶前，視奏數行，乃曰：『我本自疑此也。』至牛便止，索筆答奏……溫始呈詔草，慮太后意異，悚動流汗，見於顏色。」這是寫她的膽量器識，我們也從之看出了太后的事佛。

〔9〕延興寺　詳請參閱本論文「寺院考」。

簡譜：

324 A. D. 東晉明帝太寧二年　師生。

344 A. D. 東晉康帝建元二年　師出家，精持戒範，皇后褚氏爲立寺於都亭里通恭巷內，名曰延興。時師二十一歲。

391 A. D. 東晉安帝隆安元年　師卒，世壽六十八。

小結：

1. 師是逃婚而出家的尼眾。

2. 延興寺有二處，一在建業，一在長安；師之所處，就在前者。

3. 褚皇后是一虔誠的佛之信眾；康皇帝因早崩，史不言其對宗教的態度，賴本傳而可以概見。

4. 經數，是彼時佛教界的通行語。

洛陽城東寺道馨尼傳考 9

竺道馨，本姓羊〔1〕，太山〔2〕人也。志性專謹，與物無忤；沙彌時常爲眾使，口恆誦經。及年二十，誦《法華》、《維摩》〔3〕等經，具戒後〔4〕，研求理味，蔬食苦節，彌老彌至。

住洛陽東寺〔5〕，雅能清談，尤善《小品》〔6〕，貴在理通，不事辭辯，一州道學所共師宗。比丘尼講經，馨其始也。

晉泰和〔7〕中，有女人楊令辯〔8〕，篤信黃老，專行服氣，先時人物亦多敬事；及馨道王，其術寢亡。令辯假結同姓，數相去來；內懷妒嫉，伺行毒害，後竊以毒藥內馨食中，諸治不愈。弟子問往誰家得病，答曰：「我其知主，皆籍業緣，汝無問也。設道有益，我尚不說，況無益耶？」不言而終。

考釋：

〔1〕本姓羊　《龍藏》、《磧砂藏》「羊」作「楊」，是因爲〈本傳〉下文有云：「有女人楊令辯，篤信黃老，專行服氣，先時人物亦多敬事；及馨道王，其術寢亡。令辯假結同姓，數相去來。」可以爲證。又，「道馨」前題一「竺」字，殆是師姓，其例與竺淨撿尼、康明感尼同。至於其師承，恐怕也是如同淨撿尼之掛名竺佛圖澄吧？

〔2〕太山　案，「太山」地志不見，或應作「泰山」，在山東省泰安縣北五

里，屬濟南府泰安州。

〔3〕維摩　即〈維摩詰經〉的簡稱，據《出三藏記集》所載就有多種譯本，支謙、鳩摩羅什等，因為支謙的時代在前，故據以略述。案，《出三藏記集》第八支敏度所作的〈合維摩詰經序〉說：「蓋〈維摩詰經〉者……斯經梵本出自維耶離，在昔漢興始流茲土。于時有優婆塞支恭明（案，即支謙），逮及於晉有法護、叔蘭，此三賢者並博綜稽古，研機極玄，殊方異音，兼通關解；先後異傳，別為三經……余以是合兩令相附，以明所出為本，以蘭所出為子，分章斷句，使事類相從。」可惜此本早在道安法師時，就已經亡佚了；今所見者，學者以為是竺法護將支謙對照梵本，而隨手加以訂正的（見鐮田茂雄氏《中國佛教通史》第一卷第二章第二節）。

〔4〕具戒後　案，《大正大藏》校，作「具足戒行」，很是。因為〈本傳〉的全文是：「及年二十，誦《法華》、《維摩》等經，具戒後研求理味，蔬食苦節。」今考佛制，出家僧尼之具戒，多在二十歲以上；綜觀道馨尼，既然「及年二十」，已經可以「誦《法華》、《維摩》等經」，並且為人講說，且「比丘尼講經，馨其始也」。那麼不應該又在「具戒後」再來「研求理味，蔬食苦節。」所以應是「具足戒行」，並且更加「研求理味，蔬食苦節。」才是。

〔5〕洛陽東寺　詳請參閱本論文「寺院考」。

〔6〕小品　即《小品般若經》，《世說新語》卷上之下〈文學第四〉說：「有北來道人好才理，與林公相遇於瓦官寺，講《小品》，于時竺法深、孫興公悉共聽。」林公，蓋指支道林（遁）、孫興公即孫綽，這是說支道林在瓦官寺講《小品般若經》的情形，而當時的士大夫之流都愛聽愛讀本經，譬如殷浩也是：「殷中軍被廢東陽，始看佛經。初視〈維摩詰〉，疑《般若波羅蜜》太多；後見《小品》，恨此語少。」又說他：「殷中軍讀《小品》，下二百籤，皆是精微、世之幽滯，嘗欲與支道林辯之，竟不得。今《小品》猶存。」（見《世說新語·文學第四》）今道馨尼師特別善說《小品》，則其在當時士大夫心目中的地位可以想見，難怪是「一州道學所共師宗」了。

〔7〕泰和　案，「泰」又作「太」。泰和，是東晉海西公司馬奕的年號，凡五年（366～370 A. D.）。那麼所謂「泰和中」，就假設是三年（368 A.

D.）吧；道馨尼師即在此時被毒害，惜不能確定其年歲。

〔8〕楊令辯　〈傳〉說她「篤信黃老，專行服氣」，信黃老而行服氣的話是不錯的。老子《道德經》說：「專氣致柔，能如嬰兒乎？」黃帝《素問・上古天眞論第一》也說：「夫上古聖人之教下也，皆謂之虛邪賊風，避之有時，恬淡虛無，眞氣從之，精神內守，病安從生？」其實，從近年出土的〈行氣玉佩銘〉和〈導引圖〉，也可以看出春秋、戰國之世，服氣養生之術，殆已蔚成風尙了，譬如莊子、孟子、荀子等無不講究非凡。這到漢末魏伯陽的《周易參同契》，更是高推聖境了；其後不論是五斗米的太平道，還是正一天師道、帛家道等等，無不特加講究的。

簡譜：

368 A. D. 東晉海西公泰和三年　師爲楊令辯所毒害。

小結：

1. 《維摩詰經》的空觀思想，流行於魏、晉之世，這是很值得注意的事體。因此道馨尼師的「雅能清談，尤善《小品》，貴在理通，不事辭辯」之情致，才能使「一州道學所共師宗」，也才能造就了「比丘尼講經，馨其始也」的盛況。《小品》，也是談「空」的名作。

2. 晉世講經的比丘尼，以師爲始。

3. 洛陽東寺，就是秦太上公二寺的皇姨所建的「東寺」。

4. 師爲道徒（女冠）所毒害，從這裡也可見當時釋、道二教鬥爭的一斑。詳請參閱拙著《兩漢魏晉南北朝比丘尼研究・求戒與守戒附論：釋道之爭》章。

5. 女冠楊令辯的專行服氣，頗值注意。

新林寺道容尼傳考 10

道容，本歷陽〔1〕人。住烏江寺〔2〕，戒行精峻，善占吉凶，逆知禍福，世傳爲聖。晉明帝〔3〕時甚見敬事，以花布席下，驗其凡聖，果不萎焉。

及簡文帝〔4〕先事清水道師，道師京都所謂王濮陽〔5〕也，第內爲立道舍。容亟開導，未之從也。後宮人〔6〕每入道屋，輒見神人爲沙門形，滿於室內；帝疑容所爲也，而莫能決。踐祚之後，烏巢太極殿；帝使曲安遠〔7〕筮，云：「西南有女人師，能滅此怪。」帝遣使往烏江迎道容，以事訪之。容

曰：「唯有清齋七日，受持八戒，自當消弭。」帝即從之，整肅一心；七日未滿，群烏競集，運巢而去。

帝深信重，即爲立寺，資給所須；因林爲名，名曰新林〔8〕即以師禮事之，遂奉正法。後晉顯尚佛道，容之力也。

逮孝武〔9〕時，彌相崇敬；太元中，忽而絕跡講〔10〕，不知所在。帝敕葬其衣缽，故寺邊有塚云。

考釋：

〔1〕歷陽　今安徽和縣，屬安慶道。又，本句《龍藏》、《磧砂藏》作「本住歷陽烏江寺」。

〔2〕烏江寺　詳請參閱本論文「寺院考」。

〔3〕晉明帝　司馬紹，元帝司馬睿的兒子，永昌元年（322 A.D.）閏十一月立，逾年三月改元太寧；即位才三年而卒，壽二十七歲。

〔4〕簡文帝　司馬昱，也是元帝司馬睿的兒子，不過是少子；才做了一年的皇帝（太和六年（371 A.D.）十一月立，改元咸安；逾年七月卒，壽五十三），就死了。

〔5〕王濮陽　案，道教經典《三洞珠囊》卷一〈救導品〉引〈道學傳〉第十八卷說：「濮陽，不知何許人也。事道專心，祈請即驗……晉簡文帝既廢世子，而無後息。陽時在第，密爲祈請；三更中有黃氣自西南逕墮室，爾夜李太后即懷孝武，冥道之力。」這事體又見載於《晉書》卷三十二〈孝武文李太后傳〉、《太平御覽》卷六百六十六引〈太平經〉而內容稍異。又，〈道學傳〉說濮陽不知何許人，賴有〈本傳〉知其爲「清水道師，京都所謂王濮陽也」，這很可以補道書之不足。

〔6〕宮人　《龍藏》、《磧砂藏》作「帝」。

〔7〕曲安遠　晉簡文帝時，盧江太守，善數術。《太平御覽》卷七百五十九〈器物部·杯〉引〈南越志〉：「南海以鰕頭爲長杯，頭長數尺，金銀縷之。晉廣州刺史嘗以杯獻簡文，簡文用以盛藥；未及飲，無故酒躍於外。時盧江太守曲安遠頗解數術，即命筮之，安遠曰：『卻三旬後，庭將有告慶者。』」

〔8〕新林寺　詳請參閱本論文「寺院考」。

〔9〕孝武帝　司馬曜，簡文帝第三子，咸安二年（372 A.D.）七月立，逾年正月改元寧康，三年後改元太元，二十一年（396 A.D.）被殺，年

三十四。案,《晉書》卷九〈孝武皇帝本紀〉說:「孝武皇帝諱曜,字昌明,簡文皇帝之第三子也。」史稱孝武在孕的時候,李太后夢見神明示意,說:「汝生男,以昌明爲字。」生之日果然東方大白;其後簡文皇帝得詩讖,有:「晉祚盡昌明」語,居然是晉朝國運盡於孝武云。孝武十歲即帝位,頗有人主之量,先時政績很有可觀,也能信佛、奉佛,〈本紀〉說:「太元六年(381 A.D.)春正月,帝初奉佛法,立精舍於殿內,引諸沙門以居之。」但不久就耽於酒色,〈本紀〉說:「時張貴人有寵,年幾三十。帝戲之曰:『汝以年當廢矣。』貴人潛怒,向夕帝醉,遂暴崩。」史上又說:「時道子昏惑,元顯專權,竟不推罪人。」道子,就是太傅王道子。

〔10〕案,《龍藏》、《磧砂藏》無「講」字,是也;有,則成贅文。

簡譜:

323～325 A.D.東晉明帝太寧元年～太寧元三年　師住烏江寺,以戒行精峻,善占吉凶,爲帝所敬事。

371 A.D.東晉簡文帝咸安元年　師爲帝逐太極殿烏巢,帝因此深加信重,爲立新林寺,而且資給所須。

372～396 A.D.東晉孝武帝咸安二年～太元二十一年　師忽然絕跡,不知所終;孝武皇帝乃下敕葬其衣缽於寺旁,所以今寺邊有塚云。

小結:

1. 師本住烏江寺,因簡文帝的信重,爲立新林寺,後爲衣缽塚的所在。簡文本來信仰道教,因爲師故,而改信佛教,所以〈本傳〉說:「後晉顯尚佛道,容之力也。」護教的功德極大。

2. 這又是一場釋、道之爭,頗值注意。

3. 王濮陽事,可補道書之缺。

司州寺〔1〕令宗尼傳考 11

令宗,本姓滿〔2〕,高平金鄉〔3〕人也。幼有清信,鄉黨稱之;家遇喪亂,爲虜所驅,歸誠懇至,稱佛、法、僧,誦〈普門品〉。拔除其眉,託云〔4〕惡疾,求訴得放。隨路南歸,行出冀州〔5〕,又復爲賊所逐〔6〕,登上林樹〔7〕,專誠至念;捕者前望,終不仰視,尋索不得,俄爾而散。宗下復去,不敢乞食,初不覺饑。晚達孟津〔8〕,無船可濟,憧惶憂懼,更稱三

寶；忽見一白鹿，不知從何而來？下涉河流，沙塵隨起，無有波瀾。宗隨鹿而濟，曾不沾濡，平行如陸，因得達家。仍即入道，誠心冥詣，學行精懇，開覽經法，深義入神。晉孝武聞之，遣書通問。

後百姓遇疾，貧困者眾，宗傾資賑給，告乞人間，不避阻遠，隨宜贍恤，蒙賴甚多。

忍饑勤苦，形容枯悴。年七十五，忽早召弟子，說其夜夢：「見一大山，云是須彌，高峰秀絕，上與天連。寶飾莊嚴，暉耀爛日，法鼓鏗鏘〔9〕，香煙芳靡〔10〕。語吾令前，愕然驚覺，即體中心忽忽有異於常，雖無痛惱，狀如昏醉。」同學道津〔11〕曰：「正當是極樂耳。」交言未竟，奄乎遷神。

考釋：

〔1〕司州寺　案《大正大藏》無「寺」字。司州，蓋州名（詳見本論文〈司州西寺智賢尼傳考3〉）；以州名爲寺名者，似乎沒有，因此當無「寺」字爲是。

〔2〕姓滿　或說是「瞞」字的訛音，或以《國語》的：「春秋赤翟滿國之後」爲言，總之是荊蠻之人。《廣韻·緩》：「滿，姓，出山陽。〈風俗通〉：『荊蠻有瞞氏，音舛變爲滿。』」山陽，在山東省金鄉縣西北四十里，正是下文所說的「高平金鄉人也」。以地域的屬性律之，恐怕《國語》的說法才是，因爲荊蠻屬楚，在長江一帶也。

〔3〕高平金鄉　此一高平與建福寺康明感尼的高平應該是同爲一處的，這是屬濟寧道上的山東省的，因爲金鄉正在此地。

〔4〕託云　案，《龍藏》、《磧砂藏》後多一「爲」字，反而不文，因據《大正大藏》刪。

〔5〕冀州　有二處，一在河南的臨漳縣，屬彰德府，古稱鄴城，後漢末所置；一在河北的高邑縣，屬直隸眞定府，晉置。以〈傳〉文的時代推之，應屬後者。

〔6〕這和建福寺康明感尼的遭遇略同：同遭「虜賊所獲」，也同念觀世音菩薩而得因野獸的指引脫困，又同二次遇賊。餘請參〈建福寺康明感尼考5〉）。

〔7〕林樹　案，《龍藏》、《磧砂藏》作「枯樹」，當從，因爲和虔誦觀世音菩薩的靈應才能相映。

〔8〕孟津　今河南省孟津縣東二十里，有孟津故城。

〔9〕鏘　案，《龍藏》、《磧砂藏》作「鎗」，皆爲狀聲詞。

〔10〕芳靡　案，《龍藏》、《磧砂藏》作「芳馥」。

〔11〕道津　只知是師之同學。

簡譜：

373～396 A. D.是晉孝武帝在位之日，〈本傳〉只說師受「晉孝武，遣書通問」，
　　　年七十五而卒。

小結：

1. 滿姓是《國語》所載的：「春秋赤翟滿國之後」，從〈本傳〉的師之籍貫
　　可以得證。

2. 〈本傳〉說她誦《普門品》，這是「觀世音」信仰的表現，說她夢見須彌
　　山，同學道津尼說那是極樂世界，那麼淨土的信仰隱然可見了。

簡靜寺支妙音尼〔1〕傳考 12

　　妙音，未詳何許人也。幼而志道，居處京華，博學內外，善爲文章。晉
孝武皇帝、太傅會稽王道〔2〕、孟顗〔3〕等，並相敬信，每與帝及太傅、
中朝學士談論屬文，雅有才致，藉甚有聲。

　　太傅以太元十年爲立簡靜寺〔4〕，以音爲寺主，徒眾百餘人，內外才義
者因之以自達，供嚫無窮，富傾都邑，貴賤宗事，門有車馬日百餘兩。荊州
刺史王忱〔5〕死，烈宗〔6〕意欲以王恭〔7〕代之；時桓玄〔8〕在江陵爲
忱所折挫，聞恭應往，素又憚恭。殷仲堪〔9〕時爲恭門生，玄知殷仲堪弱才
亦易制御，意欲得之，乃遣使憑妙音尼爲堪圖州〔10〕。既而烈宗問妙音：「荊
州缺，外聞云誰應作者？」答曰：「貧道道士，豈容及俗中論議？如聞外內談
者，並云無過殷仲堪；以其意慮深遠，荊楚所須。」帝然之，遂以代忱。權
傾一朝，威行內外云。

考釋：

〔1〕支妙音　支妙音，既然未詳何許人；因此，本人頗懷疑她是從師爲姓。
　　　　考《梁傳》卷十三有〈晉京師建初寺支曇籥傳〉，略謂：「支曇籥，本
　　　　月氏人，寓居建業……晉孝武初敕請出都，止建初寺，孝武從受五戒，
　　　　敬以師禮。籥特稟妙聲，善於轉讀，嘗夢天神授其聲法，覺因採製新
　　　　聲……後進傳寫，莫匪其法，所製六言梵唄，傳響於今。」一則同居
　　　　京華，容易受業；而所謂「妙音」是因其師籥特稟妙聲，而傳其法，

所以爲名;又,因其師爲孝武受戒師,敬以師禮而因緣際會地也受到孝武的相敬信呢?

又,〈本傳〉說妙音尼說孝武帝用殷仲堪爲荊州刺史,本人頗懷疑這也是釋道鬥爭的又一例,請詳本論文〈附論:釋道之爭〉。

〔2〕太傅會稽王道 案,「太傅王道」的說法是錯誤的,應該是「太傅會稽王道子」才是,他姓司馬氏,會稽王是其封地。因爲《晉書》卷九〈簡文皇帝本紀〉說:「乙未,立會稽王昌明爲皇太子、皇子道子爲瑯琊王,領會稽內史。」又,〈孝武皇帝本紀〉說:「太元五年(380 A. D.)丁卯,以驃騎將軍瑯琊王道子爲司徒。」又,八年(383 A. D.)九月,詔司徒瑯琊王道子錄尚書六條事。」又,「十七年(392 A. D.)庚寅、徙封瑯琊王道子爲會稽王。」不過,道子雖知有佛,卻不學佛,《晉書》卷六十四〈簡文三子傳〉說他的無行:「于時孝武不親萬機,但與道子酣歌爲務,姆姆僧尼尤爲親暱……又崇信浮屠之學,用度奢侈,下不勘命。」結果弄得:「尼僧成群,依傍法服,五戒麤法尚不能遵……」(見左衛領營將軍會稽許榮的〈疏〉)最後死於桓玄之亂,才三十九歲。

〔3〕孟顗 《晉書》卷九十六〈烈女傳・孟昶妻傳〉說孟顗是孟昶的弟弟,其妻又是孟昶妻的從妹,且又家境富裕:「孟昶妻周氏,昶弟顗妻又其從妹也。二家並豐財產。」因爲有錢,乃交通王侯,桓玄、劉邁都與之有舊,最後甚至毀產資助劉裕以篡位。又《梁傳》之中也頗見他的事蹟,如:卷二〈佛馱跋陀羅傳〉:「義熙十四年(418 A. D.),吳郡內史孟顗、右衛將軍褚叔度即請賢爲譯匠。」又,全卷〈曇無讖傳〉:「(沮渠安陽侯)常遊塔寺,以居士身畢世。初出《彌勒》、《觀音》二觀經,丹陽尹孟顗見而善之,深加賞接。」卷三〈曇摩密多傳〉:「會稽太守平昌孟顗深信正法,以三寶爲己任,素好禪味,敬心殷重。及(曇摩密多)臨浙右,請與同遊,乃於鄮縣之山建立塔寺。」等等俯拾皆是,可知他是平昌人,嘗爲會稽太守、吳郡內史、丹陽尹。

〔4〕簡靜寺 詳請參閱拙著本論文〈寺院考〉。

〔5〕荊州刺史王忱 是王坦之的兒子,坦之頗信佛,《晉書》卷七十五〈本傳〉說:「初,坦之與沙門竺法師甚厚,每共論幽冥報應,便要先死

者當報其事。後經年，師忽來云：貧道已死，罪福皆不虛；惟當勤脩道德，以升濟神明耳。」家教如此；但是忱任達不拘，「末年尤嗜酒，一飲連月不醒，或裸體而游，每歎三日不飲，便覺形神不相親。婦父嘗有慘，忱乘醉弔之婦父慟哭；忱與賓客十許人連臂被髮，裸身而入，遶之三匝而出。」就這樣醉死了。他任荊州刺史，是太元中的事。其字元達。桓玄「爲忱所折挫」的事體，據《晉書》卷七十五〈王忱傳〉說是：「桓玄時在江陵，既其本國，且奕葉故義，常以才雄駕物，忱每裁抑之。」而具體的事實是：「玄嘗詣忱，通人未出，乘輿直進；忱對玄鞭門幹，玄怒，去之，忱亦不留。」又，「嘗朔日見客，仗衛甚盛，玄言欲獵，借數百人，忱悉給之，玄憚而服焉。」

〔6〕烈宗　蓋即孝武帝，見上。

〔7〕王恭　《晉書》卷八十四有〈傳〉：「字孝伯，光祿大夫；蘊子，定皇后之兄也……與王忱齊名友善。」又，「恭性亢直，深存節義……尤信佛道，調役百姓修營佛寺，務在壯麗，士庶怨嗟。臨刑猶誦佛經，自理鬚髮，神無懼容。」

〔8〕桓玄　《晉書》卷九十九有傳，略謂：「桓玄，字敬道，一名靈寶，大司馬溫之孽子也。」後因僭稱帝號，兵敗而死，才三十六歲。

〔9〕殷仲堪　仲堪與王恭全卷，〈本傳〉說他：「少奉天師道，又精心事神，不吝財賄而怠行仁義，嗇於周急。」〈妙音傳〉說：「玄知殷仲堪弱才亦易制御」似頗有微辭，而事實也是如此，《晉書》卷九十九〈桓玄傳〉說：「玄在荊楚積年，優游無事，荊州刺史殷仲堪甚敬憚之……初，玄在荊州豪縱，士庶憚之甚於州牧；仲堪親黨勸殺之，仲堪不聽……仲堪惡（楊）佺期兄弟疏勇，恐克玄之後復爲己害，苦禁之……隆安中，詔加玄都督荊州四郡……仲堪慮玄跋扈，遂與佺期結婚爲援。」這是依違不能舉棋的情態，難怪桓玄要瞧他不起，說：「仲堪爲人不能專決，常懷成敗之計，爲兒子作慮。」關於這，還可從下引的故事得到證明：「殷公北征，朝士出送之，軍容甚盛，儀止可觀；陳說經略攻取之宜，眾皆謂必能平中原。將別，忽馳逞才，自犖馬，遂墜地。士以是知其必敗。」〔註3〕（見《裴子語林》）最後只好死在桓玄的手裡了。而殷仲堪之爲荊州刺史，據《晉書》卷八十四

〔註3〕案，《世說新語・識鑒第七》卷二十八〈王忱〉條亦載此事。

他的〈本傳〉的記載，說是：「（孝武）帝以會稽王非社稷之臣，擢所親幸以爲藩捍，乃授仲堪都督荊、益、寧三州軍事、振威將軍、荊州刺史、假節，鎮江陵。」然而，〈妙音尼傳〉所載，正可以補史之缺矣。

〔10〕其實，她干預朝政，何止此次？《晉書》卷六十四〈簡文三子傳〉說：「國寶即甯之甥，以諂事道子，甯奏請黜之。國寶懼，使陳郡袁悅之因尼妙音（案，應作支妙音，《晉書》卷七十五·列傳第四十五〈王湛傳〉正作此。）致書與太子母陳淑媛，說國寶忠謹，宜見親信。」也許因爲干預太過，惹得孝武大怒，反把袁悅之給殺了；但是，事情雖然沒有成功，卻也沒有動到支妙音尼絲毫，因爲〈傳〉文接著說：「道子由是專恣。」即可概見。〔註4〕

簡譜：

385 A. D. 東晉孝武帝太元十年　太傅王道子爲師立簡靜寺。

小結：

1. 師之授戒師，或者即爲支曇籥。
2. 師因博學內外，雅善屬文，與帝室、王公時相過從，所以「權傾一朝，威行內外」。這很可以看出尼師的影響力，以及處世、求生存之道。

何后寺道儀尼傳考 13

道儀，本姓賈，雁門樓煩〔1〕人，慧遠〔2〕之姑。出適同郡解直〔3〕，直爲尋陽令亡；儀年二十二，棄捨俗累，披著法衣。聰明敏哲，博聞強記，誦《法華經》，講《維摩》、《小品》，精義妙理，因心獨悟。戒行高峻，神氣清邈；聞中畿經律漸備〔4〕，講集相續，晉泰元末乃至京師〔5〕，住何后寺〔6〕，端心《律藏》，妙究精微。身執卑恭，在幽不惰；衣裳麤弊，自執杖鉢，清散無矯，道俗高之。

年七十八，遇疾已篤，執心彌勵，誦念無殆。弟子請曰：「願加消息，冀蒙勝損。」答曰：「非所宣言。」言絕而卒。

〔註4〕《晉書》卷七十五，列傳第四十五〈王湛傳附國寶傳〉云：「及道子輔政，以爲祕書丞。俄遷琅邪內史，領堂邑太守，加輔國將軍。入補侍中，遷中書令、中領軍，與道子持威權，扇動內外。中書郎范甯，國寶舅也，儒雅方直，疾其阿諛，勸孝武帝黜之。國寶乃使陳郡袁悅之因尼支妙音致書與太子母陳淑媛，說國寶忠謹，宜見親信。帝知之，託以他罪殺悅之。

考釋：

〔1〕雁門樓煩　案，「樓」或作「婁」，應誤，因爲地志「樓煩」無作「婁」者。樓煩，兩漢到宋朝初年有樓煩城者，在今山西太原府的樂靜縣，屬雁門道。而雁門爲郡，歷兩漢至宋初，都在山西太原府的代州。

〔2〕慧遠　佛教史學者都特爲重視慧遠和尚，以爲只有他，才能承襲且發展道安的般若學、禪觀的修習法門，而將佛法作一嶄新的開展。因此，本注擬用以下資料：《名僧傳抄》、〈阿毗曇心論序〉、謝靈運〈廬山慧遠法師誄〉、《出三藏記集》、《梁傳・晉廬山釋慧遠傳、晉蜀龍淵寺釋慧持傳、曇翼傳》、《廣弘明集》、《佛祖統紀》、《晉書》、《通鑑》、宋・陳舜俞〈廬山十八高賢傳〉、唐・李演〈廬山法門影堂記〉、卿希泰《中國道教史》等，作一慧遠的簡譜，也可從而得到道儀尼師出家稍近的實況。

334 A. D. 東晉成帝咸和九年　師生於山西太原府代州，即鴈門樓煩，本姓賈。

346 A. D. 東晉穆帝永和二年　師十三歲，隨舅令狐氏游學許洛，故少爲諸生，博綜《六經》，尤善《莊》、《老》。

348 A. D. 東晉穆帝永和四年　師十五歲，竺佛圖澄示寂。

349 A. D. 東晉穆帝永和四年　後趙石虎稱帝，改元太寧，同年死，中原寇亂，南路阻塞，時師十六歲。

351 A. D. 東晉穆帝永和七年　師十八歲，釋僧朗入泰山，創始了山岳佛教。

354 A. D. 東晉穆帝永和十年　師二十一歲，欲渡江東就范宣子共契嘉遁。案，范宣子《晉書》卷九十一〈儒林傳〉載其聲名遠播華北，而自幼即有隱遁之志；慧遠因善《莊》、《老》，所以也想與之「共契嘉遁」，但因世亂而不果。

〈晉廬山釋慧遠傳〉說：「時沙門道安立寺於太行恆山，弘贊像法，聲甚著聞，遠遂往歸之，一面盡敬，以爲眞吾師也。後聞安講《般若經》，豁然而悟，乃歎曰：『儒道九流皆糠粃耳。』便與弟慧持投簪落彩，委命受業」，這是兄弟出家的情形，時道安法師四十二歲。

357 A. D. 東晉穆帝升平元年　師二十四歲，便就講說《般若波羅密

經》，而以《莊》、《老》釋眾群疑。

365 A. D. 東晉哀帝興寧三年　師三十二歲，與安法師、竺法汰自新野至襄陽。

373 A. D. 東晉孝武帝寧康元年　秦將苻丕寇斥襄陽，道安為朱序所拘，不能得去，乃分張徒眾，各隨所之。師四十歲。

378 A. D. 東晉孝武帝太元三年　襄陽陷落，遠於是與弟子數十人，南適荊州，住上明寺。時師四十五歲。

381 A. D. 東晉孝武帝太元六年　師欲往羅浮山，及屆潯陽，見廬峰清靜，足以息心，始住龍泉精舍，時四十八歲。

384 A. D. 東晉孝武帝太元九年　刺史桓伊乃為遠復於山東更立房殿，即東林寺，開始弘法的偉業，時五十一歲。我想其姑道儀尼也許就在此時出家，因為〈傳〉說：「慧遠之姑，出適同郡解直，直為尋陽令亡；儀年二十二，棄捨俗累，披著法衣。」尋陽，當然就是潯陽，其時慧遠抵此已經三年，聲名已盛；而姑丈適卒，按情理法師兄弟不能無所探望其姑者，因此影響所及，便爾披剃了。

385 A. D. 東晉孝武帝太元十年　道安法師捨壽，享年七十三。

386 A. D. 東晉孝武帝太元十一年　師五十三歲，東林寺創建初成。

391 A. D. 東晉孝武帝太元十六年　師五十八歲，〈晉廬山釋慧遠傳〉說：「初，經流江東，多有未備，禪法無聞，律藏殘闕。遠慨其道缺，乃令弟子法淨、法領等遠尋眾經，踰越沙雪，曠歲方反，皆獲梵本，得以傳譯。昔安法師在關，請曇摩難提出《阿毗曇心》；其人未善晉言，頗多疑滯。後有罽賓沙門僧伽提婆，博識眾典，以晉太元十六年（391 A. D.）來至潯陽，遠請重譯《阿毗曇心》及《三法度論》，於是二學乃興，并製序標宗，貽於學者。」案，僧伽提婆所譯的法勝菩薩之《阿毗曇心》及世賢菩薩之《三法度論》，都屬「有部」的重要經典，而慧遠和尚居然「寶而重之，敬愼無違」（見〈阿毗曇心論序〉），則其博學的襟懷可以想見矣。

397 A. D. 東晉安帝隆安元年　師六十四歲，僧伽提婆下長江，在建康大倡小乘《阿毗曇》學。

398 A. D. 東晉安帝隆安二年　師六十五歲，殷仲堪之荊州，嘗過山展敬。後桓玄征殷仲堪，軍經廬山，要師出虎溪。

401 A. D. 東晉安帝隆安五年　師六十八歲，盧循初下據江州城，入山詣師；而盧循是孫恩的妹婿，少奉天師道，至是以教主自居，乃行叛亂。鳩摩羅什至長安。秦主姚興，贈以龜茲國細縷雜變像，以申欸心。

402 A. D. 東晉安帝元興元年　師六十九歲，桓玄論沙門禮敬事，遠乃著〈沙門不敬王者論〉凡五篇。師乃於精舍無量壽像前，建齋立誓，共期西方，乃令劉遺民著其文，這就是淨土宗創建的初始。

403 A. D. 東晉安帝元興二年　師七十歲，桓玄下詔沙門可以不禮敬王者文。聞羅什入關，師即遺書通好。先是中土未有泥洹常住之說，但言壽命長遠而已，遠乃嘆曰：「佛是至極，至極則無變，無變之理豈有窮耶？」因著〈法性論〉。

404 A. D. 東晉安帝元興三年　師七十一歲，有弗若多羅來適關中，誦出《十誦》梵本，羅什譯爲晉文；三分始二，而多羅棄世，師常慨其未備。

405 A. D. 東晉安帝義熙元年　師七十二歲，曇摩流支入秦，復善誦此部，乃遣弟子曇邕致書祈請，令於關中更出餘分，故《十誦》一部具足無闕。晉地獲本相傳至今，蔥外妙典、關中勝說，所以來集茲土者，遠之力也。

406 A. D. 東晉安帝義熙二年　師七十三歲，桓玄西奔，晉安帝自江陵旋於京師，輔國何無忌勸遠候覲，遠稱疾不行。姚嵩獻其殊像，《釋論》（案，即指《大智度論》而言）新出，興送《論》并遺書。師常謂《大智論》文句繁廣，初學難尋，乃抄其要文，撰爲二十卷，序致淵雅，使夫學者息過半之功矣。

416 A. D. 東晉安帝義熙十二年　師八十三歲，自師卜居廬阜，三十餘年影不出山，跡不入俗，每送客，遊履常以虎溪爲界焉。八月初動散，至六日困篤示滅。

〔 3 〕解　《廣韻·蟹》：「解，姓。唐叔虞食邑於解，今解縣也。晉有解

狐、解揚，出雁門。」又《元和姓纂·十二蟹》：「晉大夫解狐之後，
其先食采於解，因氏。解琬，雁門人，徙家魏州。」案，解縣，今山
西平陽府解州，與雁門同在一境，屬河東道；氏譜或說徙家魏州（河
北大名縣）、濟南（山東歷城縣），而未有移家潯陽者，此可補氏譜之
不足。

〔4〕聞中畿經律漸備，講集相續　《祐錄》卷三〈新集律來漢地四部序錄
　　　第七〉說：「中夏聞法，亦先經而後律；《律藏》稍廣，始自晉末而迦
　　　葉維部猶未東被。」這應該說的是鳩摩羅什法師，主持譯場的時候，
　　　大量翻譯《律藏》的事體，湯用彤氏《漢魏兩晉南北朝佛教史》曾經
　　　把羅什法師的譯經列一簡目，其中關於《律藏》的部分如下：

404 A. D. 晉安帝元興三年（即秦弘始六年）　十月十七日，在中寺爲
　　　　弗若多羅度語，譯《十誦律》，「三分獲二」而多羅卒。（案，
　　　　《十誦律》原屬薩婆多部，也就是一切有部，意思是說一切
　　　　諸法皆是有相。《祐錄》卷三說：「昔大迦葉具持法藏，次傳
　　　　阿難，至於第五師優波掘本有八十誦；優波掘以後世鈍根，
　　　　不能具守故，刪爲十誦。以誦爲名，謂法應誦持也。」）

405 A. D. 晉安帝義熙元年（即秦弘始七年）　是年秋，曇摩流支至長
　　　　安，因遠公（案，即慧遠和尚）、姚興之請，與什共續譯《十
　　　　誦律》，前後成五十八卷。後卑摩羅又開爲六十一卷。

410 A. D. 晉安帝義熙六年　佛陀耶舍在中寺，始出《四分律》。

412 A. D. 晉安帝義熙八年　佛陀耶舍譯《四分律》訖，共六十卷。（案，
　　　　《四分律》原稱《曇無德》，是《曇摩毱多》的別音；曇摩
　　　　毱多，意思是顯覆。佛涅槃以後，弟子顚倒解義，覆隱法藏，
　　　　所以叫做《曇無德》，所以叫做《曇摩毱多》。）

　　　除了鳩摩羅什、弗若多羅、曇摩流支、卑摩羅叉、佛陀耶舍
　　　等等之外，法顯和尚也從天竺帶回了《摩訶僧祇部》及《彌
　　　沙塞部》。《梁傳》卷三〈宋江陵辛寺釋法顯傳〉載：「釋法
　　　顯……以晉隆安三年（399 A. D.）……發自長安……後至中
　　　天竺，於摩竭提波連弗邑阿育王塔南天王寺，得《摩訶僧
　　　祇律》，又得《薩婆多律》……顯留三年……到師子國……
　　　停二年，復得《彌沙塞律》。」在義熙二年（407 A. D.）還

都，十二年（416 A. D.）請佛馱跋陀羅在道場寺譯出《摩訶僧祇律》；宋景平元年（423 A. D.）請佛大什，在龍光寺譯出《彌沙塞律》，這就是《五分律》。（以上是根據《祐錄》而説的）。儘管譯律盛行，但是，《梁傳》卷十三〈明律篇・論曰〉：「雖復諸部皆傳，而《十誦律》一本最盛東國。」原因是，卑摩羅叉、僧業、慧觀等大力弘揚的關係，湯用彤氏《漢魏兩晉南北朝佛教史》甚至於說：「南方在宋代除《十誦》以外，已幾無律學，齊梁更然。」然則道儀尼所專心的《律藏》，也應該是《十誦》了——尤其有慧遠的影響的關係。

〔5〕案，《梁傳》卷六〈晉蜀龍淵寺釋慧持傳〉載：「釋慧持者，慧遠之弟也……初憩荊州上明寺，後適廬山，皆隨遠共止……持有姑爲尼，名道儀，住在江夏。聞京師盛於佛法，欲下觀化，持乃送姑至都，止於東安寺，晉衛軍瑯琊王珣深相器重。」可以補本傳的不足；不過，「止於東安寺」恐怕有誤，因爲東安寺似乎只是比丘的住地，且多以誦經爲主，如：釋法恭、釋曇智等是（此二人，請參看《梁僧傳》卷十四、十五）。因此既不宜道儀尼居，應該也不是『端心律藏』者的嚮慕所。因之「東安寺」或者是「永安寺」之誤？因爲何后寺本來就叫做永安寺的。

又，泰元末，案，「泰元」是東晉孝武帝的年號，凡二十一年（376～396 A. D.）。而據《梁傳》卷六〈晉廬山釋慧遠傳〉說：「初，經流江東，多有未備，禪法無聞，律藏殘闕。遠慨其道缺，乃令弟子法淨、法領等遠尋眾經。」云云，則所謂「泰元末」，或者應在十六至二十一年之間。

〔6〕何后寺　詳請參閱本論文「寺院考」。

簡譜：

363 A. D. 東晉哀帝興寧元年　師生。

384 A. D. 東晉孝武帝太元九年　師出家，年二十二。

391～396 A. D. 東晉孝武帝泰元末年　師因慧持和尚的護持，至京師住於永安寺。時年二十九至三十四歲。

440 A. D. 宋文帝元嘉十七年　師示滅，世壽七十八。

小結：

1. 作一〈慧遠和尚簡譜〉，以明尼師出家的時間。

2. 師之出家是深受著慧遠、慧持兄弟之影響的。

3. 爲當時《律藏》的譯出作一簡表，也因之可知師之專心，殆在《十誦》一部。

4. 解姓移家潯陽的事體，可補氏譜之不足。

景福寺慧果尼傳考 14

慧果，本姓潘，淮南〔1〕人也。常行苦節，不衣綿纊，篤好《毗尼》〔2〕，戒行清白，道俗欽羨，風譽遠聞。宋青州刺史北地傳弘仁〔3〕雅相歎貴，厚加賑給，以永初三年（原注：曇宗云：元嘉七年寺主弘安尼以起願寺借券書見示。是永初三年。）〔4〕割宅東面，爲立精舍，名景福寺〔5〕，以果爲綱紀，嚫遺之物悉以入僧，眾業興隆，大小悅服。

到元嘉六年，西域沙門求那跋摩至〔6〕，果問曰：「此土諸尼先受戒者，未有本事；推之愛道，誠有高例，未測厥後得無異耶？」答：「無異。」又問：「就如律文，戒師得罪，何無異耶？」答曰：「有尼眾處，不二歲學，故言得罪耳。」又問：「乃可此國先未有尼，非閻浮無也。」答曰：「律制：十僧得受具戒，邊地五人亦得受之。正爲有處，不可不如法耳。」又問：「幾許里爲邊地？」答曰：「千里之外，山海艱隔者是也。」九年〔7〕，率弟子慧意、慧鎧等五人，從僧伽跋摩重受具戒〔8〕，敬慎奉持，如愛頂腦。

春秋七十餘，元嘉十年而卒。弟子慧鎧，並以節行聞于時也。

考釋：

〔1〕淮南　今安徽省當塗縣。

〔2〕毗尼　泛指《律藏》而言，或譯作毗奈耶，實際上都是梵文 Viaya 音譯。

〔3〕傳弘仁　案，「傳」應是「傅」字之誤，因爲傳氏只見於《姓苑》而無任何解說。傅，則爲北地的大姓，《中華姓氏大典》引《古今姓氏書辨證・十遇》云：「《唐書・宰相表》曰：出自姬姓。黃帝裔孫大由封於傅邑，因以爲氏。商時虞、虢之間有傅氏，居於岩旁，是爲傅岩。高宗（盤庚）得說於此，命以爲相；裔孫漢義陽侯介子，始居北地。」又本傳〈梁郡築戈村寺釋慧木尼傳〉說：「慧木，本姓傅，北地人」

的話，可以爲證。

〔4〕本句「原注」殆是辨明景福寺是永初三年（422 A.D.）青州刺史傅弘
仁捨宅所立的，因爲曇宗和尚曾經在永嘉七年（430 A.D.）看過寺
主弘安尼出示的〈起願寺借券書〉。曇宗和尚就是寫二卷〈京師塔寺
記〉的靈味寺僧，所以其話應該可信，其〈傳〉則見於《梁傳》卷十
三。

〔5〕景福寺　詳請參閱本論文「寺院考」。

〔6〕到元嘉六年，西域沙門求那跋摩至　案，「元嘉六年」恐怕有誤，據
《梁傳》卷三是說：「京師名德沙門慧觀、慧聰等，遠挹風猷，思欲
餐稟；以元嘉元年（424 A.D.）九月，面啓文帝，求迎請跋摩。」而
其間又隨著商人竺難提的船舶，被風漂到了廣州、始興，直到元嘉八
年（431 A.D.）正月，才達於建業的。關於跋摩來華的事體，《宋書·
蠻貊傳》也有所記。至於他的譯經，綜合〈出三藏記集〉所載，大略
如下：

(1)《菩薩善戒》十卷，案，這是祇洹寺慧義和尚請出的，始得二十
八品，後弟子代出二品，成三十品。未及繕寫，失〈序品〉及〈戒
品〉，故今猶有兩本，或稱《菩薩戒地》。

(2)《優婆塞五戒略論》一卷

(3)《四分羯磨》，或稱《曇無德羯磨》一卷

(4)《三歸及優婆塞二十四戒》一卷

(5)另校訂伊葉波羅的《雜阿毗曇心論》，據〈本傳〉說是：「徐州刺
史王仲德於彭城請外國，譯出《雜心》，至〈擇品〉而緣礙遂輟；
至是，更請跋摩譯出〈後品〉，足成三十卷。」

〔7〕這裡說「九年」，那是因爲求那跋摩在元嘉八年九月二十八日捨壽的
關係（案，和尚捨壽的時間，《釋氏通鑑》作元嘉二十年、《六學僧傳》
作元嘉六年：多顯得不合道理，說見本論文之前後論證。因此，此地
據《梁傳》和《出三藏記集》。）不過，九年之說也不確，應該是十
年才是，說詳下。而《梁傳·求那跋摩傳》有一描述，說當時尼眾的
苦心：「諸尼又恐年月不滿，苦欲更受。跋摩稱云：『善哉，苟欲增明，
甚助隨喜；但西國尼，年臘未登，又十人不滿，且分學宋語，別因西
域居士，更請外國尼，來足滿十數。』」

〔8〕從僧伽跋摩重受具戒 案，「重受具戒」的時候，〈本傳〉說是元嘉九年；恐怕不確，因爲根據《梁傳》卷三〈僧伽跋摩傳〉和《出三藏記集》，都說他是「以宋元嘉十年（433 A. D.）步自流沙，至於京邑」。而且《比丘尼傳》卷二〈廣陵僧果尼傳27〉說得更仔細：「及元嘉六年，有外國舶主難提，從師子國載比丘尼來，至宋都，住景福寺。」又說：「到十年，舶主難提復將師子國鐵薩羅等十一尼至，先達諸尼已通宋語，請僧伽跋摩於南林寺戒壇，次第重受三百餘人。」這就與《梁傳》和《出三藏記集》所載都合了。因此，卷三〈普賢寺寶賢尼傳34〉說：「以元嘉十一年（434 A. D.）從僧伽跋摩於南林寺重受具戒」也應該改爲元嘉十年；卷四〈禪林寺淨秀尼傳52〉說：「宋元嘉七年外國沙門求那跋摩至都」，也應該改爲元嘉八年。

其後，僧伽跋摩授具戒竟，乃「辭還本國；眾咸祈止，莫之能留。元嘉十九年，隨西域賈人舶還外國，莫詳其終。」

簡譜：

422 A. D. 宋武帝永初三年 宋青州刺史北地傅弘仁割宅東面，爲師立精舍，曰景福寺。

431 A. D. 宋文帝元嘉八年 求那跋摩至，師問邊地尼眾受具足戒之如法否？欲從之重受，而跋摩卒。

433 A. D. 宋文帝元嘉十年 師率弟子慧意、慧鎧等五人，從僧伽跋摩於南林寺重受具戒竟，而師亦捨壽，年七十餘。

小結：

1. 慧果尼所受的戒，是求那跋摩所譯出的《十誦律》，這和淨撿尼所受者不同，乃成爲紛爭的重要原因。

2. 僧伽跋摩在宋地授具戒，從之者，有：慧果、僧果等。

3. 傅弘仁，應是傅弘仁之誤。

建福寺法盛尼傳考 15

法盛，本姓聶，清河〔1〕人也。遭趙氏亂〔2〕，避地金陵，以元嘉十四年〔3〕於建福寺出家，才識慧解，率由敏悟。自以桑榆之齒，流寓皇邑，雖復帝道隆寧，而猶懷舊土；唯有探頤玄宗，乃可以遣忘老〔4〕耳，遂從道場寺偶法師〔5〕受菩薩戒。晝則披陳玄素，夕則清言味理。漸染積年，神情

朗贍，雖曰暮齒，有逾壯年。常願生安養，謂同業曇敬、曇愛〔6〕曰：「吾立身行道，志在西方。」

十六年九月二十七日，塔下禮佛，晚因遇疾，稍就綿篤。其月晦夕，初宵假寐，如來垂虛而下，與二大士論二乘；俄與大眾騰芳蹈藹，臨省盛疾，光明顯燭，一寺咸見。歛來問盛：「此何光色？」盛具說之，言竟尋終，年七十二。豫章太守吳郡張辯〔7〕素所尊敬，爲之傳述云。

考釋：

〔1〕清河　劉宋時置，在今山東省濟南府淄川縣。

〔2〕遭趙氏亂，避地金陵　殆指後趙石氏（案，自石虎、石世、石遵、石鑒以至於石祇，凡一十九年建武元年～永寧二年，335～353 A. D.）之屠毒天下，而其時法盛尼猶未誕生，因之，避地金陵者蓋指其父祖言也。《元和姓纂・二十九葉》引〈吳志〉：「石趙染閔（案，「染」應作「冉」）中書舍人聶熊，清河人。」冉閔，正是殺石鑒者；後趙亡，其先乃避地金陵與？

〔3〕元嘉十四年　宋文帝劉義隆即位之第十四年（437 A. D.）。師於是年出家，十六年往生，世壽七十二，則其生當在東晉海西公太和三年（368 A. D.）。

〔4〕遺忘老　頗不文，《龍藏》作：「遺憂」，當從。

〔5〕道場寺偶法師　詳請參閱本論文「寺院考」，偶法師待考。

〔6〕曇敬、曇愛　殆其同學也。

〔7〕張辯　是江南士族張敞的孫子、益州刺史張裕的第四個兒子，他曾經爲曇鑒、僧瑜、僧旻等作過「傳贊」。其中曇鑒和竺道祖都是師事羅什法師而發願往生安養的，因此本人頗懷疑曇敬、曇愛是其弟子，或許法盛尼師也是其同門吧？張辯，見《南史》卷三十〈張裕傳〉。

簡譜：

368 A. D. 東晉海西公太和三年　師生。

437 A. D. 宋文帝元嘉十四年　師於建福寺出家，遂從道場寺偶法師受菩薩戒。時七十歲。

439 A. D. 宋文帝元嘉十六年　師示寂，世壽七十二。

小結：

1. 師是持「菩薩戒」的行者。
2. 發願往生安養，應該是屬淨土宗。
3. 道場寺有二處，〈本傳〉殆指建康者，然則應正名爲鬥場寺。
4. 師殆是以探頤玄宗、清言味理爲時人所重，猶是玄風清談的社會本色。

江陵牛牧寺慧玉尼傳考 16〔1〕

慧玉，長安人也。行業勤修，經戒通備。常遊行教化，歷履邦邑，每屬機緣，不避寒暑。南至荊楚，仍住江陵牛牧精舍〔2〕，誦《法華》、《首楞嚴經》〔3〕等，旬日通利，郊西〔4〕道俗皆歸敬之。觀覽經論，未曾廢息。

元嘉十四年十月，爲苦行齋七日，乃立誓言：「若誠齋有感，捨身之後，必見佛者，願於七日之內見佛光明。」五日中宵，寺東林樹靈光赫然，即以告眾，眾皆欣敬，加悅服焉。寺主法弘後於光處〔5〕起立禪室。

初，玉在長安，於薛尚書寺〔6〕見紅白色光，爍曜左右，十日小歇。後六重寺〔7〕沙門，四月八日於光處得金彌勒像，高一尺云。

考釋：

〔1〕案，本文又見於南齊王琰《冥祥記》、《法苑珠林》卷十六。

〔2〕江陵牛牧精舍　《冥祥記》做「靈收寺」，然據考寺志，都無以靈收爲寺名者；或許應從〈本傳〉做「牛牧寺」，或「牛牧精舍」。它也許是荊楚之間、江陵的一小寺庵。

〔3〕首楞嚴經　本經據《出三藏記集》所載，略有以下諸譯：

(1) 東漢桓靈之世，支婁迦讖譯，見《記集》卷七晉・支愍度〈合首楞嚴經記第十〉。

(2) 東漢桓靈之世，支越（字恭明），見全書全卷、支愍度之說。

(3) 魏正始末，白延譯，見全書全卷、佚名之〈首楞嚴經後記〉。

以上皆二卷。

但是，這與唐朝神龍元年（705 A.D.）般剌密帝在廣州制止寺所譯，而由房融筆受、烏萇國沙門彌伽釋迦譯語的不同，它的全名是《大佛頂如來蜜因修證了義諸菩薩萬行首楞嚴經》，凡十卷。案，「首楞嚴」的意思是一切事竟，是佛才能得的三昧之定的定名，所以〈首楞嚴經注序〉說：「所以寂者，未可得而分也，故其篇云：悉遍諸國亦無所

分，而於法身不壞也。」（見《出三藏記集》卷七）這顯然與密帝所譯者不一也。

〔4〕郯西　案，《龍藏》校，或作「陝西」，是也；此從〈本傳〉文意可見，因為郯是在山東兗州府沂州的郯城縣，而慧玉尼是長安人，故應以陝西為近似。

〔5〕光處　〈本傳〉曾說，師於「元嘉十四年十月，為苦行齋七日，乃立誓言：若誠齋有感，捨身之後必見佛者。願於七日之內，見佛光明；五日中宵，寺東林樹靈光赫然。」光處，殆即指此。又，《冥祥記》還說師曾告訴同學妙光等；而「悉弗之見也」，後來寺主法弘和尚在這裏營築禪基時，「仰首條間，得金坐像，亦高尺許也」。

〔6〕薛尚書寺　詳請參閱本論文「寺院考」。

〔7〕六重寺　詳請參閱本論文「寺院考」。又，《冥祥記》在「六重寺沙門」之後，有「來游此寺」四字，文意完足。

簡譜：

437 A. D. 宋文帝元嘉十四年　師為七日之苦行齋。

小結：

1. 此地之〈首楞嚴經〉與唐般剌密帝所譯者不同。

2. 師於元嘉十四年（427 A. D.）行七日之苦行齋後，感江陵牛牧寺東佛光赫然；其後寺主法弘和尚於此立禪室。

3. 先是師嘗在長安薛尚書寺見紅白色光，後六重寺沙門四月八日來游此寺，在光處得金彌勒像，高一尺。

建福寺道瓊尼傳考 17

道瓊，本姓江，丹陽人也。年十餘，博涉經史；成戒以後，明達《三藏》，精勤苦行。晉太元中，皇后〔1〕美其高行，凡有所修福，多憑斯寺，富貴婦女爭與之遊。

以元嘉八年，大造形象，處處安置：彭城寺〔2〕金像二軀，帳座完具；瓦官寺〔3〕彌勒行像一軀，寶蓋瓔珞；南建興寺〔4〕金像二軀，雜事幡蓋；於建福寺造臥像并堂，又製普賢行像，供養之具，靡不精麗。

又以元嘉十五年造金無量壽像，以其年四月十日，像放眉間相光，明照室內，皆如金色。道俗相傳，咸來修敬，瞻睹神輝，莫不歡悅。復以元皇后

〔5〕遺物，開拓寺南，更造禪房云。

考釋：

〔1〕皇后　殆即孝武定王皇后，寧康三年（375 A. D.）立以爲后，太元五
年（380 A. D.）崩，年二十一。《晉書》卷三十二〈本傳〉說：「后性
嗜酒驕妒，帝深患之……后於是少自改飾。」

〔2〕彭城寺　詳請參閱本論文〈寺院考〉。

〔3〕瓦官寺　詳請參閱本論文〈寺院考〉。

〔4〕南建興寺　詳請參閱本論文〈寺院考〉。

〔5〕元皇后　即孝文帝袁元皇后也，《宋書》卷四十一有傳。

簡譜：

431 A. D. 宋文帝元嘉八年　師大造金像，譬如：彭城寺金像二軀、瓦官寺
彌勒行像一軀、南建興寺金像二軀，建福寺造臥像並堂、又製普
賢行像。

438 A. D. 宋文帝元嘉十五年　師造金無量壽像，眉間放光，明照寺內，皆
如金色。

小結：

1. 建福寺是一尼寺，也是貴遊女子交際處。

2. 師交通后妃，造像立寺，興福接眾。

江陵祇洹寺道壽尼傳考 18

　　道壽，未詳何許人也。清和恬淡，以恭孝見稱，幼受五戒，未嘗起犯。

　　元嘉中遭父憂，因毀遘疾，自無痛癢，唯黃瘠骨立；經歷年歲，諸治不
瘳，因而發願：「願疾愈，得〔1〕出家。」立誓之後，漸得平復；如願出俗，
住祇洹寺〔2〕。勤苦超絕，誦《法華經》三千遍，常見光瑞。

　　元嘉十六年九月七日夜，空〔3〕中寶蓋垂覆其上云。

考釋：

〔1〕案，《龍藏》、《宋磧沙藏》在「得」字之前，有一「可」字。

〔2〕祇洹寺　詳請參閱本論文「寺院考」。

〔3〕案，《龍藏》、《宋磧沙藏》在「空」字之前，有一「見」字。又，此
年月日，或許是師往生之時。

簡譜：

439 A. D.宋文帝元嘉十六年　師於九月七日夜，誦經聲中，寶蓋垂覆其上，或許是師往生之時。

小結：

師蓋「誦經門」之尼師。

吳太玄臺寺釋玄藻尼傳考 19〔1〕

　　玄藻，本姓路〔2〕，吳郡人安苟〔3〕女也（原注：〈宣驗記〉云：即是安苟〔4〕）。藻年十餘，身嬰重疾，良藥必進，日增無損。時太玄臺寺釋法濟〔5〕語安曰：「恐此疾由業，非藥所消。貧道按佛經云：若履危苦，能歸依三寶，懺悔求願者，皆獲甄濟。君能與女，並捐棄邪俗，洗滌塵穢，專心一向，當得痊癒。」安苟然之，即於宅上〔6〕設觀世音齋，澡心潔意，傾誠戴仰，扶疾稽顙，專念相續。經七日初夜，忽見金像高尺許，三摩其身，從首至足，即覺沉痾豁然消愈。

　　既靈驗在躬，遂求出家，住〔7〕太玄臺寺。精勤匪懈，誦《法華經》。菜食長齋三十七載，常翹心注想，願生兜率。宋元嘉十六年出都造經，不測所終。

考釋：

〔1〕本傳又見劉義慶《宣驗記》。

〔2〕姓路　《春秋‧宣‧十五》：「六月、癸卯，晉師滅赤狄潞氏，以潞子嬰兒歸。」《左傳》云：「潞子嬰兒之夫人，晉景公之姊也；酆舒為政而殺之，又傷潞子之目，晉侯將伐之。」杜預注云：「潞，赤狄之別種。潞氏國，故稱氏；子，爵也。」案，顏師古注〈急就章〉云：「路，水名，又因為縣，在涿郡界，居者氏焉。」涿郡，屬直隸順天府涿州，也就是現今的河北省涿縣；至於路水，則應該是做「潞水」，這不是江西省濁漳水或雲南省怒江別名的潞水，而是河北省通縣的潞水。水名則加「水」旁，人名則去「水」旁，如是而已。

〔3〕安苟　劉義慶《宣驗記》做「安苟」，而沒有「女」字，則出家之人就成了安苟自己了。

〔4〕〈宣驗記〉云即是安苟　案，〈宣驗記〉本作「安苟本姓路，吳郡人也。」以全文衡之，是安苟、玄藻乃父女也，而俱求出家，求住太玄

臺寺。

〔５〕釋法濟　案，《宋傳・序》有：「時則裴子野著〈衆僧傳〉、釋法濟撰
〈高逸沙門傳〉、陸杲述〈沙門傳〉、釋寶唱立〈名僧傳〉，斯皆〈河
圖〉作〈洪範〉之椎輪，土鼓爲咸池之坏器。」按諸時代，頗爲接近，
不知是不是即此文之「釋法濟」？

〔６〕「上」〈宣驗記〉作「內」。

〔７〕〈宣驗記〉「住」字之前有一「求」字，是也；因爲父女同住一寺，
於戒，於俗情多有不合，故或者應有一「求」字。

簡譜：

439 A. D. 宋文帝元嘉十六年　師出都造經，不測所終。

小結：

1. 安苟、玄藻乃父女也，而俱求出家，求住太玄臺寺。
2. 師蓋亦「誦經門」而求生兜率之尼師者。

南安寺釋慧瓊尼傳考 20

慧瓊者，本姓鍾，廣州〔１〕人也。履道高潔，不味魚肉，年垂八十，志
業彌勤。常衣芻麻，不服綿纊；綱紀寺舍，兼行講說。

本經住廣陵南安寺〔２〕，元嘉十八年，宋江夏王世子母王氏〔３〕以地
施瓊，瓊修立爲寺，號曰南外永安寺〔４〕，至二十二年蘭陵蕭承〔５〕之爲
起外國塔。瓊以元嘉十五年，又造菩提寺〔６〕，因移住之，以南安施沙門慧
智。

瓊以元嘉二十，隨孟顗之會稽，至破綱〔７〕卒，敕弟子云：「吾死後，
不須埋葬，可借人剝裂身體，以飤眾生。」至於終盡，不忍屠割。乃造句容
縣〔８〕，舉著山中，欲使鳥獸自就噉之。經十餘日，儼然如故，顏色不異；
令使村人以米散屍邊，鳥食遠處米盡，近屍之粒皆存。弟子慧朗在都聞之，
奔馳奉迎，還葬高座寺〔９〕前墈，墳上起塔云。

考釋：

〔１〕廣州　屬粤海道，今廣東省番禺縣。

〔２〕廣陵南安寺　廣陵，屬揚州府江都縣，即今江蘇省江都縣。餘詳請參
閱本論文「寺院考」。

〔３〕宋江夏王世子母王氏　江夏王義恭，宋・高祖劉裕雖知他「性褊急」，

而頗涉獵文義，因此七男之中最所鍾愛，其母垣美人。義恭凡十五子：朗、叡、韶、坦、元諒、元粹、元仁、元方、元旒、元淑、元胤、伯禽、仲容、叔子、叔寶，其間封江夏王的，有：諡曰宣世子的劉叡和諡曰哀世子的劉伯禽。〈本傳〉所說的「宋江夏王世子母王氏」就不知的指何人了。

〔4〕南外永安寺　詳請參閱本論文「寺院考」。

〔5〕蕭承之　據〈傳〉知爲蘭陵一虔誠佛教信眾，他則待考。

〔6〕菩提寺　詳請參閱本論文「寺院考」。

〔7〕破綱　案，「綱」當做「岡」，即破岡瀆，在江蘇省句容縣東南。

〔8〕句容縣　即在江蘇省，屬金陵道。

〔9〕高座寺　詳請參閱本論文「寺院考」。

簡譜：

438 A. D. 宋文帝元嘉十五年　師造菩提寺。

441 A. D. 宋文帝元嘉十八年　宋江夏王世子母王氏以地施師，師修立爲寺，號曰南外永安寺。

443 A. D. 宋文帝元嘉二十年　師隨孟顗之會稽，卒於破綱。

445 A. D. 宋文帝元嘉二十二年　蘭陵蕭承之於南外永安寺起外國塔。

小結：

師〈本傳〉說她「綱紀寺舍，兼行講說」，應當也是講經甚著的尼師；但〈傳〉並不載她講說的事蹟，而只著重在立寺上，所以歸入（興福）一類。

南皮張國寺普照尼傳考 21

普照，本姓董，名悲，勃海安陵〔1〕人也。少秉節概，十七出家，住南皮張國寺〔2〕。後從師遊學廣陵建熙精舍〔3〕，牽心奉法，闔眾嘉之。及師慧孜〔4〕亡，杜於慶弔，而苦行絕倫。

宋元嘉十八年十二月，因感勞疾雖劇，而篤情深信，初自不改，專意祈誠，不捨日夜；不能下地，枕上叩頭懺悔，時息如常，誦《法華經》，一日三卷。到十九年二月中，忽然而絕；兩食頃，甦云：「向西行，中道有一塔，塔中有一僧，閉眼思維，驚問何來？答以其事，即問僧曰：『此處去某甲寺幾里？』答曰：『五千萬里。』路上有草及行人，皆無所識。時風雲高靡，區墟嚴淨，

西面尤明，意欲前進；僧乃不許，因而迴還，豁然醒悟〔5〕。」後七日而卒，時年二十五〔6〕也。

考釋：

〔1〕勃海安陵　安陵殆一城也，在河北省景縣東十七里；勃海郡，正在河北省景州東光縣。

〔2〕南皮張國寺　詳請參閱本論文「寺院考」。

〔3〕建熙精舍　全上。

〔4〕慧孜　案，《龍藏》、《宋磧沙藏》做「慧敬」。

〔5〕悟　案，《龍藏》、《宋磧沙藏》做「寤」，是也。

〔6〕後七日而卒，時年二十五　此恐怕有誤。因爲師若果眞卒於二十五歲，則應當生於東晉安帝隆安二年；但是，從東晉安帝隆安二年下數到宋元嘉十九年，應該是四十四歲，不是二十五。因爲沒有堅實的資料可資比對，所以姑以元嘉十九年，師二十五歲往生，那麼應該是生在東晉安帝義熙三年。

簡譜：

417 A. D. 東晉安帝義熙三年　師生。

434 A. D. 宋文帝元嘉十一年　師出家，時年十七。

441 A. D. 宋文帝元嘉十八年　師感勞疾，時年二十四。

442 A. D. 宋文帝元嘉十九年　師卒，時年二十五。

小結：

1. 師之生卒年不能必定，姑從〈傳〉載以製簡譜。

2. 師僅以日誦《法華經》三卷，感生淨土。

梁郡築戈村寺釋慧木尼傳〔1〕考 22

慧木，本姓傅，北地人。十一出家，師事慧超，受持小戒〔2〕，居梁郡築戈村寺〔3〕。始讀《大品》〔4〕，日誦兩卷，兼通雜經。木母老病，口中無齒，木嚼脯飴母；爲口不淨，不受大戒。白衣精勤，懺悔自業；忽見戒壇與天皆黃金色，舉頭仰視，南見一人，著襈衣，衣色悉黃。去木或近或遠，語木曰：「我已授汝戒。」尋復不見，木不以語人；多諸感異，皆此類也。木兄聞，欲知，乃詐之曰：「汝爲道積年，竟無所益，便可養髮，當爲訪婿。」木聞心愁，因述所見，即受具戒。臨受戒夕，夢人口授戒本，及受戒竟，再

覽便誦。

宋元嘉末造十方佛像，並《四部戒本》〔5〕及《羯磨》〔6〕施四眾云。〔7〕

考釋：

〔1〕〈本傳〉又見《法苑珠林》卷十五、《冥祥記》。

〔2〕慧超，慧木之授戒師，殆梁郡築戈村寺之住持云。小戒，殆如淨撿等尼先所受之五、十戒是。

〔3〕築戈村寺　《冥祥記》做「築弋村寺」。其餘請參閱本論文「寺院考」。

〔4〕大品　有二義，一者凡佛經之卷帙浩繁的，多以「大品經」稱之，如〈白帖〉云：「陳後主在東宮，令徐陵講『大品經』義，名僧自遠雲集」是。另一則專指《大品般若經》而言，這是鳩摩羅什法師所譯；案，慧木尼師十一歲出家，那時正當東晉孝武帝太元十年（385 A. D.）而元嘉十四年（437 A. D.）師是六十九歲，羅什譯出《大品般若經》據〈出三藏記集〉所載，是在姚秦弘始五年（403 A. D.），然則慧木尼應該得以日誦二卷才是。且《本傳》又說她「兼通雜經」，更可為證。

〔5〕四部戒本　案，《律藏》中無此戒本；審言之，四部殆指薩婆多部的十誦律、曇無德部的四分律、上座部的摩訶僧祇律和彌沙塞部的五部律。而《律藏》中儘有四分羯磨、四分戒本之著錄，前者是劉宋元嘉年間求那跋摩譯，後者是姚秦時佛陀耶舍譯。

〔6〕《羯磨》　羯磨，梵音 Karma，授戒懺悔等業事的一種宣告儀式；必須具備四法，一法、二事、三人、四界，才算得真正成就了羯磨法。據《出三藏記集》第二所載，有曇無德（案，曇無德或作曇摩毱多，華言法鏡，也即是「四分律」的別譯，姚秦‧佛陀耶舍所出。）羯磨、十誦羯磨等。

〔7〕《冥祥記》還有續文：「唯靜稱尼聞其道德，稱往為狎，方便請問，乃為具說。木後與同等共禮無量壽佛，因伏地不起；咸謂得眠，蹴而問之，木竟不答。靜稱復獨苦求問。木云：『當伏地之時，夢往安養國見佛，為說《小品》，已得四卷。因被蹴即覺，甚追恨之。』木元嘉十四年（437 A. D.），時師已六十九。」

簡譜：

374 A. D. 東晉孝武帝寧康二年　師生。

385 A. D. 東晉孝武帝太元十年　師十一歲，出家。

437 A. D. 宋文帝元嘉十四年　師六十九歲。

小結：

1. 從〈傳〉文之中，可以窺見師雖出家受戒，卻是住在家裡的，這是尼制的特例，頗可注意。

2. 師因嚼飯哺母，不敢受大戒，乃從慧超受持小戒；竟感得諸佛菩薩親來授戒，則守律之精嚴，可以想見。

3. 據《冥祥記》的續文，知師乃求生西方淨土者，是阿彌陀佛的信仰。

吳縣南寺法勝尼傳考 23

法勝，少出家，住吳縣南寺，或云東寺〔1〕。恭信恪勤，眾所知識。

宋元嘉中，河內〔2〕司馬隆爲毗陵〔3〕丞，遇抄，戰亡；妻山氏，二親早沒，復無兒女，年又老大，入吳投勝，勝接待如親。後百日，山氏遇疾，疾涉三年，甚經危篤；勝本無蓄積，贍待醫藥，皆資乞告。不憚雨暑，不避風寒，山氏遂愈，眾並稱貴之。後遊京師，進修禪律，該通定慧，探索幽隱，訓誘徒屬，不肅而成。動不詢利，靜不求名，殷勤周至，莫非濟物。

年造六十，疾病經時，自言不差，親屬怪問。答云：「昨見二沙門，道知如此。」頃之，復言：「見二比丘……非前所見者……偏袒右肩，手各執花，立其疾床。後遙見一佛，坐蓮花上，光照我身。」從此以後，夕不復眠，令人爲轉《法華》。至于後夜，氣息稍微，命令止經，爲我稱佛，亦自稱佛。將欲平明，容貌不改，奄忽而終焉。

考釋：

〔1〕吳縣南寺、東寺　古稱蘇州府，即今江蘇省吳縣。南寺、東寺殆在縣南或縣東之寺院而言，如洛陽之東寺、青園東寺、章安東寺等是。

〔2〕河內司馬隆　《通鑑地理通釋》卷九〈河內〉條云：「〈地理志〉：魏地。其界自高陵以東，盡河東河內。〈孟子〉：梁惠王曰：『河內凶，則移其民於河東。』〈魏世家〉文侯任西門豹守鄴，而河內稱治。〈索隱〉曰：大河在鄴東，故名鄴爲河內；河內本殷之舊都朝歌，周襄王以河內賜晉文公修武。〈溝洫志〉：史起引漳水溉鄴，以富魏之河內。

無忌曰：河內共汲必危。」今河南省沁陽縣即是。

司馬隆　《太平廣記》卷三二〇引〈幽明錄〉說：「東魏徐忘，名還，作本郡卒，墓在東安靈山。墓先爲人所發，棺柩已毀；謝玄在彭城將佐齊郡司馬隆弟進，及東安王箱等共取壞棺，分以作車。少時三人悉見患，更相注連，凶禍不已。箱母靈語子孫云：『箱昔與司馬隆兄弟取徐府君墓中棺爲車，隆等死亡喪破，皆由此也。』」此司馬隆，疑爲同一人。

〔3〕毗陵　案，《通鑑地理通釋》卷二〈晉十九州〉條：「《地理志》：晉武帝太康元年平孫氏，增置郡國二十三：滎陽、上洛、頓丘、臨淮、東莞、襄城、汝陰、長廣、廣寧、昌黎、新野、隨郡、陰平、義陽、毗陵、宣城、南康、晉安、寧浦、始平、略陽、樂平、南平，省司隸置司州，別立梁、秦、寧、平四州，仍吳之廣州，凡十九州。」即今江蘇省武進縣。

小結：

師蓋進修禪律，該通定慧，而又求生淨土，顯然是禪、淨兼修的行者。

永安寺僧端尼傳考24

僧端，廣陵人也。門世奉佛，姊妹篤信，誓願出家，不當婢採〔1〕；而姿色之美，有聞鄉邑，富室湊之，母兄已許。臨迎之三日，宵遁佛寺，寺主置於別室，給其所須。并請《觀世音經》，二日能誦，雨淚稽顙，晝夜不修。

過三日後，於禮拜中，見佛像語云：「汝婿命盡，汝但精勤，勿懷憂念。」明日，其婿爲牛所觸亡也，因得出家。堅持禁戒，攝心〔2〕空閑，似不能言；辯析名實，其辭亹亹。誦《大涅槃經》〔3〕，五日一遍。

元嘉十年，南遊上國，住永安寺〔4〕，綱紀眾務，均愛等接，大小悅服，久而彌敬。年七十餘，元嘉二十五年而卒。弟子普敬、普要，皆以苦行顯名，並誦《法華經》。

考釋：

〔1〕婢採　案，「採」《龍藏》、《磧沙藏》做「綵」。

〔2〕心　《龍藏》、《磧沙藏》做「念」。

〔3〕大涅槃經　梵語作 Mahaparinirvana，因此也譯作大般泥洹經，也略稱

為涅槃經。這有大、小二乘的分別。小乘的大般泥洹經是晉法顯和尚從天竺帶到揚都譯出的；大乘的大般涅槃經有二本，一是北涼曇無讖〔註5〕的四十卷本俗稱《北本涅槃經》，一是劉宋時釋慧觀和謝靈運刪訂前本為三十六卷的《南本涅槃經》。不過，事情的經過並不是這樣簡單；原來最早的《大涅槃經》是曇無讖從北涼玄始三年（414 A. D.）開始翻譯，其時僅有十卷，並不完整。玄始六年（417 A. D.）曇無讖又從于闐國得到中分，玄始十年（421 A. D.）又在于闐國求得了後分，而完成了三十六卷的經本，當時以為已經是完了。豈知曇無發法師說這還不是，但也無可如何，因為曇無讖被刺殺，道普和尚卻死在山東嶗山，最後竟然認為：「《涅槃》後分，與宋地無緣」，而到了唐朝麟德年間才傳了進來。其後，有二十卷本，是智猛和尚從他家——華氏城・婆羅門家——帶出來的〔註6〕，而法顯和尚也有六卷的《泥洹經》。

《大涅槃經》最重要的理念，是：「一切眾生悉有佛性」，這影響我國的思想極大，鎌田茂雄氏甚至認為是「促成中國佛教界走上轉捩點的途徑」的一部要典。〔註7〕

〔 4〕永安寺　這一個永安寺，應該是北永安寺，詳本論文〈寺院考〉。

簡譜：

433 A. D. 宋文帝元嘉十年　師南遊上國，住持永安寺。

448 A. D. 宋文帝元嘉二十五年　師卒，時年七十餘。

小結：

1. 師住持永安寺，與弟子普敬、普要俱以苦行而誦持《法華經》顯，則是以彌陀淨土為修持之的了。

2. 師所修持，應是大乘經教，而以為「眾生皆有佛性」。

〔註5〕曇無讖，除了《高僧傳》卷二有其傳外，《魏書》卷九十九〈沮渠蒙遜傳〉、《出三藏記集》卷八、《北史》卷九十二〈僭偽附庸〉也都有記載，卻頗有微辭：「始罽賓沙門曇無讖東入鄯善，自云能使鬼療病，令婦人多子。與鄯善王妹曼頭陀林淫通，發覺，亡奔涼州；蒙遜寵之，號曰聖人。曇無讖以男女交接術教授婦女，蒙遜諸女、子婦皆往受法。太武聞諸行人言曇無讖術，乃召之，蒙遜不遣，遂發露其事，拷訊殺之。」

〔註6〕見《出三藏記集》卷十五〈智猛傳〉。

〔註7〕見氏之《中國佛教通史・第三卷第一章》。

廣陵中寺光靜尼傳考 25

光靜，本姓胡，名道婢，吳興東遷〔1〕人也。幼出家，隨師住廣陵中寺〔2〕。

靜少而勵行，長而習禪，思不食甘肥。將受大戒，絕穀餌松；具戒〔3〕之後，積十五年，雖心識鮮明，而體力羸憊；祈誠慊到，每輒感勞，動經晦朔。沙門釋法成〔4〕謂曰：「服食非佛盛事。」靜聞之，還食粳糧，倍加勇猛，精學不倦，從學觀行者，常百許人。

元嘉十八年五月患疾，曰：「我厭苦此身，其來久矣。」於是牽病〔5〕懺悔，不離心口，情理〔6〕恬明，神氣怡悅。至十九年歲旦，飲粒皆絕，屬念兜率，心心相續，如是不斷。四月十八日夜，殊香異相滿虛空中，其夜命過〔7〕焉。

考釋：

〔1〕吳興東遷　吳興，屬浙江湖州府，即今浙江省吳興縣。東遷，蓋一舊城，屬烏程縣，在今吳興縣東四十里。

〔2〕廣陵中寺　詳本論文〈寺院考〉。

〔3〕「戒」　案，《龍藏》、《磧沙藏》做「足」。

〔4〕釋法成　即是《梁傳》的「宋廣漢釋法成」，因為光靜尼既是習禪，且絕穀餌松，和法成的「不餌五穀，唯食松柏脂；孤居巖穴，習禪為務。」情況相似。想來是法成和尚自身經歷過這樣的修行，深知：「服食非佛盛事」的道理，乃勸光靜勿入歧途。〈釋法成傳〉見《梁傳》卷十二。

〔5〕牽病　殆當日口語，意即帶病也。其他請詳本文〈俗語名物典〉。

〔6〕情理　案，《龍藏》、《磧沙藏》做「性理」。

〔7〕過　案，《龍藏》、《磧沙藏》做「終」。

簡譜：

441 A. D. 宋文帝元嘉十八年　五月師患疾。

442 A. D. 宋文帝元嘉十九年　師往生兜率天。

小結：

師修苦行，求生兜率，蓋屬彌勒淨土信仰者。

蜀郡善妙尼傳考 26

善妙，本姓歐陽，繁縣〔1〕人也。少出家，性用柔和，少瞋喜，不營好衣，不食美食。有妹，婿亡，孀居，無所依託；攜一稚子，寄其房內。

常聞妙自慨生不值佛，每一言此，流涕歔欷，悲不能已。同住四、五年，未曾見其食。妹作食熟，呼妙共食；妙云：「適於某處食竟。」或云：「四大不好，未能食。」如此積年，妹甚恨愧，白言：「無福，婿亡，更無親屬，攜兒依姊，多所穢亂，姊當見厭，故不與共食耳。」流淚而言，言已欲去。妙執其手，喻之曰：「汝不解我意。我幸於外得他供養，何須自損家中食？汝但安住，我不久應〔2〕遠行。汝當守屋，慎莫餘去。」妹聞此而止。

自績作布〔3〕，買數斛油，瓦塸盛之，著庭中，語妹云：「擬作功德，慎勿取也。」至四月八日夜，以布自纏而燒其身；火已親頂，命其妹呼維那打磬：「我今捨壽，可遍告諸尼，速來共別。」比諸尼驚至，命〔4〕未絕，語諸尼曰：「各勤精進，生死可畏，當求出離，慎勿流轉〔5〕。我捨此身二十七反，止此一身當得初果。」（原注：問益土人：或云元嘉十八年燒身，或云孝建時，或言大明中。故備記之〔6〕。）

考釋：

〔1〕繁縣　即繁昌縣，今安徽省西北四十里，屬江南太平府。

〔2〕不久應　《龍藏》、《磧沙藏》做「尋」。

〔3〕案，「自績作布」之前，《龍藏》、《磧沙藏》有「妙乃」二字，文義明暢，應據增。

〔4〕案，「未」之前，《龍藏》、《磧沙藏》有「猶」二字，文義明暢，應據增。

〔5〕流轉　即流轉生死，謂常在六道輪迴之中也。

〔6〕諸或說，都無明記；姑以《大正藏》所校「元嘉十八年」（441 A. D.）為準。

簡譜：

441 A. D. 宋文帝元嘉十八年　師燒身供養。

小結：

這是修「藥師菩薩」法的事例，詳見本文〈法系考〉。

廣陵僧果尼傳考 27

僧果，本姓趙，名法祐，汲郡修武〔1〕人也。宿殖誠信，純篤自然。在乳哺時，不過中食，父母嘉異；及其成人，心唯專到。緣礙參差，年二十七方穫出家，師事廣陵慧聰尼〔2〕。

果戒行堅明，禪觀清白，每至入定，輒移昏曉，綿神淨境，形若枯木，淺識之徒或生疑。

及元嘉六年〔3〕，有外國舶主難提，從師子國載比丘尼來，至宋都，住景福寺。後少時，問果曰：「此國先來，已曾有外國尼未？」答曰：「未有。」又問：「先諸尼受戒，那得二僧？」答：「但從大僧受得本事者，乃是發起受戒人心，令生殷重，是方便耳。故如大愛道八敬得戒，五百釋女以愛道為和上，此其高例。」果雖答，然心有疑，具諮三藏，三藏同其解也。又諮曰：「重受得否？」答曰：「戒、定、慧品從微至著，更受益佳。」到十年，舶主難提復將師子國鐵薩羅等十一尼至。先達諸尼已通宋語，請僧伽跋摩於南林寺〔4〕壇界，次第重受三百餘人。

十八年，年三十四矣，時宴坐經日，維那故觸，謂言已死，驚告寺官；寺官共視，見果身冷肉強，唯氣息微轉〔5〕。始欲舁徙，便自開眼，語〔6〕笑尋常，於是愚者駭服〔7〕。後不知所終。

考釋：

〔1〕汲郡修武　屬河北道、河南懷慶府修武縣，即今河南省修武縣。

〔2〕廣陵慧聰尼　殆一戒行精嚴之尼師，僧果尼之業師也，他則無考。

〔3〕詳本論文〈景福寺慧果尼傳考 14〉。

〔4〕案，「轉」《龍藏》、《磧沙藏》做「傳」。

〔5〕南林寺　詳本論文〈寺院考〉。

〔6〕案，「語」《龍藏》、《磧沙藏》做「談」。

〔7〕案，「服」《龍藏》、《磧沙藏》做「伏」。

簡譜：

406 A. D. 東晉安帝義熙二年　師生。

431 A. D. 宋文帝元嘉八年　外國舶主難提，從師子國載比丘尼來，至宋都，住景福寺。

432 A. D. 宋文帝元嘉九年　師出家，時二十七歲。

433 A. D. 宋文帝元嘉十年　舶主難提復將師子國鐵薩羅等十一尼至。時師二十八歲。

441 A. D. 宋文帝元嘉十八年　師三十四歲，重受具戒於僧伽跋摩。

小結：

這是重律，而以禪定爲業的事例。

山陽東鄉竹林寺靜稱尼傳考28

靜稱，本姓劉，名勝，譙郡〔1〕人也。戒業精苦，誦經四十五萬言。

寺傍山林，無諸囂雜，遊心禪默，永絕塵勞。曾有人失牛，推尋不已，夜至山中，望〔2〕寺林火光熾盛，及至都無〔3〕。常有一虎，隨稱去來〔4〕，稱若坐禪，蹲踞左右。寺內諸尼若犯罪失，不時懺悔，虎即大怒；悔罪便悅〔5〕。

稱後暫出山道，道遇一北地女人，造次問訪〔6〕，欣然若舊。姓仇〔7〕，名文姜，本博平〔8〕人也。性好佛法，聞南國道富，關開託避，得至此土，因遂出家。既同苦節，二人不資糧米〔9〕，餌麻朮而已。聲達虜都〔10〕，虜謂聖人，遠遣迎接；二人不樂邊境，故穢聲跡，危行言遜。虜主爲設餚饌，皆悉進噉，因此輕之，不復拘留，稱與文姜復還本寺。稱年九十三，無疾而卒也。

考釋：

〔1〕譙郡　案，「郡」下，《龍藏》、《磧沙藏》多一「梁」字。譙郡，屬江南鳳陽府亳州。

〔2〕案，「望」下，《龍藏》、《磧沙藏》多一「見」字。

〔3〕都無　殆當日口語，意即全然沒有也。其他請詳本文〈俗語名物典〉。

〔4〕去來　殆當日口語，意即來來去去也。其他請詳本文〈俗語名物典〉。

〔5〕案，本文《龍藏》、《磧沙藏》做「懺悔若竟虎乃怡」等字，文勢頗弱，不像寶唱和尚的筆致，因不取。

〔6〕案，「訪」，《龍藏》、《磧沙藏》做「訊」字，頗不文。

〔7〕案，「仇」，《龍藏》、《磧沙藏》做「裘」。

〔8〕博平　屬東臨道，今山東省東昌府博平縣。

〔9〕本句《龍藏》、《磧沙藏》做「二人並不資五穀」。

〔10〕此處所稱的「虜」，當是指託跋氏的索頭虜而言。詳情請看本論文的〈建福寺康明感尼傳考5〉、〈禪基寺僧蓋尼傳考43〉之考釋。

簡譜：

時系不確，若以索虜之事擬之，大約在劉宋之世。

小結：

師與仇文姜（後出家，不詳法號）俱修禪誦，師年九十三捨壽。

吳太玄臺寺法相尼傳考29

法相，本姓侯，敦煌〔1〕人也。履操清貞，才識英拔。篤志好學，不以屢空廢業；清〔2〕安貧窶，不以榮達移心。出適傅氏〔3〕，家道多故。苻堅敗績〔4〕，眷屬散亡；出家持戒，信解彌深。常割衣食好者施慧宿尼，寺僧諫曰：「慧宿質野，言不出口，佛法經律曾不厝心，欲學禪定又無師範，專頑拙訥，是下愚人耳。何不種以上田？而修此下福！」答曰：「田之勝負，唯聖乃知；我既凡人，寧立取捨？遇有如施，何關作意耶？」

慧宿後建禪齋七日，至第三夜，與眾共坐；眾起不起，眾共觀之，堅如木石，牽持不動，或〔5〕謂已死。後三日起，起後如常，眾方異之，始悟法相深相領照矣。其如此類，前後非一。

相年逮桑榆，操行彌篤。年九十餘，元嘉末〔6〕卒。

考釋：

〔1〕敦煌　屬陝西沙州衛，今甘肅省敦煌縣。

〔2〕案，「清」，《龍藏》、《磧沙藏》做「情」，以上下文之偶句：「篤志好學，不以屢空廢業；清安貧窶，不以榮達移心」言，「情」字為是作。

〔3〕傅氏　為北地大姓，其他請參閱本論文〈景福寺慧果尼傳考 14〉及〈罕見姓氏考〉節。

〔4〕苻堅敗績　案，事在太元十年（385 A. D.）《晉書》卷一百十四〈載記第十四苻堅傳下〉：「初，堅強盛之時，國有童謠云：『阿堅連牽三十年，若後欲敗當在江淮間。』堅在位二十七年，因壽春之敗，其國大亂；後二年，竟死於新平佛寺。（案，〈載記〉云：『堅既不許（姚）萇以禪代，罵而求死，萇乃縊堅於新平佛寺，時年四十八。』）」

〔5〕案，「或」，《龍藏》、《磧沙藏》做「咸」。

〔6〕案，元嘉凡三十年，即 453 A. D.。師九十餘歲而卒，則其生當在東晉穆帝升平到哀帝興寧之間，也就是 357～363 A. D.的時候。

簡譜：

357～363 A. D.東晉穆帝升平元年～哀帝興寧元年　師生。

385 A. D.東晉孝武帝太元十年　符堅敗績，師眷屬散亡，乃出家持戒，時約二十三至二十九歲之間。

453 A. D.宋文帝元嘉三十年　師捨壽，年九十餘。

小結：

師與慧宿尼，都是禪行者。

東青園寺業首尼傳考 30

業首，本姓張，彭城人也。風儀峻整，戒行清白。深解大乘，善搆妙理，彌好禪誦，造次無忘。宋高祖武皇帝〔1〕雅相敬異，文帝〔2〕少時從受三歸。住永安寺，供施相續。〔註8〕

元嘉二年王景〔3〕深母范氏，以王坦之故祠堂地施首，起立寺舍，名曰青園〔4〕。齋肅徒眾，甚有風規，潘貴妃歎曰：「首尼弘振佛法，甚可敬重。」以元嘉十五年，為首更廣寺西，創立佛殿；復拓寺北，造立僧房。寺業興立，眾二百人，法事不絕。春秋稍高，仰者彌盛，累以耆艾自陳，眾咸不許。年九十，大明六年而卒。

時又有淨哀、寶英、法林，並以立身清潔，有聲京縣。哀久習禪誦，任事清允，泰始五年卒；英建塔五層，閱理有勤，蔬食精進，泰始六年卒；林博覽經律，老而不懈，元徽元年卒。

又有弟子曇寅〔5〕，兼通禪律，簡絕榮華，不闚朝市，元徽六年〔6〕卒。

〔註8〕關於劉宋對於佛教的護持，就唐·釋法琳《辯正論》卷三〈十代奉佛篇〉中所舉與東晉時期的寺院、僧尼以至於經典譯注的數字比較，也可看出她的功德來：

	寺　院	譯經者	譯出經典	僧　尼
東　晉	1,768 所	27 人	263 部	24,000 人
劉　宋	1,913 所	23 人	211 部	36,000 人

考釋：

〔 1 〕宋高祖武皇帝　案，即劉裕。胡三省氏《音註資治通鑑》卷一一九〈宋
　　　紀一〉云：「高祖武皇帝，諱裕，字德輿，小字寄奴，姓劉氏，彭城
　　　縣綏德里人，漢楚元王交二十一世孫也。彭城，楚都，故苗裔家焉。
　　　晉室東遷，劉氏移居晉陵丹徒之京口里。」高祖奉佛的事體，僧傳所
　　　記甚夥，譬如《梁傳》卷七〈宋京師祇洹寺釋慧義傳〉：「釋慧義……
　　　後出京師，迺說云：『冀州有法稱道人，臨終語弟子普嚴云：嵩高靈
　　　神云江東有劉將軍，應受天命。吳以三十二璧、鎮金一餅爲信。』遂
　　　徹宋王，宋王謂義曰：『非常之瑞，亦須非常之人，然後致之。若非
　　　法師自行，恐無以獲也。』義遂行……義後還京師，宋武加接尤重，
　　　迄乎踐阼，禮遇彌深。」這一事件，不只僧傳所載，即：孫嚴〈宋書〉
　　　（見《初學記》卷五引文）、戴延之〈西征記〉（見《太平御覽》卷八
　　　〇六引文）、《宋書》卷二十七〈符瑞志〉、《建康實錄》等也都有紀錄。
　　　這是宋武奉佛的起始，至於對慧嚴、慧遠、僧導、道照……等等的尊
　　　重，僧傳所在多是。

〔 2 〕文帝　胡三省氏《音註資治通鑑》卷一二〇〈宋紀二〉云：「諱義隆，
　　　小字車兒，武帝第三子也。」他是開創了三十年「元嘉之治」的英主，
　　　但是，因爲他雅好文學，日本鎌田茂雄氏就說他在遇到慧嚴法師之
　　　前，「於佛教可謂毫無所知，也不關心」的話是不確的。因爲：第一，
　　　他的父親——高祖武皇帝就是因佛教而得位，且常與僧眾往來，何得
　　　謂毫無所知？第二，據本篇尼傳，知他少時就從業首尼歸依，何得謂
　　　「毫無所知，也不關心」？

〔 3 〕王景深　《南朝寺考》引〈塔寺記〉說他是駙馬，因爲是劉宋高祖第
　　　五女新安公主的夫婿；不過，其後離絕。而高祖原擬將之改嫁景文，
　　　是景文固辭以疾而不成婚，由此可知王景深、王景文的家世。案，王
　　　景文《宋書》卷八十五》有傳：「王景文（案，《南史》卷二十三〈王
　　　彧傳〉說：「王彧，字景文，球從子也……彧名與明帝諱同，故以字
　　　行。」），琅邪臨沂人也……祖穆，臨海太守。伯父智……封建陵縣五
　　　等子，追贈太常。父僧朗……爲湘州刺史……侍中、特進；尋薨，追
　　　贈開府，諡曰元公……景文出繼智……上（案，此指太宗文皇帝言）
　　　既有疾……慮一旦晏駕，皇后（案，景文妹也）臨朝，則景文自然成

宰相，門族強盛，藉元舅之重，歲暮不爲純臣。泰豫元年，上疾篤，乃遣使送藥賜景文死。」因爲他們有這樣的家庭背景，所以可以將王坦之的祠堂捐作佛寺。而僧傳多有彼輩與僧尼往來的記載，譬如《梁傳》卷七〈宋蜀武擔寺釋道汪傳〉有王景茂者請釋道汪居武擔寺、卷八〈齊京師靈根寺釋法瑗傳〉有王景文與僧徒交通之事。

〔4〕青園寺　詳本論文〈寺院考〉。

〔5〕案，「寅」，《龍藏》、《磧沙藏》做「夤」。

〔6〕案，宋後廢帝劉昱，即蒼梧王，是明帝泰豫元年（472 A. D.）四月被立的；順帝劉准升明元年（477 A. D.）七月被廢，才十五歲。所以「元徽」才四年而已，並沒有六年；六年，那應該是順帝升明二年（478 A. D.）了。

簡譜：

373 A. D. 東晉孝武帝寧康元年　師生。

425 A. D. 宋文帝永嘉二年　王景深母范氏，以王坦之故祠堂地施師，起立寺舍，名日（東）青園寺。

438 A. D. 宋文帝永嘉十五年　潘貴妃爲師更廣（東）青園寺。

462 A. D. 宋孝武帝大明六年　師示寂，時年九十。

469 A. D. 宋明帝泰始五年　淨哀師卒。

470 A. D. 宋明帝泰始六年　寶英師卒。

473 A. D. 宋後廢帝元徽元年　法林師卒。

478 A. D. 宋順帝升明二年　曇寅師卒。

小結：

1. 文帝少時就從師歸依，可證鎌田茂雄氏說他在遇到慧嚴法師之前，「於佛教可謂毫無所知，也不關心」的話是不確的。

2. 師交通帝王、后妃，以禪誦爲人敬異，造立寺院。

景福寺法辯尼傳考 31

法辯，丹陽人也。少出家，爲景福寺慧果尼〔1〕弟子。忠謹清愼，雅有素檢，弊衣蔬飯，不食薰辛。高簡之譽，早盛京邑，楊州刺史瑯琊王郁〔2〕甚相敬禮。後從道林寺〔3〕外國沙門畺良耶舍〔4〕諮稟禪觀，如法修行，通極精解；每預眾席，恆如睡寐。嘗在齋堂，眾散不起，維那驚觸，如木石

焉；馳以相告，皆來就視。須臾出定，言語尋常，眾咸欽服，倍加崇重。

大明七年〔5〕而卒，年六十餘。先是二日上定林寺〔6〕超辯法師〔7〕夢一宮城莊嚴顯麗，服玩光赫，非世所有，男女裝飾充滿其中，唯不見有主。即問其故，答曰：「景福〔8〕法辯當來生此，明日應到。」辯其日唯覺肉戰，即遣告眾，大小皆集。自云：「有異人來我左右，乍顯乍晦，如影如雲。」言訖坐絕。

其後復有道照、僧辯，亦以精進知名。道照本姓楊，北地徐人也。飯蔬誦經，為臨賀王〔9〕之所供養。

考釋：

〔1〕慧果尼　參閱本文〈景福寺慧果尼傳考14〉。

〔2〕王郁　即王彧，也就是王景文，因為他的名字與明帝同名，古人避諱，就以字行，而寶唱和尚乃代以「郁」字。王景文，正是瑯琊臨沂人，也做過揚州刺史，見《宋書》、《南史》。其他請參閱上文〈東青園寺業首尼傳考30〉之〔3〕。

〔3〕道林寺　詳本論文〈寺院考〉。

〔4〕畺良耶舍　《梁傳》卷三〈宋京師道林寺畺良耶舍傳〉：「畺良耶舍，此云時稱，西域人。性剛直，寡嗜欲。善誦《阿毗曇》，博涉律部，其餘諸經多所該綜。雖《三藏》兼明，而以禪門專業……以元嘉之初，遠冒沙河，萃於京邑，太祖文皇帝深加歡異。初止鍾山道林寺……後移憩江陵。元嘉十九年（442 A. D.），西遊岷蜀，處處弘道，禪學成群。後還卒於江陵，春秋六十矣。」案，「元嘉十九年（442 A. D.），西遊岷蜀」應該是「九年」之誤。因為根據《梁傳》卷三〈宋京師道林寺畺良耶舍傳〉說，畺良耶舍：「以元嘉之初，遠冒沙河，萃於京邑。太祖文皇深加歡異，初止鍾山道林精舍。」所以法辯尼才能「從道林寺外國沙門畺良耶舍諮稟禪觀」。再證之以〈畺良傳〉：「初止鍾山道林精舍，沙門寶誌崇其禪法，沙門僧含請譯《藥王》、《藥上觀》及《無量壽觀》，含即筆受。以此二經是轉障之祕術，淨土之洪因，故沉吟嗟味，流通宋國。」考《梁傳》卷七〈宋京師靈味寺釋僧含傳〉，說靈味寺是新興太守陶仲祖因欽慕僧含的風軌，在元嘉七年創立的。想必耶舍此時還在京師道林寺，直到元嘉九年，才西遊岷蜀。本《比丘尼傳》卷四〈成都長樂寺曇暉尼傳〉說得明明白白：「元嘉九年，

有外國禪師畺良耶舍，入蜀大弘禪觀。暉年十一耶舍一見，囑法育尼，使相左右。」可以爲證。

〔5〕大明七年　案，這是宋孝武帝即位後的第十（463 A. D.）。《梁傳・畺良耶舍傳》說，畺良耶舍曾經在元嘉初來在京邑，先駐錫鍾山道林寺；後移憩江陵，元嘉九年又西遊岷蜀。又，〈法辯尼本傳〉說她卒於大明七年，年六十餘；今假設是六十九吧，則法辯尼當是生在東晉孝武帝太元二十年（395 A. D.），那麼到元嘉九年（432 A. D.），法辯尼已經是三十七歲了。又，〈畺良耶舍傳〉說他西遊岷蜀之後，「還卒於江陵」，這就是說畺良耶舍竟以江陵爲歸宿地了；可惜〈傳〉上並沒有說明他卒於江陵何處僧舍；不過，〈法辯尼本傳〉說她「從道林寺外國沙門畺良耶舍諮稟禪觀」，既明說了「道林寺外國沙門」，可見時人還是把畺良耶舍看作道林寺的僧伽。那麼，法辯尼之從畺良耶舍諮稟禪觀，那是在初來移憩江陵的時候了。

〔6〕上定林寺　詳本論文〈寺院考〉。

〔7〕超辯法師　《梁傳》卷十四有傳，略謂：「釋超辯，姓張，敦煌人……誦《法華》、《金光》、《般若》。聞京師盛於佛法，乃越自西河，路由巴楚，達於建業。頃之，東適吳越觀矚山水，停山陰城傍寺少時……」案，超辯法師殆在此時夢法辯尼往生聖境的吧？

〔8〕案，「福」字後，《龍藏》、《磧沙藏》多「寺尼」兩字，則明白曉暢矣。

〔9〕臨賀王　是齊武帝之子。《南史》卷四十四〈齊武帝諸子傳〉：「臨賀王子岳，字雲嶠，武帝第十六子也。」永泰元年（498 A. D.）爲明帝所殺，理由是：「朔望入朝，上（案，指明帝言）還後宮，輒歎息曰：『我及司徒諸兒子皆不長，高、武子孫日長大。』」死時年才十四。

簡譜：

463 A. D. 宋孝武帝大明七年師卒，年六十餘。

小結：

師至晚年，始從畺良耶舍諮稟禪觀。

江陵三層寺道綜尼傳考 32

道綜，未詳何許人也，住江陵三層寺〔1〕。少不以出眾居心，長不以同物爲污，賢愚之際，從通而已。跡雖混成，所度潛廣。

以大明七年三月十五日夜，自練油火，闕顙既然，耳目就毀，誦詠不輟。道俗咨嗟，魔正同駭，率土聞風，皆發菩提心。宋徵士劉虬〔2〕雅相敬宗，爲製偈贊云。

考釋：

〔1〕江陵三層寺　江陵，屬荊宜道，即今湖北省江陵縣。三層寺，詳本論文〈寺院考〉。

〔2〕徵士劉虬　徵士者，隱士也。《南史》卷五十有〈劉虬傳〉，略謂：「虬，字靈預，一字德明，南陽涅陽人，晉豫州刺史喬七世孫也。」後來徙居江陵，好善樂施，與人無競：「精信釋氏，衣粗布，禮佛長齋，注《法華經》，自講佛義。」與僧尼時相往來，譬如《梁傳》卷七〈宋丹陽釋梵敏傳〉就寫他聽梵敏和尚宣法、卷八〈齊荊州竹林寺釋僧慧傳〉也寫他和僧慧友善之情、卷十〈宋江陵琵琶寺釋慧安傳〉：「安又謂（同學慧濟）曰：『吾前後事跡，甚勿妄說，說必有咎；唯西南有一白衣（案，即指劉虬），是新發意菩薩，可具爲說之。』濟後至陟岵寺詣隱士南陽劉虬，具言其事。虬即起遙禮之，謂濟曰：『此得道之人，入火光三昧也。』」既說他是「新發意菩薩」，可見劉虬與佛教的因緣了；不但如此，即陟岵寺也是他所立的，全卷〈齊荊州釋僧慧傳〉：「釋僧慧，姓劉，不知何許人。在荊州數十年，南陽劉虬立陟岵寺以居之。」可以爲證。而他最大的貢獻，厥爲善不受報、頓悟成佛；注《法經》、《無量義經》，講《涅槃》、《大小品》等，可惜都已亡佚，僅《出三藏記集》存了他的《無量義經序》。因爲有這樣的因緣，所以其子之遴，兒時僧惠和尚就叫他：「僧伽福德兒」果然一門福德綿綿。

簡譜：

463 A. D. 宋孝武帝大明七年　師自練油火以捨身。

小結：

1. 師殆修習「藥王菩薩」法門者。

2. 劉虬對佛教的貢獻，是很值得注意的事體。

竹園寺慧濬尼傳〔1〕考 33

慧濬，本姓陳，山陰人也。幼而穎悟，精進邁群。且輒燒香運想，禮敬

移時；中則菜蔬一飯，鮮肥不食。雖在居家，有如出俗，父母不能割其志。

及年十八，許之從道。內外墳典，經眼必誦；深禪祕觀，無不必入。靜而無競，和而無諍，朋遊舊狎，未嘗戲言。宋太宰江夏王義恭雅相推敬，常給衣藥，四時無爽。不蓄私財，悉營寺舍；竹園〔2〕成立，濬之功也。禪味之樂，老而不衰〔3〕。年七十三，宋大明八年而卒，葬於傅山。

同寺有僧化尼，聰穎卓秀，多誦經律，蔬食苦節，與濬齊名。

考釋：

〔1〕〈本傳〉又見《梁傳》卷二〈晉河西曇無懺傳〉。

〔2〕竹園　即竹園寺，餘詳本論文〈寺院考〉。

〔3〕禪味之樂，老而不衰　案，師嘗請河西王沮渠蒙遜的從弟沮渠安陽侯，譯出《禪經》，其時大概是宋元嘉十六年（439 A. D.）的事體。因為《梁傳》卷二〈晉河西曇無讖傳・安陽侯傳〉說：「蒙遜有從弟沮渠安陽侯者，為人強志疏通，涉獵書記。因讖入河西弘闡佛法，安陽乃銳意內典……少時嘗度流沙，至於于闐國，於瞿摩帝大寺，遇天竺法師佛馱斯那，諮問道義……安陽從受《禪祕要治病經》……及還河西，即譯出《禪要》，轉為晉文。及偽魏吞併西涼，乃南奔於宋……後竹園寺慧濬尼復請出《禪經》。安陽既通習積久，臨筆無滯，旬有七日，出為五卷。」「偽魏吞併西涼」的時候，正是沮渠蒙遜的兒子沮渠牧犍在位的第七年（永和七年，即 439 A. D.）而沮渠氏的姑臧政權亡。

簡譜：

392 A. D. 東晉安帝隆安二年　師生。

408 A. D. 東晉安帝義熙四年　師出家，時年十八。

438 A. D. 宋文帝元嘉十五年　師與宋・臨川公主建竹園寺。

439 A. D. 宋文帝元嘉十六年　師請沮渠安陽侯，譯出《禪經》。

464 A. D. 宋孝武帝大明八年　師卒，年七十三；同寺有僧化尼者，與師齊名，惜不詳其生平。

小結：

1. 師與宋・臨川公主建竹園寺；其後為一有名尼寺，頗有高行尼師出入其間。

2. 師嘗請河西王沮渠蒙遜的從弟沮渠安陽侯，譯出《禪經》，其時大概是宋元嘉十六年（439 A. D.）的事體。

3. 同寺有僧化尼者，與師齊名。

普賢寺寶賢尼傳考 34

寶賢，本姓陳，陳郡〔1〕人也。十六丁母憂，三年不食穀，以葛芋自資，不衣繒纊，不坐床席。十九出家，住建安寺〔2〕，操行精修，博通禪律。宋文皇帝深加禮遇，供以衣食。及孝武〔3〕，雅相敬待，月給錢一萬；明帝即位，賞接彌崇，以泰始元年敕為普賢寺〔4〕主，二年又敕為都邑僧正。甚有威風，明斷如神；善論物理，屈枉必釋；秉性剛直，無所傾橈。

初，晉興平〔5〕中，淨檢尼是比丘尼之始也；初受具戒，指〔6〕從大僧。景福寺惠果〔7〕、淨音等以諮求那跋摩，求那跋摩云：「國土無二眾，但從大僧受得具戒。」惠果等後遇外國鐵薩羅尼等至，以元嘉十一年〔8〕從僧伽跋摩於南林寺壇重受具戒。非謂先受不得，謂是增長戒善耳。後諸好異者，盛相傳習，典制稍虧〔9〕。

元徽〔10〕二年法律穎師〔11〕於晉興寺〔12〕開〔13〕《十誦律》，穎其日有十餘尼，因下講欲重受戒；賢乃遣僧局，齎命到講座，鳴木宣令：「諸尼不得輒復重受戒！若年歲審未滿者，其師先應集眾懺悔竟，然後到僧局，僧局許可，請人監檢，方得受耳。」若有違拒，及加擯斥，因茲已後，矯競暫息。

在任清簡，才兼事義，安眾惠下，蕭然寡欲，世益高之。年七十七，昇明元年卒也。

考釋：

〔1〕陳郡　屬河南開封府陳州即今河南省淮陽縣。

〔2〕建安寺　詳本論文〈寺院考〉。

〔3〕孝武　即宋孝武帝。胡三省氏《音註資治通鑑》卷一二八〈宋紀十〉云：「世祖孝武皇帝，諱駿，字休龍，小字道明，文帝第三子也。」案，孝武皇帝之與佛教的因緣，除了家世的背景之外，符瑞之說也是一主要原因。《宋書》卷二十七〈符瑞上〉說：「少帝即位，景平三年（425 A. D.）四月，有五色雲見西方。時文帝為荊州刺史，鎮江陵，尋即大位。文帝元嘉中，謠言錢唐當出天子，乃於錢唐置戍軍以防之；

其後孝武帝即大位於新亭寺之禪堂，禪之與前音相近也。」之後，他敬禮僧尼，護持佛法；卻也沙汰僧尼，命其禮敬王者。〔註9〕

〔 4 〕普賢寺　詳本論文〈寺院考〉。

〔 5 〕興平　案，應作「升平」，且是「二年」（358 A. D.）。詳本文〈晉竹林寺淨撿尼傳考1〉之〔17〕。

〔 6 〕指　案，應作「止」。詳本文〈晉竹林寺淨撿尼傳考1〉之〔21〕。

〔 7 〕惠果　案，或作「慧果」。又，「景福寺」《龍藏》、《磧沙藏》做「影福寺」。參閱本文〈景福寺慧果尼傳考14〉、〈景福寺法辯尼傳考31〉。

〔 8 〕應該是元嘉十年，說詳〈景福寺慧果尼傳考14〉。

〔 9 〕案，所謂「非謂先受不得，謂是增長戒善耳」就是《梁傳》卷三〈宋京師祇洹寺求那跋摩傳〉所說：「跋摩云：『戒法本在大僧眾發，設不本事，無妨得戒，如大愛道之緣。』諸尼又恐年月不滿，苦欲更受。跋摩云稱：『善哉，苟欲增明，甚助隨喜。』」所謂：「後諸好異者，盛相傳習，典制稍虧」正是上引全書全卷〈宋京師奉誠寺僧伽跋摩傳〉所說：「慧義謂爲矯異」之意。就因爲有這一說法，才更惹來了寶賢尼的鳴木宣令地禁止重受戒律（請看本傳後文）。

〔10〕元徽　案，《龍藏》、《磧沙藏》做「永徽」，誤，因爲「永徽」是唐高宗的年號；而寶賢尼之卒，是在昇明元年故。元徽，蓋宋後廢帝之年號。

〔11〕法律穎師　案，此名號甚不文，而且《僧傳》中絕沒有這一種僧名的；意者以爲當作「法穎律師」，因爲師既在「晉興寺開講《十誦律》」，又「穎其日有十餘尼，因下講欲重受戒」，則其擅於「律」可知，尊爲「律師」也是很自然的了。或者抄寫的訛誤，成爲「法律穎師」吧？

法穎，是名律師，他的受業弟子，如：智稱、僧祐，也都是律學大師，尤其是祐師。而僧祐稱法穎是：「一時名匠，爲律學所宗」，又說他：「大律師積道河西，振德江東。」〔註10〕可見得他身分的崇高。《梁傳》卷十一有傳，略謂：「釋法穎，姓索，敦煌人。十三出家，爲法

〔註9〕事見《宋書》卷九十七〈夷蠻傳〉、《廣弘明集》卷六〈辨惑篇〉。
〔註10〕祐師稱其師之德，見《出三藏記集》卷十二〈十誦義記目錄序第九〉：「大律師穎上積道河西，振德江東，綜學月朗，砥行冰潔。行以尸羅爲跡，學以《十誦》爲本。」

香弟子，住涼州公府寺，與同學法力俱以律藏知名。」在元嘉末年到洛陽，住新亭寺，嘗爲都邑僧正；其後又回多寶寺，到齊高祖時，又敕爲僧主。齊建元四年（482 A. D.）卒，世壽六十七，然則師之生年，應當是東晉安帝義熙十二年（416 A. D.）。他的撰著，有：《十誦戒本》及《羯磨》等。

〔12〕晉興寺　詳本論文〈寺院考〉。

〔13〕案，「開」字之後當漏一「講」字，此從上下文、後文的文例中可以得知。

簡譜：

401 A. D. 東晉安帝隆安五年　師生。

417 A. D. 東晉安帝義熙十三年　師十六歲，丁母憂。

420 A. D. 東晉恭帝元熙二年　師十九歲，出家住建安寺。

465 A. D. 宋明帝泰始元年　爲普賢寺主，時年六十五。

466 A. D. 宋明帝泰始二年　敕爲都邑僧正，時年六十六。

474 A. D. 宋後廢帝元徽二年　法穎律師於晉興寺開講《十誦律》，有十餘尼師欲重受戒法；師乃宣令不許，以矯時弊。時年七十四。

477 A. D. 宋順帝昇明元年　師卒，年七十七。

小結：

〈本傳〉說淨撿尼止從大僧受戒（其實不然，詳〈淨撿尼考1〉及〈比丘尼受具足戒的爭執〉），其後景福寺惠果尼等乃從僧伽跋摩受具；〈傳〉文緊接著說：「非謂先受不得，謂是增長戒善耳。」那是說寶賢尼是依止《僧祇律》了，那麼，他與開講《十誦律》的法穎律師不合，實是事理的必然。

普賢寺法淨尼傳考 35

法淨，江北〔1〕人也。年二十，值亂，隨父避地秣陵〔2〕，門修釋教。

淨少出家，住永福寺〔3〕，戒行清潔，明於事理，沉思精研，深究義奧，與寶賢尼名輩略齊，宋明皇帝異之。泰始元年敕住普賢寺，宮內接遇，禮兼師友。二年又敕爲京邑都維那〔4〕，在事公正，確然殊絕，隨方引汲，歸德如流。荊楚諸尼及通家婦女，莫不遠修書嚫求結知識。其陶冶德風，皆類此也。諮其戒範者七百人。

年六十五，元徽元年卒也。

考釋：

〔1〕 江北　殆指長江、淮河之間言，《宋書》卷三十五〈州郡一〉：「南徐州刺史，晉永嘉大亂，幽、冀、青、并、兗州及徐州之淮北流民相率過淮，亦有過江在晉陵郡界者。晉成帝咸和四年，司空郄鑒又徙流民之在淮南者於晉陵諸縣，其徙過江南及留在江北者，並立橋郡縣以司牧之。徐、兗二州或治江北，江北又僑立幽、冀、青、并四州……文帝元嘉八年，更以江北為南兗州，江南為南徐州。」又，全卷：「南兗州刺史，中原亂，北州流民多南渡，晉成帝立南兗州，寄治京口。時又立南青州及并州，武帝永初元年，省并併南兗。文帝元嘉八年，始割江、淮間為境，治廣陵。」〈永初郡國〉載其領郡十四。

〔2〕 秣陵　今江蘇省江寧縣，舊屬金陵道。

〔3〕 永福寺　詳本論文〈寺院考〉。

〔4〕 都維那　維那，是職稱，梵語做 Karmadana，音譯為羯磨陀那，華言為「知事、寺護」意為司寺中之事務者。〈僧史略〉上：「按西域知事僧，總曰羯磨陀那，譯為知事，亦曰悅眾，謂知其事悅其眾也。」又曰：「寺之設也，三綱立焉。若網罟之巨綱，提之則正，故曰也。梵語摩摩帝、悉替那、羯磨陀那，華言言寺主、上座、悅事也。」因此，律宗、禪宗則稱維那，教宗則稱都維那。

簡譜：

408 A. D. 東晉安帝義熙四年　師生。

419 A. D. 宋武帝永初二年　師二十歲，值亂，隨父避地秣陵。

465 A. D. 宋明帝泰始元年　敕住普賢寺主，時年五十六。

466 A. D. 宋明帝泰始二年　敕為京邑都維那，時年五十七。

473 A. D. 宋後廢帝元徽元年　師卒，年六十五。

小結：

師與寶賢尼名輩略齊，所以一為僧正，一為都維那。

蜀郡永康寺慧耀尼傳考 36

慧耀〔1〕，本姓周，西平〔2〕人也。少出家，常誓燒身供養三寶；泰始末言於刺史劉亮〔3〕，亮許之。有趙處思〔4〕妾王氏甓塔，耀請塔上燒身，王氏許諾。正月十五日、夜，將諸弟子齎持油布，往至塔所；裝束未訖，

劉亮遣信語諸尼曰：「若耀尼果燒身者，永康〔5〕一寺並與重罪。」耀不得已，於此便停。王氏大瞋，云：「尼要名利，詐現奇特，密貨內人作如此事。不爾，夜半城內那知？」耀曰：「新婦勿橫生煩惱。捨身關我，傍人豈知？」於是還寺，斷穀，服香油。

至昇明元年於寺燒身，火來至面，誦經不輟，語諸尼云：「收我遺骨，正〔6〕得二升。」及至火滅，果如其言。

未燒之前一月日許，有胡僧，年可二十，形容端正，竟胛生毛〔7〕，長六、七寸〔8〕，極細軟，人問之，譯語答云：「從來不覆，是故生毛耳。」謂耀曰：「我住波羅奈國〔9〕，至來數日，聞姊欲捨身，故送銀罌相與。」耀即頂受；未及委悉，匆匆辭去。遣人追留，出門便失。以此罌盛其舍利，不滿二合云。

考釋：

〔1〕慧耀　案，《大正大藏》校本條，或做「慧曜」。

〔2〕西平　屬廣東肇慶府陽江縣，即今廣東省陽江縣西北。

〔3〕劉亮　劉懷肅之弟、懷默之孫，《南史》卷十七有傳，略謂：「懷慎弟懷默，江夏內史；子孫登，武陵內史。孫登子亮，少工刀楯，以軍功封順陽縣侯，歷梁、益二州刺史。在任廉儉，所得公祿，悉以還官，宋明帝下詔褒美。亮在梁州，忽服食欲致長生，迎武當山道士孫懷道使合仙藥，藥成，服之而卒。及就斂，屍弱如生。諡曰剛侯。」

〔4〕趙處思　案，《龍藏》、《磧沙藏》做「趙虔恩」。

〔5〕永康寺　詳本論文〈寺院考〉。

〔6〕案，「正」《龍藏》、《磧沙藏》做「止」。

〔7〕案，「竟胛生毛」《龍藏》、《磧沙藏》做「髀生黑毛」。

〔8〕案，「寸」《龍藏》、《磧沙藏》做「尺」。

〔9〕波羅奈國　又寫作婆羅尼斯國、婆羅奈斯國，梵文作 Baranasi、Varanasi，也就是古代的迦尸國 Kasi。玄奘法師《大唐西域記》卷七：「婆羅尼斯國周四千餘里，國大都城西臨殑伽河，長十八、九里，廣五、六里。閭閻櫛比，居人殷盛，家居巨萬，室盈奇貨。人性溫恭，俗重強學；多信外道，少信佛法。氣序和，穀稼盛，果木扶疏，茂草靃靡。伽藍三十餘所，僧徒三千餘人，並學小乘正量部法

〔註11〕。天祠百餘所，外道萬餘人，並多宗事大自在天，或斷髮，或椎髻，露形無服，塗身以灰，精勤苦行，求出生死。」其間有關佛教遺跡的，略有：鹿野伽藍、慈氏及護明受記窣堵波、三龍池及釋迦遺跡、象鳥鹿王本生故事、憍陳如等五人迎佛窣堵波等。至於婆羅尼斯國當今何地？季羨林先生《大唐西域記校注》說：「婆羅尼斯國今名瓦臘納西，在阿拉哈巴德（Allahabad）下游八十英里，位於恆河左岸。玄奘云婆羅尼斯國西臨殑伽河，則應在恆河右岸。這可能是：一、玄奘之後恆河曾改道，二、故城原在恆河右岸，後來則遷至左岸。」

簡譜：

477 A. D. 宋順帝昇明元年　師於寺燒身。

小結：

師蓋修持「藥王菩薩」法門者。

東官曾成〔1〕法緣尼傳〔2〕考 37

　　法緣，本姓倫〔3〕，東官曾成人也。宋元嘉九年，年十歲；妹法綵，年九歲，未識經法，忽以其年二月八日俱失所在。經三日而歸，說至淨土天宮見佛，佛爲開化。至九月十五日又去，一旬乃還，便能作外國書語及誦〔4〕經，見西域人，言謔善相了解。

　　十年正月十五日又復失去，田中作人見其隨風飄颺上天。父母憂之〔5〕，祀神求福；既而經月乃返，返已出家，披著法服，持髮而歸。自說見佛及比丘尼語云：「汝前世因緣，應爲我弟子。」舉手摩頭，髮自墮落；爲立法名：大名〔6〕法緣，小曰法綵。臨遣還日：「可作精舍，當與汝經。」

　　法緣等還家，即毀神座，繕立精廬〔7〕，晝夜講誦。夕中每有五色光明，流泛峰嶺，有若燈燭。自此以後，容正華雅，音制詮正；上京諷誦，不能過也。刺史韋朗〔8〕、孔默〔9〕並屈供養，聞其談說，甚敬異焉因是士人皆事正法。年五十六，建元中〔10〕卒也。

考釋：

　　〔1〕東官曾成　《冥祥記》做「曾城」。東官，就是現在的廣東省東莞縣。

〔註11〕案，《慈恩傳》卷三作：「僧二千餘人，學小乘一切有部。」

從晉到蕭梁之初，是在寶安故城；蕭梁之後直到陳朝，則在曾城縣。寶唱和尚是蕭梁時人，因此所記，殆以其時所屬，所以《冥祥記》做「曾城」是不錯的。

〔2〕〈本傳〉又見於《法苑珠林》卷八、卷三十一及《冥祥記》。

〔3〕本姓侖　案，《大正大藏》校本條，「侖」或做「俞」。《冥祥記》則做「宋侖氏二女」。案，「侖氏」非姓；應該是俞氏，而俞氏又是翁氏之訛。餘請詳本論文〈罕見姓氏考〉節。

〔4〕案，「誦」《龍藏》、《磧沙藏》、《法苑珠林》做「講」。

〔5〕案，「之」《龍藏》、《磧沙藏》、《冥祥記》做「懼」。

〔6〕案，「名」《龍藏》、《磧沙藏》、《冥祥記》做「曰」，以下文例之，做「曰」者是。

〔7〕案，「廬」《法苑珠林》做「舍」。

〔8〕韋朗　史志無傳，但《宋書》卷五〈文帝紀〉云：「（元嘉）十年……六月乙亥，以前青州刺史韋朗，爲廣州刺史。闍婆州訶羅單國遣使獻方物。」又《廣西通志》卷五十也有是記，朗蓋一侈汰之吏，明鄧伯羔撰《藝彀》卷下〈綠沈槍〉條有一記事，說：「綠沈，言其色沈而不浮，注《論語》者曰：『深青揚赤色，其法等耳。』杜子美詩：『苔臥綠沈槍』，說者多不解。《鄴中記》：『石季龍每出，用扇夾乘輿，或木蘭色、或鬱金色、或紫紺色、或綠沈色。』《宋書》：『廣州刺史韋朗作銀塗漆屏風二十三牀、綠沈屏風一牀，御史中丞（劉楨）請奪朗官。』王羲之《筆經》曰：『有人以綠沈漆竹管及鏤管見遺，斯亦可玩，詎必金玉哉？』」又，明方以智《通雅》卷三十四〈菟白席地隔之類也〉條云：「《劉宋起居注》：『元嘉中爲御史中丞奏，風聞廣州刺史韋朗，于州部作菟白席三百二十領，請以事追陳。』喬生曰：『即番舶地隔也，茅菟染紅故曰菟白。』姚以式從濠鏡得之，一名嘉文席，即〈拾遺記〉之葉席也。」其他如《太平御覽》、《山堂肆考》、《天中記》等或載其做白盾，或記其鑄鏡臺等等不一而足，可見其貪贓矣。

〔9〕孔默　應是孔默之之誤，蓋孔熙先之父。餘見本章〈剡齊興寺德樂尼傳考 51〉注五。元嘉六年，任廣州刺史，事見《廣西通志》卷五十。

〔10〕建元　是齊高帝蕭道成的年號，蕭道成在宋順帝升明三年（479 A. D.）四月篡位，隨即改元「建元」，而這「建元」實際上才四年。〈傳〉說師「年五十六，建元中卒也。」這是不確的，因爲師在「宋元嘉九年，年十歲」，那麼她應該生在宋武帝永初二年（421 A. D.），以是下推五十六年，則是宋順帝升明元年（477 A. D.）才是。

簡譜：

421 A. D. 宋武帝永初二年　師生。

422 A. D. 宋武帝永初三年　師之妹法綵生。

432 A. D. 宋文帝元嘉九年　師年十歲，與其九歲妹法綵至淨土天宮見佛，遂能作外國書語及誦經。

477 A. D. 宋順帝升明元年　師卒，年五十六。

小結：

1. 侖氏，不做姓氏稱；應該是兪氏之訛，這是非常可以補姓譜之缺的。

2. 師應卒於宋順帝升明元年，不是建元中。

3. 從師之事蹟，或可歸於「神異類」也。

4. 韋朗，史無其傳；只在《宋書》卷五〈文帝紀〉說他做過青州、廣州的刺史而已。今夷考《異苑》卷四，載其故實，說：「晉陵韋朗，家在延陵。元嘉初，忽見庭前井中有人出，齊長尺餘，被帶組甲，麾伍相應，相隨出門，良久乃盡。朗兄藪頗善占筮，嘗云：『吾子當至刺史。』後朗歷刺青、廣二州。」案，此事《天中記》、《廣博物志》都載，而字多有異，譬如「齊」作「高」、「吾子」作「吾子弟」，則頗雅馴矣。然則從上文，乃可以考知他原是晉陵人，但家在延陵；其兄名藪，頗善占筮。《宋書》卷五又說他原是官平北司馬的，直到元嘉八年二月乙卯，才任青州刺史。從以上的小考，我們對韋朗才有了些微的了解。

南永安寺曇徹尼傳考 38

曇徹尼，未詳何許人也。少爲普要尼〔1〕弟子，隨要住南永安寺〔2〕。要道潔學優，有聞當世；徹秉操無矯，習業不休，佛法奧義必欲總探，未及成戒，已究經論。具足以後，遍習《毗尼》，才堪機務，尤能講說，剖毫析滯，探賾幽隱。諸尼大小皆請北面，隨方應會，負帙成群；五侯〔3〕、七貴〔4〕婦女以下，莫不修敬。

年六十三，齊永明二年卒矣。

考釋：

〔1〕普要尼　是僧端尼弟子，見本論文〈永安寺僧端尼傳考24〉。

〔2〕南永安寺　就是所謂的永安寺，見本論文〈寺院考〉。

〔3〕五侯　泛指貴族子弟言，即公、侯、伯、子、男之五等爵位也，事見《尚書・康誥疏》。另者請參下條。

〔4〕七貴　也是泛指權要之家言。唐・張謂〈贈喬林詩〉：「如今五侯不待客，羨君不入五侯宅；如今七貴方自專，羨君不過七貴門。」但是，寶唱和尚寫的是尼師的事體，而《元氏掖庭記》記宮中嬪妃之七貴人說：「順帝宮嬪進御無紀，佩夫人、貴妃印者，不下百數。如淑妃龍瑞嬌、程一寧、戈小娥，麗嬪張阿元、支祈氏，才人英英、凝香兒尤見寵愛，所愛成之，所惡除之；位在皇后之下，而權則重於禁闥，宮中稱七貴云。」和尚殆有所指。

簡譜：

422 A. D. 宋武帝永初三年　師生。

484 A. D. 齊永明二年　師卒，年六十三。

小結：

師除遍習《毗尼》以明律之外，又且「才堪機務，尤能講說」。因此使得：「五侯七貴婦女，莫不修敬」這是「學為物宗，士庶共欽」的實例，請參閱本論文〈尼師的成就〉節。

崇聖寺僧敬尼傳考39

僧敬，本姓李，會稽人也，寓居秣陵。僧敬在孕，家人設會，請瓦官寺〔1〕僧超〔2〕、西寺〔3〕曇芝尼〔4〕，使二人指腹，呼胎中兒為弟子，母代兒喚二人為師，約不論男女必令出家。將產之日，母夢神人語之曰：「可建八關。」即命經始〔5〕僧像；未集，敬便生焉。聞空中語曰「可與建安寺白尼〔6〕作弟子。」母即從之。及年五、六歲，聞人經唄，輒能誦憶；讀經數百卷，妙解日深；菜蔬克己，清風漸著。

逮元嘉中，魯郡孔默出鎮廣州，攜與同行，遇見外國鐵薩羅尼等來向宋都〔7〕，並風節皎〔8〕異，更從受戒。深悟無常，乃欲乘船泛海，尋求聖跡；道俗禁閉，留滯嶺南三十餘載，風流所漸，獷俗移心，捨園宅施之者，

十有三家。共爲立寺於潮亭，名曰眾造〔9〕。宋明帝聞之，遠遣徵迎；番禺〔10〕道俗大相悲戀。還都，敕住崇聖寺〔11〕，道俗服其進止。丹陽樂遵〔12〕爲敬，捨宅立寺，後遷居之。齊文惠帝〔13〕、竟陵文宣王〔14〕，並欽風德，嚫施無缺。

年八十四，永明四年二月三日卒，葬于鍾山之陽，弟子造碑，中書侍郎吳興沈約〔15〕製其文焉。

考釋：

〔 1 〕瓦官寺　詳請參考本論文〈寺院考〉。

〔 2 〕僧超　瓦官寺僧。

〔 3 〕西寺　這一個「西寺」，就是司州的西寺，也就是魏太后所立的洛陽西寺。詳請參考本論文〈寺院考〉。

〔 4 〕曇芝　西寺尼師。

〔 5 〕案，「始」《龍藏》、《磧沙藏》做「營」。

〔 6 〕建安寺白尼　建安寺，殆在洛陽左近，與西寺、崇聖寺同，其他請參考本論文〈寺院考〉。白尼，失其名號，殆爲建安寺主。

〔 7 〕鐵薩羅尼等來向宋都　案，據〈廣陵僧果尼傳考27〉，此事應該是在元嘉十年。詳請參閱該文。

〔 8 〕案，「皎」《龍藏》、《磧沙藏》做「峧」、「峻」。

〔 9 〕眾造寺　請參考本論文〈寺院考〉。

〔10〕番禺　屬粵海道、廣東廣州府番禺縣，就是現在的廣東省番禺縣。

〔11〕崇聖寺　請參考本論文〈寺院考〉。

〔12〕樂遵　丹陽之地方碩彥也。

〔13〕齊文惠帝　齊世祖武帝蕭賾之長子，諱長懋，字雲喬，建元四年六月甲申立爲皇太子。《南史》卷四十四、《南齊書》卷二十一各有傳，略謂：「世祖未弱冠而生太子，爲太祖所愛。姿容豐潤，小字白澤……太子與竟陵王子良俱好釋氏，立六疾館以養窮民……鬱林立，追尊爲文帝（案，卒年三十六）。」是帝之擁護釋教，史有明文也。

〔14〕竟陵文宣王　與文惠帝俱穆皇后所出，字雲英，世祖之第二子。《南史》卷四十四、《南齊書》卷四十各有傳，略謂：「子良敦義愛古……昇明五年，正位司徒，給班劍二十人，侍中如故。移居雞籠山邸，集學士抄五經、百家，依《皇覽》例爲《四部要略》千卷。招致名僧，

— 77 —

講語佛法，造經唄新聲，道俗之盛，江左未有也……又與文惠太子同好釋氏，甚相友悌。子良敬信尤篤，數於邸園營齋戒，大集朝臣眾僧，至於賦食行水；或躬親其事，世頗以為失宰相體。勸人為善，未嘗厭倦，以此終致盛名……十年，領尚書令。尋為使持節、都督揚州諸軍事、揚州刺史，本官如故……隆昌元年，疾篤，謂左右曰：『門外應有異。』遣人視，見淮中魚萬數，皆浮出水上向城門。尋薨，時年三十六。」關於文宣王好佛、護法的事例，僧傳所在多是，此不具引。

〔15〕沈約　《梁書》卷十三、《南史》卷五十七、《弘明集》卷十、《廣弘明集》卷五、十五……等等多有其材料。略謂：「沈約，字休文，吳興武康人也。祖林子，宋征虜將軍；父璞，淮南太守。璞元嘉末被誅，約又潛竄……約性不飲酒，少嗜欲；雖時遇隆重，而居處儉素。立宅東田，矚望郊阜，嘗為〈郊居賦〉……」清·張溥《漢魏六朝百三名家集》輯得有〈沈隱侯集〉二卷，卻頗著微詞：「梁武篡齊，決策於沈休文、范彥龍，時休文年已六十餘矣。抵掌革運，鼓舞作賊，惟恐人非金玉，時失河清。舉手之間，大事已定，竟忘身為文惠家令也。佛前懺悔，省誦小過，戒及綺語；獨諱言佐命，不敢播騰……」與其交往的僧尼，略有：慧約、法獻、法雲；而其佛教思想則重在慈悲、不殺，他的理論根據是從《維摩經》的空觀和《涅槃經》的眾生皆有佛性思想來的，所以他的〈佛知不異眾生知〉乃直接啓迪了隋朝天台智顗禪師的「觀無性懺悔」的主張。〔註12〕

簡譜：

405 A. D. 東晉安帝義熙元年　僧敬尼生。

431 A. D. 宋文帝元嘉八年　孔默之出為廣州刺史，攜與同行，遇見外國鐵薩羅尼，師乃更從受戒。時師二十七歲。

484 A. D. 齊武帝永明四年　師卒，年八十四。

小結：

1. 奉佛世家，自胎兒即為父母所許出家例。

2. 因為不能確知胎兒性別，所以同時皈依二和尚，一僧超師、一曇芝尼，

〔註12〕參見鐮田茂雄，《中國佛教通史》第二章〈南朝的佛教──宋、齊〉節。

可見僧敬父母信教之篤。

3. 德化嶺南之氓，乃有一十三家施宅，共立眾造寺於潮亭，其影響之深廣，尟有出其右者。

4. 這是《比丘尼傳》中，唯一想出國的尼師；可惜禁令而不果，否則以她的能力，應該可以爲尼眾另闢一條蹊徑。

5. 沈約對佛教的貢獻與影響，是頗爲深遠的。

鹽官齊明寺僧猛尼傳考 40

僧猛，本姓岑，南陽〔1〕人也，遷居鹽官縣〔2〕，至猛五世矣。曾祖率〔3〕，晉正員郎、餘抗令〔4〕，世事黃老，加信敬邪教。

猛幼而慨然有拔俗之志。年十二，父亡，號哭吐血，絕〔5〕而復甦；三年告終，示不滅性，辭母出家。行己清潔，奉師恭肅，蔬糲之食，止存支命；行道禮懺，未嘗疲怠。說悔先罪，精懇流淚，能行人所不能行。益州刺史吳郡張岱〔6〕聞風貴敬，請爲門師。

宋元徽元年淨度尼〔7〕入吳，攜出京城，仍住建福寺。歷觀眾經，以日係夜，隨逐〔8〕講說，心無厭勌。多聞強記，經耳必憶，由是經律皆悉研明；澄情宴坐，泊然不測。

齊建元四年母病，乃捨東宅爲寺〔9〕，名曰齊明〔10〕。締構殿宇，列植竹樹，內外清靖，狀若仙居。飢者撤饍以施之，寒者解衣而與之。嘗有獵者近於寺南，飛禽走獸競來投猛，而鷹犬馳逐，相去咫尺；猛以身手遮遏，雖體被啄嚙，而投者獲免。同止數十人，三十餘載未嘗見其慍怒之色。年七十二，永明七年卒。

時又有僧瑗尼，猛之從弟女也，亦以孝聞，業行高邈，慧悟凝深也。

考釋：

〔1〕南陽　本郡有數處，從秦、後漢、劉宋直到後魏的屬地，則應當是在現在的河南省南陽縣，屬汝陽道。

〔2〕鹽官縣　今浙江省海寧縣，杭州府、錢塘道。

〔3〕岑率　史無其傳。據〈本傳〉，知其爲僧猛尼曾祖，晉朝之世嘗爲正員郎。

〔4〕餘抗令　「餘抗令」，應該是「餘杭令」之誤，今浙江杭縣。

〔5〕案，「絕」《龍藏》、《磧沙藏》做「死」。

〔6〕張岱　《南齊書》卷三十二、《南史》卷三十一並有傳，說他在「元徽中，遷使持節，督益、寧二州軍事，冠軍將軍、益州刺史；數年，益土安其政。」而並沒有說到他信佛、奉佛，賴得《梁傳》和本傳，才確知政事之外的個人言行。《梁傳》卷十三〈宋江陵釋僧隱傳〉說：「釋僧隱……禪慧之風，被於荊楚。州將劉休祐及長史張岱，並諮稟戒法。」這是說他是僧隱法師的弟子，本傳又說他「聞風貴敬，請爲門師」則其敬信佛教可以知矣。

〔7〕淨度　案，《大正大藏》校本條，「度」或做「虔」。應是僧猛尼之師。

〔8〕隨逐　這是標準的台語，意爲馬上跟著。其他詳見本論文〈名物俗語典〉。

〔9〕乃捨東　案，《大正大藏》校本條做「返東捨」。全文是：「乃返東捨宅以爲寺」，文義允洽，而且頗合事理，因爲僧猛尼隨師入吳，仍住建福寺，而寺在建康，就是現在的南京，與僧猛尼的祖厝方位相較，正在其東，所以說「返東捨宅」。

〔10〕齊明寺　請參考本論文〈寺院考〉。

簡譜：

418 A. D. 東晉安帝義熙十四年　師生。

430 A. D. 宋文帝元嘉七年　師喪父，時年十二。

482 A. D. 齊高帝建元四年　母病，乃捨東宅爲寺，名曰齊明寺，時六十四歲。

489 A. D. 齊武帝永明七年　師卒，年七十二。

小結：

1. 師之先祖世信黃老，已經五世，可以考見道教信仰的一般；至僧猛尼才改信佛教，並捨宅爲寺，是釋、道之爭的一現象，頗值注意。

2. 張岱信佛的事體，可以補正史之缺。

3. 齊明寺在鹽官縣，是師捨其祖宅，爲母而立的。

華嚴寺妙智尼傳考 41

　　妙智，本姓曹，河內人也。稟性柔明，陶心大化，執持禁範，如護明珠；心勤忍辱，與物無忤，雖有毀惱，必以和顏。下帷窮年，終日無悶，精達法

相，物共宗之。

　禪堂初建，齊武皇帝〔1〕敕請妙智講《勝鬘》〔2〕、《淨名》〔3〕，開題及講，帝數親臨，詔問無方智，連環剖析，初無遺滯，帝屢稱善，四眾雅服。齊竟陵文宣王疆界鍾山，集葬名德，年六十四，建武二年卒，葬于定林寺〔4〕。南齊侍中瑯琊王倫〔5〕妻江氏〔6〕爲著石贊、文序，立于墓左耳。

考釋：

〔1〕齊武皇帝　《南齊書》卷三、《南史》卷四並有傳，略謂：「世祖武皇帝諱賾，字宣遠，高帝長子也……小字龍兒。」其與佛教的關係，則在宋江州刺史晉安王子勛造反時避難揭陽山，在山上累石爲佛圖而其側忽生華蓋之樹；昇明二年，事平，遷江州刺史、封聞喜縣侯。其臨崩遺詔，特云：「顯陽殿玉像諸佛及供養，具如別牒，可盡心禮拜。」可以概見其事佛的心態。

〔2〕勝鬘　即《勝鬘獅子吼一乘大方便方廣經》的略稱，本經旨趣以一乘爲宗，與《法華》、《妙法蓮華經＃》所演之法，廣略不同而理可互明。

〔3〕淨名　《淨名經》即《維摩詰經》之異名，其他請參閱本論文〈洛陽城東寺道馨尼傳9〉之〔三〕。

〔4〕齊竟陵文宣王疆界鍾山集葬名德，年六十四，建武二年卒，葬于定林寺　竟陵文宣王蕭子良劃鍾山爲名德葬地，故雖生斯死斯而非名德，亦不得葬此，蓋示尊崇也；今定林寺雖在鍾山，若師非名德之流，儘管是華嚴寺主，恐亦無緣與此。寶唱和尚乃所以推尊妙智，故特著此筆也。

〔5〕王倫　案，或當做「王倫之」。《南齊書》卷三十三、《南史》卷二十四並附於〈王延之傳〉，而《南史》「倫」做「綸」。延之固瑯琊人也，〈王倫之傳〉云：「延之家訓方嚴，不妄見子弟，雖節歲問訊，皆先克日。子倫之，見兒子亦然。永明中，爲侍中……建武中，至侍中、領前軍將軍、都官尚書、領游擊將軍，卒。」史不言其家信佛，但在〈王延之傳〉上說他爲政清廉，居宇穿漏；宋明帝乃爲起三間齋屋，初不知「齋屋」的的旨，讀〈本傳〉乃知家世奉佛，則其義可曉。再者，延之、倫之爲官清簡，不事名利，頗有釋氏風範焉。

〔6〕江氏　女子而能寫碑銘，實足以補史之缺文。

簡譜：

432 A. D. 宋文帝元嘉九年　師生。

495 A. D. 齊明帝建武二年　師卒，年六十四，葬定林寺。

小結：

1. 竟陵文宣王蕭子良劃鍾山爲名德葬地，示尊崇也。

2. 師以說法名動公卿，卒葬定林寺。

3. 尼師而能精達法相，堪任講說者，師殆其一。

4. 女子能文，堪爲人制作碑銘者，王倫之之妻江氏，殆可以補「列女傳」之缺。

建福寺智勝尼傳考 42

智勝，本姓徐，長安〔1〕人也，寓居會稽于其三世。六歲而隨王母出都遊瓦官寺，見招提整峻，寶飾嚴華，潸然泣涕。仍祈剪落，王母問之，具述此意；謂其幼稚，而未許之也。

宋季多難，四民失意，時事紛紜，奄冉積載，年將二十方得出家，住建福寺。獨行無倫，絕塵難範。聽受《大涅槃經》〔2〕，一聞能持；後研《律藏》，功不再受。總持之譽，僉然改目。自製數十卷義疏，辭約而旨遠，義隱而理妙。逢涅不淄，遇磨不磷。大明中，有一男子詭期抱梁，欲規不遜；勝剋意淵深，雅操壁立，正色告眾，眾錄付官。守戒清淨，如護明珠。

時莊嚴寺曇斌法師〔3〕弟子僧宗、玄趣共值佛殿，慢藏致盜，乃失菩薩瓔珞及七寶澡罐。斌衣缽之外，室如懸磬，無以爲備；憂慨輟講，閉房三日〔4〕。勝宣告四部，旬月備辦。德感化行，皆此類也。齊文惠帝聞風，雅相接召，每延入宮，講說眾經。司徒竟陵文宣王，倍崇敬焉。

勝志貞南金，心皎比雪〔5〕，裁箴尼眾，實允物望。令旨仍使爲寺主，闔眾愛敬，如奉嚴尊。從定林寺僧遠法師〔6〕受菩薩戒〔7〕，座側常置香鑪，勝乃捻香；遠止之日「不取火已信宿矣。」所置之香，遂氛氳流煙；咸歎其肅恭，表應若斯也。

永明中，作聖僧齋〔8〕，攝心祈想，忽聞空中彈指，合掌側聽。勝居寺三十年〔9〕，未嘗赴齋會、遊踐貴。勝每重閑靜處，係念思維，故流芳不遠。文惠帝特加供奉，日月充盈，締搆房宇，闔寺崇華。勝捨衣缽爲宋、齊七帝

〔10〕造攝山寺石像〔11〕。

永明十年寢疾，忽見金車玉宇，悉來迎接。到四月五日，告諸弟子曰：「吾今逝矣。」弟子皆泣，乃披衣出胸，胸有草書「佛」字，字體鮮白，色相明潤。八日正中而卒也，年六十六，葬于鍾山。文帝給其湯藥，凶事所須，並宜官備也。

考釋：

〔1〕長安　陝西西安府長安縣，屬關中道，即今陝西省長安縣也，故城在縣西北十三里。

〔2〕大涅槃經　《龍藏》、《磧沙藏》做《大般涅槃經》，實爲一本〔註13〕。但是本經有大、小二乘之不同，小乘《大般涅槃經》只有三卷，是晉朝法顯和尚所譯；大乘《大般涅槃經》又有南、北的差異，北本四十卷，是北涼曇無讖法師譯；南本三十六卷，是劉宋釋慧觀和謝靈運就北本刪減而得。

〔3〕曇斌法師　莊嚴寺主，蓋當代名宿，《梁傳》卷七〈宋京師中興寺釋曇斌傳〉略謂：「釋曇斌，姓蘇，南陽人……既遍歷眾師，備聞異釋……初止新安寺，講《小品》、《十地》，并申頓悟、漸悟之旨……」然而，他到底主張何者？從其師小山法瑤的倡言來看，應該是申頓悟之旨才是。另外，他的弟子僧宗、玄趣後來都成大德，且又培養高僧法雲。如《唐》卷五〈梁楊都宣武寺沙門釋法寵傳〉說：「（寵）又從莊嚴曇斌，歷聽眾經，探玄析奧，妙盡深極。」又，全書全卷〈梁楊都光宅寺沙門釋法雲傳〉說：「七歲出家，更名法雲，從師住莊嚴寺，爲僧成、玄趣、寶亮弟子……大昌僧宗、莊嚴僧達，甚相稱讚。」

〔4〕此地說曇斌和尚只因遺失了瓔珞、澡灌，便至「憂慨輟講，閉房三日」，恐怕是寶唱和尚文學誇飾的寫法，因爲曇斌和尚實在是一位安貧樂道，品德高峻的僧伽，這可以從《梁傳》的本傳裏看出。

〔5〕案，《龍藏》、《磧沙藏》「比」做「北」，與「南金」相對言，做「北」者是也。

〔6〕定林寺僧遠法師　定林寺，應該是「上定林寺」；僧遠法師，是和僧

〔註13〕《梁傳》卷七〈慧嚴傳〉：「《大涅槃經》初至宋土，文言致善而品數疏簡，初學難以措懷；嚴乃共慧觀、謝靈運等依《泥洹本》加之品目，文有過質，頗亦治改，始有數本流行。」

祐齊名的法師，〈傳〉見《梁傳》卷八，與曇斌和尚同是高潔之士。《唐傳》卷五〈梁鍾山開善寺沙門釋智藏傳〉說：「（藏）代宋明帝出家，以泰初六年，敕住興皇寺，師事上定林寺僧遠、僧祐、天安寺弘宗，此諸名德，傳如前述。」

〔7〕菩薩戒　請參閱本論文〈法系考〉節。

〔8〕聖僧齋　這是藉相冥想的法門，即在僧堂之中安一佛、菩薩像，或文殊、或迦葉或須菩提、或賓頭盧、或憍陳如等等，這一些像，便稱爲「聖僧」。行此法門者，即爲聖僧齋。

〔9〕案，《龍藏》、《磧沙藏》做「四十年」。

〔10〕宋齊七帝　案，師卒於齊武帝永明十年（492 A. D.），則所指七帝或爲：宋高祖（武帝劉裕）、太祖文皇帝（諱義隆）、世祖孝武帝（諱駿）、太宗明皇帝（諱彧）、順帝（諱準）（案，宋船七主，五十九年，就中營陽王義符僅在位二年、蒼梧王昱在位四年，皆不以帝稱，是以或不與焉）、齊太祖高皇帝（諱蕭道成）、世祖武皇帝（諱賾）。

〔11〕攝山寺石像　攝山寺，請參考本論文〈寺院考〉。石像，見本論文〈地域考・攝山條〉。

簡譜：

427 A. D. 宋文帝元嘉四年　師生。

432 A. D. 宋文帝元嘉九年　師六歲，隨王母出都遊瓦官寺。

446 A. D. 宋文帝元嘉二十三年　師二十歲，出家住建福寺。

489 A. D. 齊武帝永明七年　明僧紹捨宅爲栖霞寺，請法度禪師居之，始營佛像。智勝尼師捨衣鉢，爲宋、齊七帝造攝山寺石像，不能確知年月，姑係於此。時六十三歲。

492 A. D. 齊武帝永明十年　師卒，葬於鍾山，年六十六。

小結：

1. 師從當代名僧曇斌法師聽經，又從僧遠法師受菩薩戒，一身而兼二師之學養、德操，其成就乃可預見。因此，與曇斌法師弟子僧宗、玄趣蓋同輩分。

2. 師爲寺主，又從僧遠法師受菩薩戒，可見當時尼師受戒之不易。

3. 師捨衣鉢，爲宋、齊七帝造攝山寺石像。此亦可見師之財力矣。

4. 《梁傳》不言曇斌法師在建福寺宣法，更不言和尼師的往返，而此處可
   補僧史的不足。

5. 建福寺殆執持菩薩戒之重鎮，詳請參閱本論文〈法系考〉節。

6. 師知卒也，葬在鍾山，這是當時社會風尚的一大殊榮。事見本論文〈華
   嚴寺妙智尼傳考 41〉之〔4〕。

禪基寺僧蓋尼傳考 43

僧蓋，本姓田，趙國均仁〔1〕人也，父宏〔2〕梁天水〔3〕太守。

蓋幼出家，為僧志尼〔4〕弟子，住彭城華林寺〔5〕，忘利養，惔毀
譽。永徽元年〔6〕，索虜侵州〔7〕，與同學法進〔8〕南遊京室，住妙相尼
寺〔9〕，博聽經律，深究旨歸，專修禪定，惟日不足。寒暑不變衣裳，四時
無新飲食，但資一菜中飯而已。受業於隱、審二禪師〔10〕，禪師皆歎其易
悟。

齊永明中，移止禪基寺〔11〕，欲廣弘觀道，道俗諮訪，更成紛動；乃
別立禪房於寺之左，宴默其中，出則善誘，諄諄不勌。齊竟陵文宣王蕭子良
四時資給。雖已耆艾，而志向〔12〕不衰，終日清虛，通夜不寐。年六十四，
永明十一年卒也。

時寺又有法延者，本姓許，高陽〔13〕人也。精進有行業，亦以禪定顯
聞也。

考釋：

〔1〕趙國均仁　屬直隸真定府、趙州高邑縣房子城，即在今河北省高邑縣
    西南十里處，就是兩晉以來的所謂趙國。

〔2〕案，《龍藏》、《磧沙藏》「宏」做「完」。但不論是田宏或是田完（非
    《史記》之田敬仲也），史皆無其〈傳〉。又，〈傳〉說：「父宏梁天水
    太守」；考僧蓋尼之卒，在永明十一年，其時距梁之受禪猶有十年，
    豈難道師卒後其父才作梁之天水太守嗎？而《通鑑》卷一六九〈陳紀
    三〉有一條記事，說：「是歲（案，天嘉五年，即 564 A. D.也）齊山
    東大水，饑，死者不可勝計。宕昌王梁彌定屢寇周邊，周大將軍田宏
    討滅之，以其地置宕州。（注：宕州在長安西南一千一百五十六里）」如
    果這一周大將軍田宏就是僧蓋尼之父，則在其卒後七十一年，天水太
    守田宏殆百餘歲矣，恐無是理。再考諸史所記之天水太守（自西晉至

齊、梁之間），略有：

晉孝惠皇帝永興二年(305 A.D.)　　封尚（《資治通鑑》卷八十六）

前涼世祖張駿太元二年(324 A.D.)　李弅（《十六國春秋》卷七十五）

東晉孝武帝太元元年(386 A.D.)　　史稷（《十六國春秋》卷七十四）

東晉孝武帝太元十五年(390 A.D.)　張業生（《資治通鑑》卷一○七）

東晉安帝義熙八年(412 A.D.)　　　王松（《資治通鑑》卷一一六）

後秦姚泓永和元年(416 A.D.)　　　趙溫（《十六國春秋》卷六十九）

東晉安帝義熙十三年(417 A.D.)　　毛德祖（《資治通鑑》卷一一八）

齊高帝建元元年(479 A.D.)　　　　曹景宗（《梁書》卷九）

北魏宣武帝景明元年(500 A.D.)　　元靜（《魏書》卷七十一）

　　　　　　　　　　　　　　　　常文通（《魏書》卷八十四）

　　實無所謂「梁天水太守田宏」其人者，因此只得存疑。

〔 3 〕天水　屬陝西鞏昌府秦州，今甘肅省天水縣西六十里的上邽城。

〔 4 〕僧志尼　彭城華林寺主，僧蓋妮之師也。

〔 5 〕華林寺　在彭城，餘請參考本論文〈寺院考〉。

〔 6 〕永徽　應是「元徽」之誤，說見本論文〈普賢寺寶賢尼傳考 34〉。

〔 7 〕索虜侵州　案，《宋書》卷六十一〈江夏文獻王義恭傳〉所載事，很
　　　可以看出索虜的凶暴殘害：「（元嘉）二十七年春，索虜寇豫州，太祖
　　　因此欲開定河洛；其秋，以義恭總統群帥，出鎮彭城，解國子祭酒。
　　　虜遂深入，徑至瓜步；義恭與世祖蔽彭城自守。二十八年春，虜退走，
　　　自彭城北過，義恭震懼，不敢追。其日，民有告：『虜驅廣陵民萬餘
　　　口，夕應宿安王陂，去城數十里。今追之，可悉得。』諸將並請，義
　　　恭又禁不許，經宿，太祖遣驛至，使悉力急追。義恭乃遣鎮軍司馬檀
　　　和之向蕭城，虜先已聞知，乃盡殺所驅廣陵民，輕騎引去。」

〔 8 〕法進　僧蓋尼同學，餘待考。

〔 9 〕妙相尼寺　請參考本論文〈寺院考〉。

〔10〕隱、審二禪師　案，審禪師，應該是僧審禪師，《梁傳》卷十二〈齊
　　　京師靈鷲寺釋僧審傳〉說：「釋僧審，姓王，太原祁人，晉驃騎沈之
　　　後也……常謂非禪不智，於是專志禪那。聞曇摩蜜多道王京邑，乃拂
　　　衣過江，止於靈曜寺，精勤諮受，曲盡深奧……靈鷲寺慧高從受禪業，
　　　乃請審還寺，別立禪房……永明八年卒，春秋七十有五。」又，隱禪

師，應該是僧隱禪師，《梁傳》卷十三〈宋江陵釋僧隱傳〉說：「釋僧隱，姓李，秦州隴西人。家世正信，隱年八歲出家……妙通《十誦》，誦《法華》、《維摩》。聞西涼州有玄高法師，禪慧兼舉，乃負笈從之，於是學盡禪門，深解律要……東下，止江陵琵琶寺……禪慧之風，被於荊楚……」可見師實兼二家之長了。

〔11〕禪基寺　請參考本論文〈寺院考〉。案，永明凡十一年，〈傳〉言「永明中」，今假設是永明五年，則相當於西元 486 年。

〔12〕案，《龍藏》、《磧沙藏》「向」做「尙」。

〔13〕高陽　山東、河北都有高陽郡，從時期和僧蓋尼的籍貫考量，應該是河北比較合理，即今河北省高陽縣。

簡譜：

430 A. D. 宋文帝元嘉七年　師生。

473 A. D. 宋後廢帝元徽元年　師及其同學法進尼，因索虜之亂而南遊京室，住妙相尼寺，時師四十三歲。。

486 A. D. 齊武帝永明五年　移止禪基寺，並別立禪房於寺之左，而宴默其中，時師年五十八。

493 A. D. 齊武帝永明十一年　師卒，年六十四。

小結：

1. 師從隱、審二禪師專修禪學，又因爲僧隱禪師的關係，必也精通律學《十誦》，因而名動公卿。

2. 有法延尼師者，也以禪定顯。

青園東寺〔1〕法全尼傳考 44

　　法全，本姓戴，丹陽人也。端莊好靜，雅勤定慧。初隨宗、瑗〔2〕博採眾經，後師審、隱遍遊禪觀。晝則披文遠思，夕則歷觀妙境；大乘奧典皆能宣講，三昧祕門並爲師匠。寺既廣大，閱理爲難。食但蔬荣，衣止蔽形。訓誘未聞，獎成後學，聽者修行，功益甚眾。

　　寺既廣大，閱理爲難，泰始三年，眾議欲分爲二寺；時寶嬰尼求於東面起立禪房更搆靈塔，於是始分爲青園東寺。昇明二年，嬰卒，眾既新分，人望未緝；乃以全爲寺主，於是大小愛悅，情無纖介。年八十三，隆昌元年〔3〕卒。

　　時寺復有淨練、僧律、慧形，並以學顯名也。

考釋：

〔1〕青園東寺　案，《龍藏》、《磧沙藏》做「東青園寺」。餘請參考本論文
〈寺院考〉。

〔2〕宗、瑗　「宗瑗」遍尋僧傳，無有其人；應該是僧宗與法瑗二法師，
原因是：一、下文說：「後師審、隱遍遊禪觀」與「初隨宗、瑗博採
眾經」正是一對句，二、僧宗與法瑗在《梁傳》中，正是博聞眾經而
入「義解篇」的。《梁傳》卷八〈齊靈根寺釋法瑗〉說他之所以出家，
是因為他的二哥的家庭背景，而二哥法愛和尚又是「解經論兼數術」
的芮芮國師。後來師事懿德通神的竺慧開時，開就勸他：「宜競力博
文，無得獨善。」他便辭師遊學，「經涉燕趙，去來鄴洛」，於是造就
了一代宗師，乃注〈勝鬘〉及〈微密持經〉。至於僧宗，他是法瑗、
曇斌、曇濟的學生，而青出於藍地「善〈大涅槃〉及〈勝鬘〉、〈維摩〉
等」。（見全書全卷〈齊太昌寺釋僧宗〉）那麼，法全尼的學術根柢可
以知矣。三、法瑗是從博聞而入於「守靜味禪，澄思五門，遊心三觀。」
法全也是「晝則披文遠思，夕則歷觀妙境；大乘奧典皆能宣講，三昧
祕門並為師匠。」這是同一法門的承傳之明證。

〔3〕隆昌元年　這是齊郁林王蕭昭業的年號，昭業是武帝孫，永明十一年
（493 A. D.）七月被立，第二年（494 A. D.）正月改元，七月被殺。
實際上改元不到一年，所以史傳年表幾乎不載，此似可以稍微提醒作
史者。

簡譜：

412 A. D. 東晉安帝義熙八年　師生。

467 A. D. 宋明帝泰始三年　青園寺因寶嬰尼而分出東青園寺，時師五十五
歲。

478 A. D. 宋順帝昇明二年　寶嬰尼卒，乃以師為寺主，時六十六歲。

494 A. D. 齊郁林王隆昌元年　師卒，年八十三。

小結：

1. 師與僧蓋尼，蓋皆同學於隱、審二禪師，則輩分相當也。又學於僧宗與
法瑗，為經學義解之師。

2. 與師同時顯名者，還有：淨練、僧律、慧形，並以學顯名也。

3. 東青園寺乃因寶嬰尼而分出者。

普賢寺淨暉〔1〕尼傳考 45

淨暉，本姓楊，建康人也。志道專誠，樂法翹懇。具戒之初，從濟、瑗〔2〕秉學，精思研求，究大乘之奧。十臘之後便爲宗匠。齊文惠帝、竟陵文宣王莫不服膺。

永明八年，竟陵王請於第講《維摩經》，後爲寺主二十餘年，長幼崇奉，如事父母，從爲弟子者四百餘人。年七十二，永明十年卒也。

時寺又有僧要、光淨，並學行有聞也。

考釋：

〔1〕淨暉　案，《龍藏》、《磧沙藏》「暉」做「曜」。

〔2〕濟、瑗　案，瑗，當指法瑗而言，請參上傳〔2〕；濟，則指曇濟而言。《梁傳》卷七〈宋京師中興寺釋曇斌傳〉：「時莊嚴（寺）復有曇濟、曇宗，並以學業才力見重一時，濟述〈七宗論〉，宗著經目及數林。」

簡譜：

421 A. D. 宋武帝永初元年　師生。

490 A. D. 齊武帝永明八年　竟陵王請師於第講《維摩經》，而後爲寺主，時七十歲。

492 A. D. 齊武帝永明十年　師卒，年七十二。

小結：

1. 〈傳〉說師「具戒之初，從濟、瑗秉學……十臘之後便爲宗匠」，其後又因「竟陵王請於第講《維摩經》」，所以歸在「義解」之中。而講《維摩經》，正是傳之於法瑗的。

2. 與師同爲經學義解的，還有：僧要、光淨等。

法音寺曇簡尼傳考 46

曇簡，本姓張，清河〔1〕人也。爲法淨尼〔2〕弟子，住寺〔3〕；遊學淮海〔4〕，弘宣正法，先人後己，志在廣濟。以齊建元四年立法音精舍〔5〕，禪思靜默，通達三昧。德聲遐布，功化自遠，道俗敬仰，盛修供施。時有慧明法師〔6〕，深愛寂靜，本住道林寺〔7〕。永明時爲文惠帝、竟陵文宣王

之所修飾，僧多義學，累講經論，去來誼動，明欲求去；簡以寺爲施，因移白山〔8〕，更立草庵以蔽風雨，應時行乞，取給所資。常聚樵木，云營功德。以建武元年二月十八日夜，登此積薪，引火自焚，捨身〔9〕供養三寶。近村見火，競來赴救；及至，簡已遷滅，道俗哀慟，聲震山谷。即聚所餘，爲立墳刹也。

考釋：

〔1〕清河　屬直隸廣平府清河縣，今河北省清河縣附近。

〔2〕法淨尼　見本論文〈普賢寺法淨尼傳考35〉。

〔3〕案，《龍藏》、《磧沙藏》無此句。

〔4〕淮海　屬江南揚州府，今江蘇省江都縣。

〔5〕法音精舍　請參考本論文〈寺院考〉。

〔6〕慧明法師　案，這應該就是赤城山的釋慧明。《梁傳》卷十二〈齊始豐赤城山釋慧明傳〉說：「釋慧明，姓康，康居人，祖世避地於東吳。明少出家，止章安東寺；齊建元中，與沙門共登赤城山石室……於是棲心禪誦……齊竟陵文宣王聞風祇挹……乃暫出京師到第……以建武末卒於山中。」從此來看，慧明不但「僧多義學」而「累講經論」，他實在是以禪誦而名動天下的；他之所以留在京師，與其說是文宣王對他的禮敬，不如說是曇簡尼施寺的感動。及其知道曇簡尼在白山捨身，也就再無眷戀地「少時，辭還山，苦留不止」（〈釋慧明傳〉語）了。

〔7〕道林寺　請參考本論文〈寺院考〉。

〔8〕白山　案，《景定建康志》卷十七〈山阜〉條說：「白山，在城東三十里。周迴八里、高八十丈，東接竹堂山，南接蔣山，北連攝山，西有水下注平陸。」

〔9〕案，文殊文化有限公司版之《比丘尼傳》作「捨生死身」。

簡譜：

482 A. D. 齊高祖建元四年　師立法音精舍。

494 A. D. 齊明帝建武元年　師於白山積薪，引火自焚。

小結：

1. 師立法音精舍，可以補史志不載之缺。

2. 師施寺與慧明法師，依〈傳〉言，應在永明年間。

3. 師捨身供養三寶，則應該是修習藥王菩薩法門的。

法音寺淨珪尼傳考 47

淨珪，本姓周，晉陵〔1〕人也，寓居建康縣三世矣。珪幼而聰穎，一聞多悟。性不狎俗，早願出家，父母憐之，不違其志。爲法淨尼弟子，住法音寺，德行純邃，經律博通，三業禪密〔2〕無不善達。神量淵遠，物莫能窺。遺身忘味，常自枯槁。其精進總持，爲世法則；傳授訓誘，多能導利當世歸心。

與曇簡尼同憩法音寺，後移白山，栖託樹下，功化轉弘。以建武元年二月八日，與曇簡同夜焚身，道俗哀赴，莫不哽咽，收其舍利，樹封〔3〕刹焉。

考釋：

〔1〕晉陵　屬江南常州府，今江蘇省武進縣。

〔2〕案，文殊文化有限公司版之《比丘尼傳》「業」作「乘」，很是；又，「密」作「祕」，禪祕是修習禪定之法，爲時人之通稱；禪、密則是禪法與密教，考密宗或密咒的傳入與流衍，其時已漸見流衍，如下傳之阿梨道人之善讀誦咒者是。

〔3〕案，文殊文化有限公司版之《比丘尼傳》「封」後多一「墳」字。

簡譜：

494 A. D. 齊明帝建武元年　師於白山積薪，與曇簡尼同日引火自焚。

小結：

1. 案，師與曇簡尼同是法淨尼的弟子，同住在曇簡尼的法音寺；但是根據法淨尼的〈傳〉，是普賢寺主，又是以律學名家，因與寶賢尼齊輩，且身膺都維那。而她的弟子卻焚身供佛，頗不合傳承的事理。

2. 與曇簡尼同日自焚，這是修藥王菩薩法門的行者。

集善寺慧緒尼傳考 48

慧緒，本姓周，閭丘高平〔1〕人也。爲人高率竦遠，見之如丈夫，不似婦人；發言吐論甚自方直，略無所迴避。七歲便蔬食持齋，志節勇猛。十八出家，住荊州三層寺〔2〕，戒業具足，道俗所美。時江陵有隱尼，西土德望，

見緒而異之，遂忘年契意，相攜行道。嘗同居一夏，共習般舟〔3〕，心形勤苦，畫夜不息。

沈攸之〔4〕爲刺史，普簡汰〔5〕僧尼，緒乃避難下都，及沈破敗後復還西。齊太尉大司馬豫章王蕭嶷〔6〕，以昇明末出鎮荊陝，知其有道行，迎請入內，備盡四事。時有玄暢禪師〔7〕，從蜀下荊，緒就受禪法，究極精妙，暢每稱其宿昔不淺。緒既善解禪行，兼茶蔬勵節，豫章王妃及內眷屬，敬信甚深，從受禪法。每有嚫施，受已隨散，不嘗儲蓄。意志高遠，都不以生業關懷。蕭王要共還都，爲起精舍，在第東田之東，名曰福田寺〔8〕，常入第行道。

永明九年，自稱忽忽苦病，亦無正惡，唯不復肯食，顏貌憔顇；苦求還寺，還寺即平愈。旬日中輒復請入，入轉如前，咸不知所以。俄而王薨，禍故相續，武皇帝以東田郊迥，更起集善寺，悉移諸尼還集善；而以福田寺別安外國道人阿梨，第中還復供養，善讀誦咒。緒自移集善寺以後，足不復入第者數年。時內外既敬重此尼，每勸其暫至後第內。

竺夫人〔9〕欲建禪齋，遣信先諮請，尼云：「甚善，貧道年惡，此段實願一入第與諸夫娘別。」既入齋，齋竟，自索紙筆作詩曰：「世人或不知，呼我作老周，忽請作七日，禪齋不得休。（原注：後復有十字道別，今忘之。）」作詩竟，言笑接人，了不異常日高傲也。因具敍離云：「此段出寺方爲永別，年老無復入第理。」時體中甚康健，出寺月餘便云病，乃無有異於恆；少日而卒也。是永元元年十一月二十日卒，時年六十九。周捨〔10〕爲立序贊。

又有德盛尼，德合志同，爲法眷屬，行道習觀，親承音旨也。

考釋：

〔1〕閻丘高平　屬陝西平涼府鎮源縣，今甘肅省固原縣。

〔2〕荊州三層寺　荊州屬湖廣荊州府，今湖北省江陵縣。餘請參考本論文〈寺院考〉。

〔3〕般舟　Pratyutpannasamadhi 的音譯，後漢支樓迦讖譯《般舟三昧經》或稱《大方等大集賢護經》，凡三卷（亦有做一卷者）。其讚曰：「梵語名般舟，此翻爲常行道。或七日、九十日，身行無間，總名三業無間，故名般舟也。」案，行是行走、迴旋的意思；三業，殆指身、口、意而言。行此法者，九十日中身常在走、九十日中口常在唸佛、九十日中意常在佛功德之中，無有休息間斷。

〔4〕沈攸之　《宋書》、《南史》俱各有傳，今據《南史》卷三十七：「攸之，字仲達，慶之從父兄子也。父叔仁，爲宋衡陽王義季征西長史、兼行參軍領隊。攸之少孤貧……累遷郢州刺史。爲政刻暴，或鞭士大夫，上佐以下有忤意，輒面加罵辱；而曉達吏事，自強不息，士庶畏憚，人莫敢欺……泰豫元年，明帝崩……巴西人李承明反……乃以攸之爲鎮西將軍、荊州刺史，加都督……漸懷不臣之心。朝廷制度無所遵奉，富貴擬於王者……有臺直閣高道慶……說攸之反狀……遂舉兵……昇明二年，還向江陵……攸之於櫟林與文和俱自經死……」〈傳〉不寫他簡汰僧尼事，那麼，〈慧緒尼傳〉可以補史之闕了。

〔5〕案，文殊文化有限公司版之《比丘尼傳》作「沙簡」。

〔6〕齊太尉大司馬豫章王蕭嶷　《南齊書》卷二十三、《南史》卷四十二並有傳。案，蕭嶷，字宣儼，齊高帝第二子也，蓋昭皇后所出。史言其「上流平後，武帝自尋陽還，嶷出爲都督、江州刺史；以定策功，改封永安縣公，仍徙鎮西將軍、都督、荊州刺史。」而沒有確言時日，則〈本傳〉可以補史之漏。再者，豫章王蕭嶷之篤信佛法，即正史之中，也是明載其事的。〈本傳〉記他臨終的訓誡，說：「朝服之外，唯下鐵環刀一口。作冢勿令深，一一依格，莫過度也。」立身的儉約，使他在四十九歲的英年，成就了治國安民的偉業；〈傳〉又說：「後堂樓可安佛，供養外國二僧，餘皆如舊。與汝遊戲後堂船乘，吾所乘牛馬送二宮及司徒；服飾、衣裘，悉爲功德。」這是供養佛、法、僧以及於眾生的誠信。其後，武帝又爲他創建了集善寺。《南史》卷四十二〈本傳〉說：「嶷薨後，第庫無見錢；武帝敕貨雜物、服飾數百萬，起集善寺，月給第見錢百萬，至上崩乃省。」

〔7〕玄暢禪師　案，即《梁傳》卷八之〈齊蜀齊后山釋玄暢〉：「釋玄暢，姓趙，河西金城人……以元嘉二十二年（445 A. D.）閏五月十七日發自平城，路由代郡、上谷，東跨太行，路經幽、冀南轉，將至孟津……以八月一日達於揚州。洞曉經律，深入禪要……迄宋之季年，乃飛舟遠舉，迺適成都，初止大石寺……至昇明三年（479 A. D.）又遊西界，觀矚岷嶺……齊驃騎豫章王嶷作鎮荊陝，遣使徵請……」師殆傳玄高之法，而在岷山郡北部廣陽縣界的齊后山立齊興寺，時爲齊

建元元年（479 A. D.）。

〔 8 〕福田寺　請參考本論文〈寺院考〉。

〔 9 〕竺夫人　史傳不載，但是「夫人」的位望甚高。《南齊書》卷二十〈后妃傳〉說：「六宮位號，漢魏以來因襲增置，世不同矣。建元元年，有司奏置貴嬪、夫人、貴人爲三夫人，脩華、脩儀、脩容、淑妃、淑媛、淑儀、婕妤、容華、充華爲九嬪，美人、中才人、才人爲散職。」

〔10〕周捨　當時佛教界的一大護法，《梁書》卷二十五、《南史》卷三十四並有傳。略謂：「周捨，字昇逸。汝南安城人，晉左光祿大夫顗之八世孫也，父顒，齊中書侍郎，有名於時。」史不言其信佛、護法，僅載梁武帝的哀詔，說他：「清貞自居，食不重味，身靡兼衣。終亡之日，內無妻妾，外無田宅，兩兒單貧，有過古烈者。」

簡譜：

431 A. D. 宋文帝元嘉八年　師生。

438 A. D. 宋文帝元嘉十五年　師七歲便蔬食持齋。

449 A. D. 宋文帝元嘉二十六年　師十八歲，出家。

478 A. D. 宋順帝昇明二年　齊太尉大司馬豫章王蕭嶷，出鎮荊陝，知師有道行，乃迎請入內，備盡四事。時有玄暢禪師，從蜀下荊，緒就受禪法。豫章王妃及內眷屬，於師敬信甚深，因從受禪法。蕭王要共還都，爲起精舍，在第東田之東，名曰福田寺。時師四十七歲。

491 A. D. 齊武帝永明九年　太尉大司馬豫章王蕭嶷薨，武皇帝以東田郊迴，更起集善寺，悉移諸尼還集善；而以福田寺別安外國道人阿梨。時師六十一歲。

499 A. D. 齊東昏侯永元元年　師卒，年六十九。

小結：

1. 沈攸之〈傳〉不寫他簡汰僧尼事，則〈慧緒尼傳〉可以補史之闕了。

2. 案，從師之〈本傳〉，有兩點值得注意：一是密宗已入中原，且受到王者的愛護；二是禪、密已經形成了實質上的衝突了。

3. 「夫娘」一詞，可以訂正《輟耕錄》之誤。

錢塘齊明寺超明尼傳考 49

超明，本姓范，錢塘人。父先〔1〕，少為國子生，世奉大法。明幼聰穎，雅有志向；讀五經，善文義，方正有禮，內外敬之。

年二十一，夫亡寡居；鄉鄰求嫂，誓而弗許。因遂出家，住崇隱寺〔2〕，神理明徹，道識清悟。聞吳縣北張寺〔3〕有曇整法師〔4〕，道行精苦，從受具足。

後往塗山聽慧基法師〔5〕講說眾經，便就義旨，一經於耳，退無不記，三吳士庶內外崇敬。尋還錢塘，移憩齊明寺〔6〕。年六十餘，建武五年而卒也。

時又有法藏尼，亦以學行馳名。

考釋：

〔1〕案，《龍藏》、《磧沙藏》「先」作「考」。

〔2〕崇隱寺　請參考本論文〈寺院考〉。

〔3〕吳縣北張寺　吳縣，屬江南蘇州府，今江蘇省吳縣。北張寺，請參考本論文〈寺院考〉。

〔4〕曇整法師　待考。

〔5〕塗山慧基法師　案，《梁傳》卷八有〈齊山陰法花山釋慧基傳〉，略謂：「釋慧基，姓偶，吳國錢塘人。」從慧義出家，師事僧伽跋摩，於是善《小品》、《法花》、《維摩》、《金剛波若》、《勝鬘》等經。案，塗山在今安徽省懷遠縣，屬江南鳳陽府；《梁傳》則作龜山，「元徽中復被徵詔，始行過浙水，復動疾而還，乃於會邑龜山立寶林精舍。」龜山，也在江南鳳陽府，今安徽省盱眙縣東北三十里。

〔6〕齊明寺　請參考本論文〈寺院考〉。

簡譜：

498 A. D. 齊明帝建武五年　師卒，年六十餘。

小結：

1. 師從曇整法師，受具足戒；而不知曇整法師，持何戒範，真是可惜。

2. 師從慧基法師講說眾經，則應是義解門之師資，且與基法師同弘法於三吳。

3. 又有法藏尼，亦以學行馳名。

法音寺曇勇尼傳考 50

曇勇者,曇簡尼之姊也。爲性剛直,不隨物以傾動;常以禪律爲務,不以衣食經懷。憩法音精舍,深悟無常,高崇我樂〔1〕。

以建武元年隨簡同移白山,永元三年二月十五日夜,積薪自燒,以身供養。

考釋:

〔1〕我樂　即「常樂我淨」的修持境地。

簡譜:

495 A. D. 齊明帝建武元年　師隨曇簡尼同移白山。

501 A. D. 齊東昏侯永元三年　師二月十五日夜,積薪自燒,以身供養。

小結:

師也是修「藥王菩薩品」的。

剡齊興寺德樂尼傳考 51

德樂,本姓孫,毗陵〔1〕人也。高祖毓〔2〕,晉豫州刺史。

樂生而口有二牙,及長,常於闇室不假燈燭,了了能見。願樂離俗,父母愛惜而不敢遮;至年八歲,許其姊妹同時入道,爲晉陵光尼〔3〕弟子。具足以後,並遊學京師,住南永安寺。篤志精勤,以晝繼夜,窮研經律,言談典雅,宋文帝嘉善之。

元嘉七年,外國沙門求那跋摩〔4〕,宋大將軍立王園寺(原注:在枳園寺路北也。)〔5〕請移住焉。到十一年,有師子國比丘尼十餘人至,重從僧伽跋摩受具足戒。

至二十一年,同寺尼法淨〔6〕、曇覽染孔熙先〔7〕謀,人身窮法,毀壞寺舍,諸尼離散;德樂移居東青園,諮請深禪,窮究妙境。及文帝崩,東遊會稽,止於剡之白山照明精舍〔8〕,學眾雲集,從容教授,道盛東南矣。

齊永明五年,陳留阮儉〔9〕,篤信士也,捨所居宅,立齊興精舍〔10〕。樂綱紀,大小悅服,遠近欽風,皆願依止,徒眾二百餘人。不聚嚫施,歲建大講,僧尼不限,平等資供。年八十一,永元三年卒。

剡有僧茂尼,本姓王,彭城人也。節食單蔬,勤苦爲業,用其嚫遺,紀竹園精舍〔11〕焉。

考釋：

〔1〕 毗陵 即晉陵，今江蘇省武進縣。《讀史方輿紀要》卷二十五〈江南常州府武進縣〉條：「武進縣，附郭。本吳之延陵邑，季札所居。漢曰毗陵縣，屬會稽郡；後漢屬吳郡，晉初因之，屬毗陵郡。永嘉末，改曰晉陵縣，屬晉陵郡。」是也。

〔2〕 孫毓 《三國志》卷十八〈臧霸〉的附傳，有其傳，說：「聞黃巾起，（霸）從陶謙擊破之，拜騎都尉，遂收兵於徐州。與孫觀、吳敦、尹禮並聚眾，霸為帥，屯於開陽……孫觀亦至青州刺史假節從太祖討孫權，戰被創，薨；子毓嗣，亦至青州刺史。」今考《晉書》、《宋書》、《南齊書》，知孫毓蓋一博學多聞之士，《隋書》卷三十五〈經籍志四〉載有：「晉汝南太守孫毓集六卷」清朱彝尊《經義考》卷一〇二談到本書，說：「陸德明曰：『晉豫州刺史孫毓為詩評，評毛、鄭、王肅三家同異，朋於王。』又曰：『揚之水不流束蒲。毛云草也，鄭云蒲柳也。孫毓評云：蒲草之聲不與戍許相協，箋義為長。』今則二蒲之音未詳其異。王應麟曰：『正義引之。』按《隋志·別集類》有晉汝南太守孫毓集六卷，一孫毓也；一以為長沙守，一以為汝南守，一以為豫州刺史，未審孰是？」以〈本傳〉律之，應以豫州刺史為是；至於他的任期，則未見有記載者。但是夷考《文獻通考》卷一二一〈王禮考〉有一條說：「（魏）明帝時毛皇后崩未謐，詔宜稱大行；尚書孫毓奏：武宣皇后崩未謐時稱太后。」又，卷二五七〈帝系考八〉云：「晉制：皇帝會，公卿座位定太子後。至孫毓，以為羣臣不應起。禮曰：父在斯為子，君在斯為臣；侍坐於所尊，見同等不起，皆以為尊無二上，故有所厭之義也。昔衛綰不應漢景之召，釋之正公門之法，明太子事同於羣臣，羣臣亦統一於所事，應依同等不起之禮。明帝太寧三年，詔曰：漢、魏以來，尊崇儲貳，使官屬稱臣，朝臣咸拜，此甚無謂。」考毛皇后之崩，在景初元年（237 A. D.），而東晉明帝太寧三年（325 A. D.），其間相距幾九十年，則孫毓已近百歲，恐怕不能實任刺史了；或者只是一虛銜而已，因訂在是年而存疑。

〔3〕 晉陵光尼 案，晉陵應該是地名，後來在此立寺，因名「晉陵寺」，如〈本傳〉有「南晉陵寺」是。（見〈南晉陵寺釋令玉尼傳考 60〉）光尼，待考。

〔 4〕「元嘉七年，外國沙門求那跋摩，到十一年，有師子國比丘尼十餘人
　　至」　七年應改爲八年，十一年應改爲十年，詳情請參考本論文〈景
　　福寺慧果尼傳考 14〉。

〔 5〕王園寺　《大正大藏》校，「園」或做「國」。案，《宋書》卷六十九
　　〈范曄傳〉做「國」字。餘請參考本論文〈寺院考〉。

〔 6〕法淨　案，《宋書》卷六十九〈范曄傳〉做「法靜」，並說：「有法略
　　道人，先爲義康所供養，粗被知待。又有王國寺法靜尼，亦出入義康
　　家內，皆感激舊恩，規相拯拔，並與（孔）熙先往來。使法略罷
　　道，本姓孫，改名景玄，以爲臧質寧遠參軍。熙先善於治病，兼能診
　　脈；法靜尼妹夫許耀領隊，在臺宿衛殿省，嘗有病，因法靜尼就熙先
　　乞治……密相酬和。法靜尼南上，熙先遣婢採藻隨之，付以牋書，
　　陳說圖讖。法靜還，義康餉熙先銅匕……」以上是法靜尼參與謀反的
　　事證。

〔 7〕孔熙先　是孔默之之子，〈傳〉見《宋書》卷六十九〈范曄傳〉：「魯
　　國孔熙先，博學有縱橫才志，文史星算無不兼善……（彭城王）義
　　康……潛結腹心，規有異志，聞熙先有誠，密相結納……二十二年九
　　月，征北將軍衡陽王義季、右將軍南平王鑠出鎮，上武帳岡祖道。（范）
　　曄等期以其日爲亂……諸所連及，並伏誅……」

〔 8〕照明精舍　詳本論文〈寺院考〉。

〔 9〕阮儉　不知何許人也，但是根據〈傳〉說是陳留人，則阮氏地望應在
　　此。考《三國志》卷二十一〈阮瑀傳〉便說是陳留尉氏人，即河南開
　　封府尉氏縣。

〔10〕案，《龍藏》、《磧沙藏》「興」作「明」。齊興精舍，詳本論文〈寺院
　　考〉。

〔11〕竹園精舍　詳本論文〈寺院考〉。

簡譜：

420 A. D. 宋武帝永初元年　師生。

428 A. D. 宋文帝元嘉五年　師八歲，與其姊妹同時入道，爲晉陵光尼弟
　　子。

433 A. D. 宋文帝元嘉十年　師十三歲，重從僧伽跋摩受戒。

444 A. D. 宋文帝元嘉二十一年　師二十四歲，同寺尼法淨、曇覽牽連了孔

熙先謀反的事體，弄得人身窮法，毀壞寺舍，諸尼離散，師只得移居東青園。

453 A. D. 宋文帝元嘉三十年　師三十三歲，文帝崩；師東遊會稽，止於剡之白山照明精舍。

487 A. D. 齊武帝永明五年　陳留阮儉捨所居宅，立齊興精舍。時師六十七歲。

500 A. D. 齊東昏侯永元三年　師卒，年八十一。

小結：

1. 師於十三歲即從僧伽跋摩受具足戒。

2. 王園寺，根據《宋書》應該是王國寺。

3. 師及法淨、曇覽參與了孔熙先的陰謀叛亂，則當時尼師在宮廷之中、社會之上的活動力，就可以想見了。

禪林寺淨秀尼傳考 52

淨秀，本姓梁，安定烏氏〔1〕人也。祖疇〔2〕，征虜司馬；父粲之〔3〕，龍川縣〔4〕都鄉侯。

淨秀幼而聰叡，好行慈仁。七歲自然持齋，家中請僧轉《涅槃經》〔5〕，聞斷魚肉，即便蔬食；不敢令二親知，若得鮭鱔，密自棄之。從外國沙門普練〔6〕諮受五戒，精勤奉持，不曾違犯；禮拜讀誦，晝夜不休。年十二便求出家，父母禁之；及手能書，常自寫經，所有資財唯充功德，不營俗好，不衣錦繡，不著粉黛。如此推遷，至十九方得聽許，為青園寺首尼〔7〕弟子。事師竭誠，猶懼弗及；三業勤修，夙夜匪懈。僧使眾役，每居其首，跋涉勤劬，觸事關涉。善神敬護，常在左右。

時有馬先生，世呼神人也。見秀，記言：「此尼當生兜率。」嘗三人同於佛殿內坐，忽聞空中聲，狀如牛吼，二人驚怖；唯秀淡然，還房取燭，始登堦，復聞空中語曰：「諸尼避路，秀禪師歸。」他日，又與數人於禪房中坐，一尼鼾眠睡中，見有一人頭柱殿，語曰：「勿驚秀尼。」後時與諸尼同坐，一尼暫起，還見一人抵掌止之曰：「莫撓秀尼。」進止俯仰，必遵律範。

欲請曜法師講《十誦律》〔8〕，但有錢一千，憂事不辦；夜夢見鵶鵲鸜鴿子，各乘軒車，大小稱形，同聲唱言：「我當助秀尼講。」及至經營，有七十檀越爭設妙供。後又請法穎法師重講《十誦》〔9〕，開題之日，澡罐中

水自然香馥。其日就坐，更無餘伴；起懼犯獨，以諮律師，律師答言：「不犯。」秀觀諸尼未盡如法，乃歎曰：「洪徽未遠，靈緒稍隤；自非正己，焉能導物？」即行摩那埵〔10〕，以自悔首；合眾見之，悉共相率，退思補過，慚愧懺謝。

宋元嘉七年外國沙門求那跋摩至都〔11〕，律範清高，秀更從受戒；而青園徒眾悟解不同，思立別住；外嚴法禁，內安禪默，庶微稱己心。

宋南昌公主〔12〕及黃修儀〔13〕，以大明七年八月，共施宜知地，以立精舍。秀麻衣蔬食，躬執泥瓦，夙夜盡勤，製龕造像，無所不備。同住十餘人，皆以禪定爲業。泰始三年明帝敕以寺從其所集，宜名禪林。秀手寫眾經，別立經臺，置在于堂內。娑伽羅龍王〔14〕二兄弟現跡彌日，示其擁護，知識往來無不見者。每奉請聖僧，果食之上必有異跡。又嘗七日供養禮懺訖，攝心澍想，即見二胡僧舉手共語，一稱彌呿羅〔15〕、一稱毗佉羅〔16〕，所著袈裟色如熟桑椹。秀即以泥染衣色，令如所見。他日，又請阿耨達池〔17〕五百羅漢，復請罽賓國五百羅漢，又請京邑大德二旬大會。第二日，又見一胡僧，合眾疑之，因即借問。云：「從罽賓來，至已一年。」使守門者密加覘視，多人共見從宋林門出，始行十餘步，奄乎不見。又曾浴僧，內外寂靜，唯有犧杓之聲。其諸瑞異，皆此類也。齊文惠帝、竟陵文宣王厚相禮待，供施無廢。年耆力弱，不復能行。梁天監三年，敕見聽乘輿至內殿。

五年六月十七日，苦心悶亂，不復飲食。彭城寺慧令〔18〕法師夢見一柱殿，嚴麗非常，謂是兜率天宮。見淨秀在其中，令即囑之曰：「得生好處，勿忘將接。」秀曰：「法師兄是大丈夫，弘通經教，自應居勝地。」令聞秀病，往看之，述夢中事。至七月十三日小間，自夢見幡蓋樂器在佛殿西；二十二日，請相識僧會別。二十七日告諸弟子：「我生兜率天。」言絕而卒，年八十九。

考釋：

〔1〕安定烏氏　屬陝西平涼府涇州，今甘肅省涇川縣。

〔2〕梁疇　待考。

〔3〕梁粲之　待考。

〔4〕龍川縣　屬廣東惠州府河源縣，今廣東省龍川縣西北。

〔5〕涅槃經　即《大般涅槃經》，見下文。

〔6〕普練　待考。

〔7〕青園寺首尼 青園寺，應該是東青園寺；首尼，應該是業首尼。案，〈東青園寺業首尼傳考 30〉說到青園寺的創建：「元嘉二年（425 A. D.）王景深母范氏，以王坦之故祠堂地施首，起立寺舍，名曰青園。齋肅徒眾，甚有風規。」這是早期的青園寺。寺既建成，又因業首尼的戒行，感動了妃嬪，於是「潘貴妃歎曰：『首尼弘振佛法，甚可敬重』以元嘉十五年（438 A. D.）為首更廣寺西，創立佛殿；復拓寺北，造立僧房。賑給所須，寺業興立，眾二百人，法事不絕。」這是就原來的規制更加擴建的。其後，到法全尼時，因為「寺既廣大，閱理為難。泰始三年（467 A. D.），眾議欲分為二寺；時寶嬰尼求於東面起立禪房更構靈塔，於是始分為青園東寺。」這就是其後有東、西青園寺的由來。

〔8〕曜法師講《十誦律》 曜法師，當即是慧曜法師，《梁傳》卷十三〈宋彭城郡釋道儼傳〉說釋道儼既精於《毗尼》、《四部》，又能融會眾家；因為恐怕東來的戒律有訛，後人無所諮訪，於是會其旨歸，作了一部《決正四部毗尼論》。在這樣的律部大師傳裏，末後附〈傳〉說：「時棲玄寺又有釋慧曜者，亦善《十誦》」，可見曜法師確是這一方面的大師了。其他請參考本論文〈地域與宗教的關係〉章。

〔9〕法穎法師重講《十誦》 請參考本論文〈普賢寺寶賢尼傳考 34〉及〈比丘尼受具足戒的爭執〉節、〈法系考〉章等。

〔10〕摩那埵 巴利文作 Manatta，意為出家僧尼若不經意，犯了僧殘罪行；因行了懺悔之後，便得洗除罪業，使已、使其他僧尼喜悅，乃稱摩那埵。

〔11〕求那跋摩至都 案，《梁傳》說求那跋摩在元嘉八年的九月二十八日捨壽，慧果、淨音等因此竟不能得戒；何況元嘉七年，淨秀尼師才十二歲，還不許出家，直到十九歲父母「方得聽許」；這時求那跋摩已經捨壽六年了，怎麼能更從求那跋摩受戒？我想是師於十九歲出家，在僧伽跋摩離華之前（元嘉十九年，442 A. D.），師嘗「更從受戒」。而因為有前回寶賢尼的干涉，才又引起了「青園徒眾悟解不同，思立別住」的抗手吧？餘請參考本論文〈景福寺慧果尼傳考 14〉。

〔12〕宋南昌公主 待考。

〔13〕黃修儀 案，修儀是後宮的女官名。《南史》卷十一〈后妃傳上〉論

到歷代女官的建置，說：「六宮位號，前史代有不同。晉武帝采漢魏之制，置貴嬪、夫人、貴人，是爲三夫人，位視三公；淑妃、淑媛、淑儀、修華、修儀、修容、婕妤、容華、充華是爲九嬪，位視九卿；其餘有美人、才人、中才人，爵視千石以下。宋武帝省二才人，其餘仍用晉制。案，……修儀，魏明帝所制……及孝武孝建三年……置昭儀、昭容、昭華，以代修華、修儀、修容……」可見修儀之置，不能晚於宋孝武孝建三年之時。黃修儀因爲是位視九卿，所以有能力和南昌公主施宜知之地以立精舍了。

〔14〕娑伽羅龍王　娑伽羅是梵語 Sagara 的音譯，爲鹹海之一，《法華經》往往言之。

〔15〕彌呿羅　待考；或如下條之人物。

〔16〕毗佉羅　梵語 Vikara 的音譯，爲須達長者家的老婢，替須達長者掌管庫藏財寶的。常腰繫數百鑰匙，長者家的出納取與，一應委之。後來被羅睺羅感化而歸佛。事見〈觀佛三昧海經六〉及《法苑珠林》卷九十六。

〔17〕阿耨達池　在喜瑪拉雅山上，是恆河的水源，見《大唐西域記》卷一。

〔18〕慧令　《梁傳》卷九〈齊京師太昌寺釋僧宗傳〉提到慧令善數論，卻是安樂寺僧；不過，數論乃禪學之一，與淨秀尼所學頗近似。

簡譜：

418 A. D. 東晉安帝義熙十四年　師生，梁沈約〈齊禪林寺尼淨秀行狀〉說她的父親「仕宋征虜府參軍」那是襲其父職了。

425 A. D. 宋文帝元嘉二年　師七歲，自然持齋，從外國沙門普練諮受五戒。

430 A. D. 宋文帝元嘉七年　師十二歲，便求出家；父母禁之。

431 A. D. 宋文帝元嘉八年　外國沙門求那跋摩至都，師十三歲。

437 A. D. 宋文帝元嘉十四年　師十九歲，出家，爲青園寺業首尼弟子。從僧伽跋摩重受具戒，引發徒眾的抗爭。

463 A. D. 宋武帝大明七年　師四十五歲，宋南昌公主及黃修儀於八月，共施宜知地，以立精舍。

467 A. D. 宋明帝泰始三年　師四十九歲，敕以寺從其所集，宜名禪林寺。

494 A. D. 宋明帝泰始三年　師七十六歲，自廣州迎請〈善見律毗婆沙律〉來京。

504 A. D. 梁武帝天監三年　師八十六歲，敕見聽乘輿至內殿。

506 A. D. 梁武帝天監五年　師八十九歲。六月十七日，彭城寺慧令法師夢見師在兜率天中；二十七日告諸弟子：「我生兜率天。」言絕而卒。

小結：

1. 師先從外國沙門普練諮受五戒，其後精研《十誦律》，又從僧伽跋摩「更從受戒」。

2. 師在更從受戒時，頗受同寺尼師的抵制、反彈，〈傳〉說：「其日就坐，更無餘伴；起懼犯獨，以諮律師，律師答言：『不犯。』秀觀諸尼未盡如法，乃嘆曰：洪徽未遠，靈緒稍隤……」又說：「青園徒眾悟解不同，思立別住；外嚴法禁，內安禪默，庶微稱己心。」已經透露出守持戒律不同，而爭端時起的消息了。

3. 師殆一精研律部的尼師，《出三藏記集》卷十一〈善見律毗婆沙記第十五〉特別提到敬禮「律藏」的態度，實在令人動容〔註14〕。並以絲絨織造〈千佛記〉。〔註15〕

4. 禪林寺，是宋南昌公主及黃修儀在大明七年八月，共施宜知地，所創立的。

5. 師蓋求生兜率者。

6. 祖梁疇、父梁粲之，一為宋征虜司馬，一為龍川縣都鄉侯，皆可以補史之缺。再者，彼等本北人，乃南遷至廣東者。

禪林寺僧念尼傳考 53

　　僧念，本姓羊，泰山南城〔1〕人也。父彌〔2〕，州從事吏。念即招提寺曇叡〔3〕法師之姑也。珪章早秀，才鑒明達，立德幼年，十歲出家，為法

〔註14〕「齊永明十年、歲次實沈、三月十日，禪林比丘尼淨秀聞僧伽跋陀羅法師於廣州共僧禕法師譯出梵本〈善見律毗婆沙律〉一部十八卷，京師未有，渴仰欲見。僧伽跋陀羅其年五月還南，憑上寫來，以十一年、歲次大梁、四月十日得律還都，頂禮執讀，敬寫流布。仰惟世尊泥洹已來年載，至七月十五日受歲竟，於眾前謹下一點，年年如此，感慕心悲，不覺流淚。」（見《出三藏記集》卷十一〈善見律毗婆沙記第十五〉）

〔註15〕仝上之〈法苑雜緣原始集目錄序第七〉。

護尼〔4〕弟子，從師住太后寺〔5〕。貞節苦心，禪思精密；博涉多通，文義兼美。蔬食禮懺，老而彌篤，誦《法華經》，日夜七遍。宋文、孝武二帝常加資給。

齊永明中〔6〕移住禪林寺，禪範大隆，諸〔7〕學者眾。司徒竟陵王四事供養。年九十，梁天監三年卒，葬秣陵縣〔8〕中興里內。

考釋：

〔1〕泰山南城　泰山，今山東省泰安縣；南城也在山東省境，屬沂州費縣。

〔2〕羊彌　沂州從事吏，僧念尼之父。

〔3〕招提寺曇叡

〔4〕法護尼　太后寺尼，僧念之從學師。

〔5〕太后寺　詳本論文〈寺院考〉。

〔6〕案，《龍藏》、《磧沙藏》作「永明十年」。

〔7〕案，《龍藏》、《磧沙藏》「諸」作「謟」，是也。

〔8〕秣陵縣　屬金陵道，今江蘇省江寧縣。

簡譜：

415 A. D. 東晉安帝義熙十一年　師生。

425 A. D. 宋文帝元嘉二年　師十歲出家，爲法護尼弟子，住太后寺。

492 A. D. 齊武帝永明十年　師七十八歲，移住禪林寺。

504 A. D. 梁武帝天監三年　師卒，年九十，葬秣陵中興里。

小結：

1. 師是曇叡法師之姑，那是受家庭因素影響而入道的一例了。

2. 師殆習禪而有成者也。

成都長樂寺曇暉尼傳〔1〕考 54

曇暉，本姓青陽〔2〕，名白玉，成都〔3〕人也。幼樂修道，父母不許。

元嘉九年，有外國禪師畺良耶舍，入蜀大弘禪觀。暉年十一，啓母求請禪師，欲諮禪法，母從之。耶舍一見，歎此人有分，令其修習，囑法育尼〔4〕，使相左右。母已許嫁於暉之姑子，出門有日，不展餘計；育尼密迎還寺，暉深立誓願：「若我道心不遂，遂至逼迫者，當以火自焚耳。」刺史甄法崇〔5〕聞之，遣使迎暉；集諸綱佐及有望之民，請諸僧尼窮相難盡。法崇問曰：「汝審能出家不？」答曰：「微願久發，特乞救濟。」法崇曰：「善。」遣使語姑，

姑即奉教。從法育尼出家，年始十三矣。從昱〔6〕學修觀行，裁得稟受，即於座末便得入定，見東方有二光明，其一如日而白，其一如月而青，即於定中立念云：「白者必是菩薩道，青者聲聞法；若審然者，當令青者銷而白光熾。」即應此念，青光遂滅，白光熾滿。及至起定，爲昱尼說；昱尼善觀道，聞而歡喜讚善。時同坐四十餘人，莫不見歎其稀有也。

後婿心疑，以爲奸詐，相率抄取，將歸其家；疊暉時年十六矣，以婢使營衛，不受侵逼。婿無如之何，復以訴州；刺史賞異，問疊良耶舍曰：「此人根利，愼勿違之。若婿家須相分解，費用不足者，貧道有一蒼頭，即爲隨喜。」於是解釋。後於禪中自解佛性，常住大乘等義，並非師受。時諸名師極力問難，無能屈者，於是聲馳遠近，莫不歸服。宋元嘉十九年，臨川王臨南兗〔7〕，延之至鎮，時年二十一。驃騎牧陝，復攜住南楚〔8〕，男女道俗北面擁篲者千二百人。

歲月稍淹，思母轉至，固請還鄉。德行既高，門徒日眾；於市橋西北自營塔廟，殿堂廂廊倏忽而成。復營三寺，皆悉神速，莫不歎服，稱有神力焉。年八十三，天監三年而卒。

初，張峻〔9〕隨父母益州〔10〕，嘗忽然直往，不令預知；同行賓客三十許人，坐始定便下菓糉〔11〕，並悉時珍。刺史劉峻〔12〕後嘗牽往，亦復如之。梁宣武王〔13〕嘗送物，使暉設百人會，本言不出，臨中自往；乃至，乃有三百僧并王佐吏近四百人。將欲行道，遣婢來倩人下食，即遣人〔14〕，唯見二弟子及二婢奠食，都無雜手力，王彌復歎之不可量也。或問暉者〔15〕：「見師生徒不過中家之產，而造作云爲有若神化，何以至此耶？」答云：「貧道常自無居貯，若須費用役，五三金而已；隨復有之，不知所以而然。」故談者以爲無盡藏焉。

時又有花光尼，本姓鮮于〔16〕，深禪妙觀，洞其幽微。遍覽《三藏》，兼傍百氏；尤能屬文，述暉贊頌，詞旨有則，不乖風雅焉。

考釋：

〔1〕〈本傳〉又見《法苑珠林》卷二十二、《冥祥記》。

〔2〕青陽　案，請詳本論文〈罕見姓氏考〉之（六）。

〔3〕成都　屬西川道，今四川省成都府成都縣。

〔4〕法育尼　疊暉尼之剃度師也。

〔5〕甄法崇　《南史》卷六十有傳，傳中敘及法崇爲鬼魂繆士通伸冤，其

孫甄彬彬向長沙寺質錢事，可以看出事佛的情景〔註16〕。再者，寺院可以質錢給民間，這是當時寺院的社會功能之一，也可由此考見其時寺院的經濟來源之情狀。另外，甄法崇爲刺史，也是史所不書的。

〔6〕案，《龍藏》、《磧沙藏》「昱」作「育」。當是尼師，而從畺良耶舍修習禪觀者，因爲〈本傳〉後文說：「及至起定，爲昱尼說；昱尼善觀道，聞而歡喜讚善。」可以爲證。

〔7〕南兗　殆指廣陵城而言，即在今江蘇省江都縣東北四里許的地方，屬江南揚州府。

〔8〕南楚　當在河南陝縣之境，因爲前文云：「驃騎牧陝」，陝就是河南的陝縣。

〔9〕張峻　後漢有張峻其人，因時代相差過遠，應該不是同一人。

〔10〕益州　即今四川省成都縣。

〔11〕案，《龍藏》、《磧沙藏》作「果粽」。

〔12〕案，《龍藏》、《磧沙藏》作「劉悛」。《梁書》卷五十、《南史》卷三十五都有他的〈傳〉，甚至於《冊府元龜》等等也常引其事，但都歸諸文學類，並說他好讀書，即出仕，也不過至法曹參軍而止，應無刺史之銜。考《南齊書》卷三〈武帝紀〉說劉悛是在永明九年（491 A. D.）任益州刺史，其〈傳〉則見《南齊書》卷三十七。

〔13〕梁宣武王　《南史》卷五十一有傳：「長沙宣武王懿，字元達，文帝長子也。」史不言其奉佛；但在其子蕭藻的傳裏，說到武帝稱讚的話，說：「中大通三年，爲中軍將軍、太子詹事，出爲丹陽尹。帝每稱其小字，歎曰：子弟並如迦葉，吾復何憂？」從此可知殆是奉佛的世家，而〈本傳〉也可以補史之缺。

〔14〕案，本段文字甚不雅馴，大意是說師之精誠可以動鬼神爲役使也。原文是：「初，張峻隨父母益州，嘗忽然直往，不令預知；同行賓客三十許人始坐定，便下果粽並悉時珍。刺史劉峻後嘗率往，亦復如之。梁宣武嘗送物，使爲百人會，本言不出，臨中自往；及至乃有三百僧，並王佐吏近四百人。將欲行道，遣婢來倩人下食，即遣人。」云云。

〔註16〕《南史》卷六十云：「法崇孫彬彬有行業，鄉黨稱善。嘗以一束苧，就州長沙寺庫質錢；後贖苧還，於苧束中得五兩金，以手巾裹之。彬得，送還寺庫，道人驚云：『近有人以此金質錢時，有事不得舉而失，檀越乃能見還。』輒以金半仰酬，往復十餘，彬堅然不受。」

宋釋洪覺範嘗嘲笑寫僧傳的學者傳家，造語多不雅馴；不過，此處或有脫落吧？

〔15〕案，《龍藏》、《磧沙藏》「者」作「曰」。

〔16〕案，《龍藏》、《磧沙藏》無「于」字。

簡譜：

422 A. D. 宋武帝永初三年　師生。

432 A. D. 宋文帝元嘉九年　有外國禪師畺良耶舍，入蜀大弘禪觀。時師年十一，啟母求請禪師，欲諮禪法，母從之；耶舍一見，囑法育尼，使相左右。

434 A. D. 宋文帝元嘉十一年　刺史甄法崇使從法育尼出家，時師年始十三矣，乃從昱尼學修觀行。

437 A. D. 宋文帝元嘉十四年　婿心疑，以爲奸詐，相率抄取，將歸其家，時師年十六矣；畺良耶舍乃爲之解釋，師始能安心出家。

442 A. D. 宋文帝元嘉十九年　臨川王臨南兗，延之至鎮，時師年二十一。

504 A. D. 梁武帝天監三年　師卒，年八十三。

小結：

1. 可以訂正畺良耶舍入蜀應該是元嘉九年，而不是《梁傳》的十九年，詳本論文〈景福寺法辯尼考 31〉。

2. 師之禪觀修習，殆從耶舍而來的。

3. 又有花光尼，既深於禪觀，又能遍覽《三藏》，兼傍百氏；而且尤能屬文，這是彼時尼師之難得者。

4. 鮮于之姓，可以補氏族譜之不足。

偽高昌都郎中寺馮尼傳考 55

馮尼者，本姓馮，高昌〔1〕人也。時人敬重，因以姓爲號。年三十出家，住高昌都郎中寺〔2〕，茱蔬一食，戒行精苦；燒六指供養，皆悉至掌。誦〈大般涅槃經〉〔3〕，三日一遍。

時有法慧法師〔4〕，精進邁群，爲高昌一國尼依止師。馮後忽謂法惠言：「阿闍梨未〔5〕好，馮是闍梨善知識，闍梨可往龜茲國，金花〔6〕帳下直月聞，當得勝法。」法惠聞而從之，往至彼寺見直月。直月歡喜，以葡萄酒一升〔7〕與之令飲，法惠驚愕：「我來覓勝法，翻然飲我？」非法之物不肯

飲，直月推背，急令出去。法惠退思：「我既遠來，未達此意，恐不宜違。」即頓飲之，醉吐迷悶，無所復識，直月便自他行。法惠酒醒，自知犯戒，追大慚愧，自搥其身，悔責所行，欲自害命；因此思惟，得第三果。直月還問曰：「已得耶？」答曰：「然。」因還高昌。未至二百里，初無音信，馮呼尼眾遠出迎候。先知之跡，皆類此也。

　　高昌諸尼，莫不師奉。年九十六，梁天監三年卒。

考釋：

〔1〕高昌　即今新疆省吐魯蕃。《魏書》卷一〇一〈高昌〉條：「高昌者，車師前王之故地，漢之前部地也。東西二千里、南北五百里，四面多大山……漢西域長史、戊己校尉並居於此。晉以其地爲高昌郡……俗事天神，兼信佛法……麴嘉朝貢不絕。又遣使奉表，自以邊遐，不習典誥，求借《五經》、諸史，並請國子助教劉變以爲博士，肅宗許之。」這就是說，高昌其時已然有佛法而且華化了。其實本條也說：「去敦煌十三日行，國有八城，皆有華人。」如馮尼、法惠等是。

〔2〕郎中寺　詳本論文〈寺院考〉。

〔3〕大般涅槃經　涅槃，又做「泥洹」。僧祐和尚的《出三藏記集·第二》說：「《大般泥洹經》二卷（原注：安公云出《長阿含》；祐案，今《長阿含》與此異。）魏文帝時，支謙以吳主孫權黃武初至孫亮建興中所譯出。」案，本經有大、小乘二部，前者是北涼的曇無懺所譯，則本處所指應是後者。

〔4〕案，「慧」其後都做「惠」，而且根據寶唱和尚的《名僧傳》第二十五〈法惠傳〉（見《名僧傳抄》），則應該做「惠」字爲是。且法惠殆爲男眾，〈法惠傳〉寫他成就「高昌一國尼依止師」的因緣，說：「法惠，本姓李氏，高昌人。少好射獵，酣酒弦歌；其婦美艷，一國無雙，高富（案，疑『富』字當是『昌』字之誤）子弟爭與私通。惠他日出遊，爲豪富所打，友人報語；惠自思惟，己有大力，必當見殺。避往龜茲，乃願出家，貧無法服；外國人死，衣以好衣，送尸陀林，辭訣而返。惠隨他葬家，人去，彼剝死人衣；遇起尸鬼起，相蚊臾更爲上下，凡經七反。惠率獲勝，剝取衣裳，貨得三千以爲法服，仍得出家。修學禪律，苦行絕群，蔬食善誘，心無是非。後還高昌，住仙窟寺，德索既高，尼眾依止，稟其誠訓。」並且說他是在齊永元元年，

無疾坐亡的。

〔５〕阿闍梨 梵語 Acarya 的音譯，意思是能矯正弟子之行為，而為弟子
之軌則師範的高僧之謂。讀上引〈法惠傳〉，知法惠出家的因緣，則
馮尼所言，應該不是無的話放矢的話。又，《龍藏》、《磧沙藏》「未」
作「來」。

〔６〕案，《龍藏》、《磧沙藏》「花」下有「寺」字，作金花寺。

〔７〕案，《龍藏》、《磧沙藏》作「一斗五升」。

簡譜：

409 A. D. 東晉安帝義熙五年　師生。

439 A. D. 宋文帝元嘉十六年　師出家，時三十歲。

504 A. D. 梁武帝天監三年　師卒，年九十六。

小結：

1. 師以俗家姓為法號，也無師承可言，則當時師徒間的倫序忌諱，不必分
明的情況，可以概見。

2. 師「燒六指供養，皆悉至掌」則應屬修藥王菩薩法門者。

3. 師指示法惠和尚從直月得法，頗有我國唐代禪師的宗風。

梁閑居寺慧勝尼傳考 56

慧勝，本姓唐，彭城人也；父僧智〔１〕，寓建康。勝幼願出家，以方正
自立，希於語言，言必能行。身無輕躁，旬日不出戶牖，見之者莫不敬異。

以宋元嘉二十一年出家，時年十八〔２〕，為淨秀尼弟子〔３〕，住禪林
寺。具戒以後講《法華經》，隨集善寺緒尼〔４〕學五行〔５〕禪，後從草堂寺
〔６〕思隱〔７〕、靈根寺〔８〕法穎，備修觀行，奇相妙證，獨得懷抱。人見
而問之，皆答云：「罪無輕重，一時發露。」懺悔懇惻，以晝係夜，貴賤崇敬，
供施不斷。年八十一，梁天監四年卒，葬於白板山也。

考釋：

〔１〕唐僧智　慧勝尼之父，本彭城人，後寓居建康。

〔２〕案，師於宋元嘉二十一年出家，則其生年應該是元嘉四年（427 A.
D.）；但是，後文又說：「年八十一，梁天監四年卒」，那麼生年應該
是元嘉二年（425 A. D.），其間相差了二年，竟不知何從？或許從其
卒年吧？

〔3〕淨秀尼　見本文〈禪林寺淨秀尼傳考 52〉。

〔4〕案，緒尼，應該就是集善寺的慧緒尼，其〈本傳〉說她曾經和江陵的隱尼共習般舟，又從玄暢法師受學禪法，後來更以禪觀教授。詳請參閱本文〈集善寺慧緒尼傳考 48〉。

〔5〕案，《大正大藏》校本條，「行」字做「門」。

〔6〕草堂寺　詳本論文〈寺院考〉。

〔7〕思隱　《大正大藏》校本條，「思」字或做「惠」。

〔8〕靈根寺　詳本論文〈寺院考〉。

簡譜：

425 A.D. 宋文帝元嘉二年　師生。

442 A.D. 宋文帝元嘉十九年　師出家，為淨秀尼弟子，住禪林寺，時年十八。

444 A.D. 宋文帝元嘉二十一年　師二十歲具戒，隨即講《法華經》。

505 A.D. 梁武帝天監四年　師卒，時年八十一。

小結：

1. 師雖與法穎律師學，但按傳文，實重在禪，而不歸「明律」部。

2. 師之禪學，很有大格局的氣象。

東青園寺淨賢尼傳考 57

　　淨賢，本姓弘〔1〕，永世〔2〕人也。住東青園寺，有幹局才能，而好修禪定、博窮經律，言必典正，雖不講說，精究旨要。宋文皇帝善之；湘東王〔3〕或齠齔之年眠好驚魘，敕從淨賢受三自歸，悸寐即愈。帝益相善，厚崇供施，內外親賞。

　　及明帝即位，禮待益隆，資給彌重，建齋設講，相繼不絕，當時名士莫不宗敬。後總寺任，十有餘載。年七十五，梁天監四年而卒。

　　復有惠高、寶顯皆知名，惠高坐禪誦經，勤營眾務；寶顯講〔4〕《法華經》，明於觀行。

考釋：

〔1〕弘　請參閱本論文〈罕見姓氏考〉。

〔2〕永世　屬江南江寧府，今江蘇省溧陽縣南十五里有永世城。

〔3〕湘東王　即宋明帝劉彧，《宋書》卷八〈明帝本紀〉說：「太宗明皇帝，

諱彧，字休炳，小字榮期，文帝第十一子也……（元嘉）二十九年，
改封湘東王。」可惜好鬼神，多忌諱，史言：「親近讒慝，剪落皇枝，
宋氏之業，自此衰矣。」死時才三十四歲。

〔4〕案，《龍藏》、《磧沙藏》「講」作「誦」。

簡譜：

431 A. D. 宋文帝元嘉八年　師生。

505 A. D. 梁武帝天監四年　師卒，時年七十五。

小結：

1. 從師之住持東青園寺，以及她修禪定的法門，或是業首尼的弟子吧。

2. 復有惠高、寶顯也是走她的路子，乃皆知名。

竹園寺淨淵尼傳考58

淨淵，本姓時，鉅鹿〔1〕人也。幼有成人之智，五、六歲時嘗聚沙為塔、
刻木作像，燒香拜敬，彌日不足。每聞人言，輒難盡取其理究。〔2〕

二十出家，戀慕膝下，不食不寢；飲食持齋，諫曉不從，終竟七日。自
爾之後，蔬食長齋，戒忍精苦，不由課勵；師友嗟敬，遠近稱譽。齊文帝〔3〕
大相欽禮，四事供養，信驛重沓。

年七十一，梁天監五年卒也。

考釋：

〔1〕鉅鹿　屬直隸順德府，今河北省平鄉縣。

〔2〕此句語意不馴，恐有脫誤；但無從查考。

〔3〕案，齊自高帝蕭道成篡宋，三傳七帝而亡，其間並沒有文帝；師又卒
　　　於梁天監五年，也還沒有到梁簡文帝的時候，所以「齊文帝」應該是
　　　「宋文帝」之誤。

簡譜：

436 A. D. 宋文帝元嘉十三年　師生。

455 A. D. 宋文帝元嘉二十二年　師出家，戒忍精苦，師友嗟敬；文帝更相
　　　　　欽禮，四事供養，信驛重沓。時師年二十。

459 A. D. 宋孝武帝大明三年　師二十四歲，與其妹淨行尼在普弘寺聽講《成
　　　　　實論》和《十誦律》。（說詳下傳）

506 A. D. 梁武帝天監五年　師卒，時年七十一。

小結：

〈本傳〉說師「戒忍精苦，不由課勵」，然則是修律僧了。

竹園寺淨行尼傳考 59

淨行，即淨淵尼第五妹也。幼而神理清秀，遠識遒贍，爽烈有志分，風調舉止每輒不群。少經與大袜令〔1〕郭洽妻臧氏相識，洽欲害其妻，言泄于路；行請兄諫洽，洽不從之。行密語臧氏，臧氏不信；行執手慟泣，於是而反。後一二日，洽果害之。

及年十七，從法施尼〔2〕出家，住竹園寺。學《成實》〔3〕、《毗曇》〔4〕、《涅槃》、《華嚴》，每見事端，已達旨趣，探究淵賾，博辯無窮。齊竟陵文宣王蕭子良厚加資給，僧宗〔5〕、寶亮〔6〕二法師雅相賞異；及請講說，聽眾數百人，官第、尼寺法事連續，當時先達無能屈者。竟陵王後區品學眾，欲撰僧錄，莫可與行為輩；後有尼聰朗特達，博辯若神，行特親狎之，眾亦以為後來之秀，可與行為儔也。

行晚節好禪觀，茶食精苦，皇帝聞之，雅相歎賞。年六十六，天監八年而卒，葬於鍾山。

考釋：

〔1〕 案，《龍藏》、《磧沙藏》「大袜令」作「太秣令」。考《宋書‧州郡志》，應作「太末令」，卷三十五〈揚州刺史〉條云：「孝建元年，分揚州之會稽、東陽、新安、永嘉、臨海五郡為東陽州。」太末令，就是東陽太守的屬縣，漢時已立焉。依此而言，淨淵、淨行原是北人而南移之民了。

〔2〕 法施尼　殆竹園寺的住持師傅，淨淵、淨行的出家師。

〔3〕 成實　訶梨跋摩著，玄暢〈訶梨跋摩傳〉說：「訶梨跋摩者，宋稱師子鎧，佛泥洹後九百年出，在中天下竺婆羅門子也……研心方等，銳意九部，採訪微言，搜簡幽旨。於是博引百家眾流之談，以檢經奧通塞之辯，澄汰五部，商略異端；考覈迦旃延，斥其偏謬；除繁棄末，慕存歸本。造述明論，厥號《成實》。」是小乘裡的空宗，以為空乃實有；所以究其實，則是偏空，因有「成實偏空」的說法。訶梨跋摩原著十六卷，姚秦時鳩摩羅什法師在長安出之，曇晷筆受、曇影正寫。

「齊永明七年（案，這一年是錯誤的，應該是宋孝武帝大明三年（459 A. D.）因爲：一、根據〈名僧傳抄〉曇斌法師是在宋孝武王大明二年（458 A. D.）『過江住中興寺，法輪甘路灑澤，四方義學異鬼同到』的。二、《梁傳》卷九〈釋慧次傳〉說慧次『頻講《成實》、《三論》；大明中出都，止於謝寺。及宋季齊初，歸德稍廣，每講席一鋪，輒道俗奔赴。』三、〈樂安寺釋惠暉尼傳63〉說惠暉尼：『年十八，出家，住樂安寺，從斌、濟、柔、次四法師聽《成實論》及《涅槃》諸經』年十八，正是大明三年（459 A. D.）。有以上三點，可證《記集》所載是錯誤的。）十月，文宣王召集京師碩學五百餘人，請定林僧柔法師、謝寺慧次法師於普弘寺迭講。」（以上見《出三藏記集》卷十一）師適可恭逢其盛而習其學。

〔4〕毗曇　即《阿毗曇》，請見前文。

〔5〕僧宗　《梁傳》有二位，也都在「義解」部中；一是卷八附在〈宋長沙麓山釋法愍傳〉下的僧宗說：「時始興郡靈化寺，有比丘僧宗，亦博涉經論，著〈法性〉、〈覺性〉二論云。」另一是卷九的〈齊京師太昌寺釋僧宗傳〉說：「釋僧宗，姓嚴，本雍州馮翊人；晉室喪亂，其先四世祖移居秦郡。年九歲，爲瑗公弟子，諮承慧業。晚又受道於斌、濟二法師，善《大涅槃》及《勝鬘》、《維摩》等⋯⋯宗講《涅槃》、《勝鬘》、《維摩》等，近盈百遍；以從來信施，造太昌寺以居之。建武三年（496 A. D.）卒住所，春秋五十有九。先是北土法師曇準，聞宗特善《涅槃》，乃南遊觀聽⋯⋯」。以二位僧宗相比較，後者的時代、所善的經部《涅槃》，都與淨行尼相近，應從之。

〔6〕寶亮　也見於《梁傳》卷九，〈梁京師靈味寺釋寶亮傳〉說：「釋寶亮，本姓徐⋯⋯年十二出家，師青州道明法師。明亦義學之僧，名高當世。亮就業專精，一聞無失⋯⋯年二十一至京師，居中興寺，袁粲一見而異之⋯⋯齊竟陵文宣王躬自到房，請爲法匠⋯⋯於是續講眾經，盛於京邑。講《大涅槃》凡八十四遍、《成實論》十四遍、《勝鬘》四十二遍、《維摩》二十遍⋯⋯今上龍興（案，即指梁武帝），尊崇正道，以亮德居時望⋯⋯以天監八年（509 A. D.）初敕亮撰《涅槃義疏》十餘萬言。」淨行尼能得這樣的「二法師雅相賞異」，她的學行也就足堪垂範了。

簡譜：

444 A. D. 宋文帝元嘉二十一年　師生。

459 A. D. 宋孝武帝大明三年　師十五歲，恰逢文宣王召集京師碩學及尼眾、二部名德七百餘人，請定林僧柔、謝寺慧次、僧祐律師、安樂智稱等法師，在普弘寺迭講《成實論》和《十誦律》，乃隨其姊淨淵尼師往聽之。

461 A. D. 宋孝武帝大明五年　師從法施尼出家，住竹園寺，時年十七。

496 A. D. 齊明帝建武三年　僧宗法師卒，春秋五十有九；師年五十二。

509 A. D. 梁武帝天監八年　梁武帝敕亮撰《涅槃義疏》十餘萬言；師卒，時年六十六。

小結：

1. 師為義學僧，且能講經，常在官第、尼寺宣講，當時先達無能屈者。

2. 竟陵王蕭子良原擬請其撰寫僧尼傳記，惜不果；然由此也可知道撰寫僧錄，其時早有擬議，原不從寶唱始也。

3. 師為淨淵尼之第五妹，則其出家殆受姊之影響，屬環境因素也。

南晉陵寺釋令玉尼傳考 60

　　令玉，本姓蔡，建康人也。少出家，住何后寺禪房，為淨曜尼〔1〕弟子；淨曜律行純白，思業過人。玉少事師長，恭勤匪懈，始受十戒，威儀可觀；及受具足，禁行清白有若冰霜。博尋五部〔2〕，妙究幽宗，雅能著述。

　　宋邵陵王〔3〕大相欽敬，請為南晉陵寺主，固讓不當，王不能屈；以啓元徽〔4〕，元徽再敕，事不獲免。在任積年，不矜而莊，不屬而威。年七十六，天監八年卒寺。

　　復有令惠、戒忍、慧力，並顯名。令惠誦《妙法蓮華》、《維摩》、《勝鬘》等經，勤身蔬飯，卓然眾表。戒忍聰朗好學，經目不忘；慧力雅識虛通，無所矯競。

考釋：

〔1〕案，《龍藏》、《磧沙藏》「曜」作「暉」。淨暉尼見本論文〈普賢寺淨暉尼傳考 45〉。

〔2〕五部　有多種解釋，此處殆指小乘的：曇無德部、薩婆多部、彌沙塞部、迦葉遺部、婆麤富羅部等。

〔3〕宋邵陵王 案,劉宋之世封爲邵陵王的,有二位:一是劉子元,字孝善,孝武皇帝的第十三子。五歲封爲邵陵王,九歲就死了。另外一位是邵陵殤王劉友,明帝的第七子,《宋書》卷九十其〈本傳〉說:「後廢帝元徽二年(474 A. D.),太尉、江州刺史、桂陽王休範反誅,皇室寡弱,友年五歲出爲使持節,督江州、豫州之西陽、新蔡、晉熙三郡諸軍事、南中將軍、江州刺史,封邵陵王……順帝即位(477 A. D.),進號左將軍,改督爲都督;昇明二年(478 A. D.)徙都督南豫、豫、司三州諸軍事、安南將軍、豫州刺史、歷陽太守。三年(478 A. D.)薨,無子國除。」死時才十歲而已。

又案,《龍藏》、《磧沙藏》「宋」作「梁」而「王」字下有「綸」字,是也。《梁書》卷二十九有傳,說他死的時候是三十三歲,而評之曰:「綸聰警有才學,性險躁,屢以罪黜;及太清之亂,忠孝獨存,斯可嘉矣。」

〔4〕元徽 案,即宋後廢帝劉昱,在位凡四年(宋明帝泰豫元年(472 A. D.)四月立,逾年改元元徽,(477 A. D.)被弑,才十五歲的孩童而已)。但是,這裡有一問題,就是前文宋邵陵王與梁邵陵王綸到底是誰?如果是前者,則元徽指宋後廢帝劉昱就沒有問題;如果是後者,則梁邵陵王綸的時間明顯地在廢帝之後,怎能倒過來「以啓元徽」地請令玉尼爲寺主呢?而《龍藏》和《磧沙藏》乃作「永徽元年」,這更不可能了,因爲「永徽」是唐朝高宗皇帝的年號,關於此節已辨之於〈普賢寺寶賢尼傳考34〉、〈禪基寺僧蓋尼傳考43〉。因此比較可能的理解有二:一是邵陵王本指十歲而死的宋邵陵王,一是「以啓元徽」是寶唱和尚的倒述法,也就是說令玉尼爲寺主事是由宋後廢帝劉昱下的敕文,而梁邵陵王綸的「大相欽敬」是後來的事體。

簡譜:

434 A. D. 宋文帝元嘉十一年 師生。

509 A. D. 梁武帝天監八年 師卒,時年七十六。

小結:

1. 師有文采,雅能著述,且爲宋邵陵王大相欽敬,那應屬詩文僧了。

2. 復有令惠、戒忍、慧力,並顯名;彼等都是師之流亞。

閑居寺僧述尼傳考61

僧述，本姓懷〔1〕，彭城人也。父僧珍，橋居建康。

八歲蔬食，及年十九，以宋元嘉二十四年，從禪林寺淨秀尼出家，節行清苦，法檢不虧，遊行經律，靡不遍覽；後偏功《十誦》，文義優洽。復從隱、審二師諮受祕觀，遍三昧門。

移住禪林寺，為禪學所宗，去來投集，更成囂動，述因有隱居之志。宋臨川王〔2〕母張貴嬪〔3〕捨所居宅，欲為立寺；時制不許輒造，到元徽二年九月一日汝南王〔4〕母吳充華〔5〕啓，敕即就締構，堂殿房宇五十餘間。率其同志二十人，以禪寂為樂，名曰閑居。述動靜守貞，不斅浮飾。宋、齊之際，世道紛喧；且禪且寂，風塵不擾。齊文帝〔6〕、竟陵文宣王大相禮遇，修飾一寺，事事光奇，四時供養，未曾休息。

及大梁開泰，天下有道，白黑敬仰，四遠雲萃。而述不蓄私財，隨得隨散，或賑〔7〕濟四眾，或放生乞施。造金像五軀，並皆壯麗；寫經及律一千餘卷，標帙帶軸，寶飾新嚴。

年八十四，梁天監十四年〔8〕而卒，葬於鍾山之陽。

考釋：

〔1〕本姓懷　請詳本論文〈罕見姓氏考〉。

〔2〕宋臨川王　此臨川王是劉義慶，不是劉道規；道規的封爵，俱稱應該是臨川武烈王，字道則，高祖的少子。〈傳〉見《宋書》卷五十一和《南史》卷十三。《南史》說他「義熙八年薨于都，贈司徒，諡曰烈武，進封南郡公。武帝受命，贈大司馬，追封臨川王；無子，以長沙景王第二子義慶嗣。」死時才四十三歲。義慶幼為武帝所知，十三歲襲封南郡公，永初元年襲封臨川王，元嘉中為丹陽尹；今〈僧述尼傳〉所述，蓋元嘉以後事，所以說臨川王蓋指義慶而言。

〔3〕張貴嬪　史無其傳，賴有〈本傳〉之存，而知彼為臨川王義慶之母。

〔4〕汝南王　〈傳〉不見於《宋書》、《南史》，僅《南史》卷五十四〈梁宗室傳〉有「汝南王大封」，恐怕也不是〈本傳〉的同一人，因其為簡文第九子故。

〔5〕吳充華　原來「充華」為九嬪之一，位視九卿，晉武帝所制；這之前，漢制稱為婕妤、容華。但是，《宋書》后妃及諸王〈傳〉，不見有「充

「華」之嬪妃者，更不見吳充華其人。

〔6〕齊文帝 殆「宋文帝」之誤，說見本文〈竹園寺淨淵尼傳考58〉。

〔7〕案，「眡」蓋「賑」之誤。

〔8〕十四年 應做「十二年」，因為前文說師「及年十九，以宋元嘉二十四年，從禪林寺淨秀尼出家」，以此推之，師應生在宋文帝元嘉七年（430 A. D.）；《大正藏》校本條，正做「十二年」。

簡譜：

430 A. D. 宋文帝元嘉七年 師生。

437 A. D. 宋文帝元嘉十四年 師八歲，已蔬食。

447 A. D. 宋文帝元嘉二十四年 師從禪林寺淨秀尼出家，時年十九。

474 A. D. 宋後廢帝元徽二年 九月一日汝南王母吳充華啓以臨川王母張貴嬪捨所居宅，立為寺，名曰閑居寺。時師四十五歲。

513 A. D. 梁武帝天監十二年 師卒，時年八十四。

小結：

1. 閑居寺，原來是張貴嬪為僧述尼所立。

2. 師造金像，寫經律，是淨土信仰的思想表徵；而她又「諮受祕觀，遍三昧門」，則是禪觀的修持。禪淨雙修，師有之焉。

3. 〈本傳〉所說的臨川王，是劉義慶，不是劉道規，蓋時代不同故。

西青園寺妙禕尼傳考62

妙禕，本姓劉，建康人也。齠綺〔1〕之年，而神機秀發；幼出家，住西青園寺〔2〕。戒行無點，神情超悟，敦信布惠，莫不懷之。雅好談說，尤善言笑。講《涅槃經》、《法華》、《十地》〔3〕並三十餘遍，《十誦》、《毗尼》每經敷說，隨方導物，利益弘多。

年七十，天監十二年卒也。

考釋：

〔1〕齠綺 案，《龍藏》、《磧沙藏》「綺」作「齓」。

〔2〕西青園寺 詳本論文〈寺院考〉。

〔3〕十地 又名十住，即：一、發心住，二、治地住，三、修行住，四、生貴住，五、方便具足住，六、正心住，七、不退住，八、童眞住，九、法王子住，十、灌頂住，見《華嚴經·六·十地品》。

簡譜：

444 A. D. 宋文帝元嘉二十年　師生。

513 A. D. 梁武帝天監十二年　師卒，時年七十。

小結：

1. 師雅好談說，尤善言笑，頗對時人清談的風尚。

2. 師住西青園寺，然寺殆從青園寺而分出的，乃東青園寺較重在禪修，此則專在講談，是頗可注意者。

樂安寺釋惠暉尼傳考 63

惠暉，本姓駱，青州〔1〕人也。六歲樂道，父母不聽；至年十一，斷葷辛滋味。清虛淡朗，姿貌詳雅，讀《大涅槃經》，誦《法華經》。

及年十七，隨父出都，精進勇猛，行人所不能行，父母愛焉，聽遂其志。年十八，出家，住樂安寺〔2〕，從斌、濟，柔、次四法師〔3〕聽《成實論》及《涅槃》諸經，於十餘年中，轡爲義林，京邑諸尼無不諮受。於是法筵頻建，四遠雲集，講說不休，禪誦無輟。標心正念，日夕忘寢；王公貴賤無不敬重，十方嚫遺四時殷競。所獲之財，追造經像，隨宜遠施。時有不泄者，改緝樂安寺，莫不新整。

年七十三，天監十三年卒，葬於石頭崗。

時復有慧音，以禮誦爲業。

考釋：

〔1〕青州　屬山東青州府，今山東省益都縣。

〔2〕樂安寺　詳本論文〈寺院考〉。

〔3〕斌、濟，柔、次四法師　即曇斌、曇濟、僧柔、慧次等法師，詳見前述。

簡譜：

442 A. D. 宋文帝元嘉十九年　師生。

447 A. D. 宋文帝元嘉二十四年　師六歲，已知樂道。

452 A. D. 宋文帝元嘉二十九年　師十一歲，已能讀《大涅槃經》，誦《法華經》。

458 A. D. 宋孝武王大明二年　師十七歲，隨父出都。出家。

459 A. D. 宋孝武王大明三年　師十八歲，出家，住樂安寺，從斌、濟，柔、

次四法師聽《成實論》及《涅槃》諸經。

514 A. D. 梁武帝天監十三年　師卒，時年七十三，葬於石頭崗。

小結：

1. 師亦以義學、講說著。

2. 師既「禪誦無輟」，又「所獲之財，追造經像」；這又是禪淨雙修的一例。

邸山寺〔1〕釋道貴尼傳考 64

道貴，本姓壽〔2〕，長安人也。幼清夷沖素，善研機理，志幹勤整，精苦過人。誓弘大化，葷鮮不食；濟物爲懷，弊衣自足。誦《勝鬘》、《無量壽經》，不捨晝夜；父母憂〔3〕念，使其爲道。

十七出家，博覽經律，究委文理。不羨名聞，唯以習道爲業，觀境入定，行坐不休。悔過發願，言辭哀懇，聽者震肅。齊竟陵文宣王蕭子良善相推敬，爲造頂山寺以聚禪衆，請貴爲知事；固執不從，請爲禪範，然後許之。於是結桂林之下，栖寄畢世，縱復屯雲晦景，委雪埋山，端然寂坐，曾無間焉。得人信施，廣興福業，不以纖毫自潤己身。

年八十六，天監十五年卒，葬於鍾山之陽。

考釋：

〔1〕邸山寺　案，《大正大藏》校本條，「邸」字說或做「底」；而〈本傳〉乃做「頂」。考邸、底聲韻皆同，與「頂」則一聲之轉；應以邸山寺爲是，其他請詳本論文〈寺院考〉。

〔2〕請詳本論文〈罕見姓氏考〉。

〔3〕案，《龍藏》、《磧沙藏》「憂」作「愛」，審其文意，作「愛」者是也。

簡譜：

431 A. D. 宋文帝元嘉八年　師生。

448 A. D. 宋文帝元嘉二十五年　師十七歲，出家。

516 A. D. 梁武帝天監十五年　師卒，時年八十六，葬於鍾山之陽。

小結：

師以禪觀勝。

山陰招明寺釋法宣尼傳考 65

法宣，本姓王，剡〔1〕人也；父道寄〔2〕，世奉正法。宣幼而有離俗

之志，年始七歲而蔬食苦節；及至十八，誦《法華經》，首尾通利，解其指歸。坐臥輒見帳蓋覆之。

驟有媒娉，誓而弗許。至年二十四〔３〕，父母攜就剡齊明寺德樂尼，改服從禁；即於是日，帳蓋自消。博覽經書，深入理味；成戒以後，鄉邑時人望昭義道，莫不服其精致。

逮宋氏之季，有僧柔法師〔４〕周遊東夏，講宣經論，自崿嵊而之禹穴，或登靈隱〔５〕，或往姑蘇〔６〕。僧柔數論之趣，惠其〔７〕經書之要，咸暢其精微，究其淵奧。

及齊永明中，又從惠熙法師〔８〕諮受《十誦》，所飡日優，所見月賾；於是移住山陰招明寺〔９〕，經律遞講，聲高于越。不立私財，以嚫施之物修飾寺宇，造構精華，狀若神工；寫經鑄像，靡不必備。吳郡張援〔１０〕、潁川庾詠〔１１〕、汝南周顒〔１２〕，皆時之名秀，莫不躬往禮敬。齊巴陵王蕭照冑〔１３〕出守會稽，厚加供待。梁衡陽王元簡〔１４〕到郡，請爲母師。

春秋八十有三，梁天監十五年而卒。

考釋：

〔１〕剡　今浙江省嵊縣，屬浙江紹興府。

〔２〕王道寄　待考。

〔３〕案，《龍藏》、《磧沙藏》無「四」字。

〔４〕僧柔法師　見《梁傳》卷九〈齊上定林寺釋僧柔傳〉：「釋僧柔，姓陶，丹陽人……出家爲弘稱弟子……後東遊禹穴，值慧基法師，招停城傍（案，這是寺院名，慧基法師就在齊建武三年卒於本寺），一夏講論。後入剡白山靈鳩寺。」案，僧柔法師東遊禹穴，據〈本傳〉說是在宋氏之季，考〈僧柔傳〉說：「齊太祖創業之始」曾經傍求義士，文宣諸王也再三招請，師「乃更出京師，止定林寺」並且就在延興元年（494 A. D.）卒於本寺。這樣看來，師是在遊罷禹穴歸來之後，才應請到定林寺而慧基法師「乃於會邑立寶林精舍」是在「元徽中」以後；那麼，僧柔法師宋氏之季來遊禹穴的時間，應該可以確定是在宋順帝升明一、二年（477～478 A. D.）的時候了。

〔５〕靈隱　即靈隱寺，其他請詳本論文〈寺院考〉。

〔６〕姑蘇　屬江南蘇州府，今江蘇省吳縣西三十里有姑蘇城。

〔７〕惠其　案，當是「慧基」之誤，《大正大藏》校本條，「其」字便說或

做「基」；而「惠」、「慧」互用，更是僧傳的常事。且〈僧柔傳〉說：
「後東遊禹穴，值慧基法師，招停城傍，一夏講論。」和〈本傳〉：「逮
宋氏之季，有僧柔法師，周遊東夏講宣經論，自崝嶸而之禹穴，或登
靈隱，或往姑蘇。」的記載相合，而《梁傳》卷九〈齊山陰法華山釋
慧基傳〉也說：「基既棲志法門，屬行精苦，學兼昏曉，解洞群經……
善《小品》、《法華》、《思益》、《維摩》、《金剛》、《般若》、《勝鬘》等
經。」所以〈本傳〉有：「僧柔數論之趣，惠其經書之要，咸暢其精
微，究其淵奧。」的說法。又，〈慧基傳〉說：「（基）唯取麤故衣鉢，
協以東歸，還止錢塘顯明寺。頃之，進適會稽，仍止山陰法華寺，尚
學之徒追蹤問道。於是遍歷三吳，講宣經教……宋太宗遣使迎請……
元徽中復被徵召……乃於會邑立寶林精舍……」這便是〈僧柔傳〉說：
「值慧基法師，招停城傍」的事體。

〔8〕惠熙法師　或者就是慧熙法師，和僧柔同時。〈僧柔傳〉說：「時鍾山
山茨精舍，又有僧拔、慧熙，皆弱年英邁，幼著高明，並美業未就，
而相繼早卒。」

〔9〕案，《龍藏》、《磧沙藏》「招」作「昭」，其他請詳本論文〈寺院考〉。

〔10〕張援　待考。

〔11〕庾詠　史不著此人；或是庾詵，案，《南史》卷七十六〈庾詵傳〉說
他是新野人，新野就在河南南陽府鄧州；〈法宣尼傳〉說庾詠是穎川
人，穎川也在河南的開封府許州（今許昌縣）。地緣相近，此其一。
從〈法宣尼傳〉知庾詠信佛念佛，而〈庾詵傳〉記其事佛更是無以復
加：「晚年尤遵釋教，宅內立道場，環繞禮懺，六時不輟。誦《法華
經》，每日一遍，後夜中忽見一道人自稱願公，容止甚異，呼詵為上
行先生，授香而去。中大通四年，因寢忽驚覺，曰：『願公復來，不
可久住。』顏色不變，言終而亡，年七十八。舉室咸聞空中唱：『上
行先生已生彌陀淨域矣。』」此其二。周顒是隱士，庾詠與之並列，
也應該是一隱者；庾詵就是〈隱逸傳〉中的人物，梁武帝還下詔「證
貞節處士，以顯高烈。」處士，當然就是隱君子之流亞了，此其三。
有以上三點，庾詠或者就是庾詵了。

〔12〕周顒　顗之嫡裔，字彥倫，汝南安城人，是以善修持的行者。《南齊
書》卷四十一〈本傳〉說：「宋明帝頗好言理，以顒有辭義，引入殿

內，親近宿值。帝所爲慘毒之事，顯不敢顯諫，輒誦經中因緣罪福事，帝亦爲之小止。」爲帝誦經、說罪福事，仍然是事；彥倫還作不空假名、空假名、假名空的「三宗論」，確立了般若系的正解，這是理上的立論。理、事圓融，周顯有焉。

〔13〕齊巴陵王蕭照胄　案，《龍藏》、《磧沙藏》「照」作「昭」，是也。《南齊書》卷四十〈蕭昭胄傳〉說昭胄是竟陵文宣王子良的嗣子：「字景胤。永明八年，自竟陵王世子爲寧朔將軍、會稽太守……建武三年，復爲侍中，領驍騎將軍，轉散騎常侍、太常。以封境邊虜（案，《南史》卷四十四做『魏』），永元元年改封巴陵王。」史但言其因陳顯達事，與弟昭穎逃奔江西，變形爲道人。案，道人，殆即沙門；實則巴陵王與佛教因緣頗深，《出三藏記集》卷十二錄有〈齊竟陵王世子撫軍巴陵王法集序〉的諸多詩文，如：造千佛願、繡佛頌、捨身序並願、釋迦讚、十弟子讚十首、爲會稽西方寺作禪圖九相詠十首、四城門詩四首、法詠歎德二首、佛牙讚、經聲讚、會稽寶林寺禪房閑居頌等等，不但此也，我們從他的寫經目錄裡，還看到了他所抄寫的經書：法華經、維摩經、無量壽經、金剛般若經、請觀世音經、八吉祥經、般若神咒經等；另外，還注解了羅十法師的《百論》。可見得他對佛法的了解，初非泛泛了。

〔14〕梁衡陽王元簡　《梁書》卷二十三有傳，略謂彼爲高祖第四弟暢之子，字熙遠。天監三年（504 A. D.）襲父爵，除中書郎，遷會稽太守；十三年（514 A. D.）出爲廣州刺史、郢州刺史，十八年（519 A. D.）正月卒於州。以是而推，元簡「到郡，請爲母師」或許是在十三年。

簡譜：

434 A. D. 宋文帝元嘉十一年　師生。

440 A. D. 宋文帝元嘉十七年　師七歲，蔬食苦節。

451 A. D. 宋文帝元嘉二十八年　師十八歲，誦《法華經》。

457 A. D. 宋孝武王大明元年　師年二十四，父母攜就剡齊明寺德樂尼，改服從道。

478 A. D. 宋順帝升明二年　師四十四歲，從僧柔、慧熙法師問學，移居山陰招明寺。

490 A. D. 齊武帝永明八年　師五十八歲，從巴陵王蕭昭胄至會稽。

514 A. D. 梁武帝天監十三年　師時八十一歲，梁衡陽王元簡「到郡，請爲母師」。

516 A. D. 梁武帝天監十五年　師卒，時八十三歲。

小結：

1. 因〈本傳〉的關係，可以確定僧柔法師宋氏之季來遊禹穴的時間，是在宋順帝升明一、二年（477～478 A. D.）。

2. 惠其當是「慧基」之誤。

3. 師以受持《十誦》，且「經律遞講，聲高于越」，而名動公卿。

4. 庾詠應該是庾詵之誤，請見上考。

第二章　補遺考釋

這一部分，是從以下的資料來蒐錄、鉤稽的：僧傳及史志中的片言隻字、碑誌所見的銘文傳記、小說中的材料。其凡例是：

1. 為恐資料的遺漏，所以在採錄時儘量做到全面而點滴的收存；不過，在檢視的材料之中，往往有只得片言隻字而其前後文實與之無關的，我們在處理時便只好錄其片言隻字。但一定詳細注明材料的來源、出處，並且在考釋之中儘量引用其相關的文字，以收互補之效。
2. 考釋時，分從傳文的全篇迻錄、考釋、簡譜和小結等四個項目進行。
3. 本章之後，各附索引，以便學者翻檢。

一、僧　傳

這可從《梁傳》、《唐傳》、《續比丘尼傳》等來加以鉤稽。

晉江陵辛寺尼法弘等傳遺考 1（《梁傳》卷一（晉江陵辛寺曇摩耶舍附竺法度傳））

耶舍〔1〕有弟子法度〔2〕，善梵漢之言，常為譯語。度本竺婆勒子，勒久停廣州，往來求利；中途於南康生男，仍名南康，長名金迦，入道名法度。度初為耶舍弟子，承受經法；耶舍既還外國，度便獨執矯異，規以攝物。乃言專學小乘，禁讀《方等》，唯禮釋迦，無十方佛。食用銅缽，無別應器。又令諸尼相捉而行，悔罪之日，但伏地相向。

唯故丹陽尹顏峻〔3〕女法弘尼、交州刺史張牧〔4〕女普明尼初受其法，今都下宣業、弘光等諸尼習其遺風；東土尼眾，亦時傳其法。

－125－

考釋：

〔 1 〕耶舍　即曇摩耶舍，《梁傳》卷一有其〈本傳〉說他是罽賓人，爲弗若多羅所知遇。在晉隆安中來到廣州，善誦《毗婆沙律》，時人號爲大毗婆沙；姚秦弘始十六年（414 A. D.），譯出《舍利弗阿毗曇》，在宋元嘉中，回返西域，竟不知所終。而師之傳法情事，厥有二端，頗可注意：一是他傳法的途徑，是從南而北的。〈本傳〉說：「以晉隆安中初達廣州，住白沙寺……交州刺史張牧女普明初受其法。」從南而北的傳法路線雖不一定早於自北而南，但是兩者同時進行，從僧傳裡的記述，大體是一史實了。尤其民國八十八年九月十三日《中央日報》第十版載一消息，說：「廣西環江發現漢古驛道。【中央社‧臺北訊】廣西環江縣毛南族自治縣最近發現了一條有兩千兩百多年歷史，跨越廣西和貴州兩省區的漢代古驛道。新華社發自南寧的報導說，這一條古驛道東起環江縣川山鎮的舊屯，西至廣西和貴州交界處的黎明關，全長二十四公里。古道全部用青石板鋪砌而成，路面平均寬度爲一點二公尺，最大高差爲二百公尺。據初步考證，這一條古道始建於漢代（公元前 206 年～公元 220 年），拓寬於唐代（公元 618～907 年），完善於南宋時期（1127～1279 年），是歷代聯通桂、黔、川、滇的官道。古道曾歷經戰亂，路面多次坍塌。」應該是一有力的證據，可惜不能即時看到學者對於該古驛道的完整研究報告。至於張牧女普明，則是「（耶舍）時年已八十五，徒眾八十五人，時有清信女張普明諮受佛法。耶舍爲說佛生緣起，並爲譯出《差摩經》一卷。」（〈本傳〉）的張普明。可注意的第二點，是師既收納了清信女張普明爲女弟（後正式出家爲普明尼），這就告訴了我們兩個消息：一者南方尼眾的出家，不必一定受到北方的影響；一者師既開收納女尼之例，且又曾「南遊江陵，止於辛寺，大宏禪法。」才造就了他的徒弟竺法度以江陵辛寺爲接引尼眾的大本營。再說，法度於尼眾的怪異行徑，耶舍恐怕也要負一部分的責任，因爲〈本傳〉就記載了耶舍傳法時的諸般靈異事，這不能不說毫無干涉的事體，慧皎和尚便有這樣的論調（請參閱下文所引）。（其事蹟具見〈本傳〉，此不贅引。）

〔 2 〕法度　本姓竺，是商人竺婆勒的兒子。竺婆勒來往西域、廣州，中途

在南康所生的兒子。大概對佛法的理念不是很正確，因此〈本傳〉對他的評價並不好；慧皎和尚在〈譯經總論〉裡，於法度特別有一段論列：「間有竺法度者，自言專執小乘而與三藏乖越。食用銅缽，本非律儀所許；伏地相向，又是懺法所無。且法度生本南康，不遊天竺；晚值曇摩耶舍，又非專小之師。直欲谿豁其身，故為矯異；然而達量君子未曾迴適，尼眾易從初稟其化。夫女人理教難愜，事跡易翻，聞因果則悠然扈背，見變術則奔波傾飲，隨墮之義，即斯謂也。」這話雖然怪罪了女眾的無知，但是，師既如此，女弟的行為便不由軌範了。

〔３〕顏峻　案，「峻」疑當作「竣」，《梁傳》卷七〈京師靈味寺釋僧含傳〉也作顏峻；但是，《龍藏》、《磧沙藏》都作顏竣，應從之。顏竣《宋書》卷七十九、《南史》卷三十四有傳。竣，延之之子也，字士遜。原任安北領軍、北中郎府主簿，〈僧含傳〉說他是南中郎記室，這是孝武鎮尋陽時候的事（時在宋文帝元嘉三十年左右）。因為隨同孝武舉兵入討宮闈之亂，封丹陽尹、加散騎常侍。考任丹陽尹的人物，元嘉三十是褚湛之、孝建三年是劉遵考、大明六年是王僧朗；而孝武崩於大明八年，做了十一年的皇帝。《南史‧顏竣傳》說南郡王義宣、臧質反，「孝武大怒，免丹陽尹褚湛之官，收四縣官長，以竣為丹陽尹、加散騎常侍。」考義宣、臧質之反，事在孝建元年，則竣之任是職也，亦當在是年；而其得罪被誅，是在大明元年，算來他的受寵與任丹陽尹，前後不過三年。又，史志說他和孝武的際遇，說是和僧含和尚有關：「初，沙門釋僧含精有學義，謂竣曰：『貧道嘗見讖記，當有真人應符，名稱次第屬在殿下。』」（《南史》本傳）殿下，當然是指孝武了。所謂「精有學義」，〈僧含傳〉的解釋是：「幼而好學，篤志經史及天文算術，長通佛義，數論兼明。」

〔４〕張牧　交州刺史，其他待考。

〔５〕宣業、弘光　請詳本論文〈寺院考〉。

簡譜：

414 A. D. 姚秦弘始十六年　曇摩耶舍在長安譯出《舍利弗阿毗曇》。

453 A. D. 宋文帝元嘉三十年　顏竣任南中郎記室，在尋陽。

454 A. D. 宋孝武帝孝建元年　竣封丹陽尹、加散騎常侍。

457 A. D. 宋孝武帝大明元年　竣得罪被誅，其女法弘從釋法度披剃或許即在是，因爲〈傳〉說：「故丹陽尹顏峻女法弘尼」。

小結：

1. 曇摩耶舍是開啓接引南方尼眾的首例，如普明尼是。

2. 法弘、普明尼等從法度學，這是僧傳首次記載到邪派的尼師教團，很值得注意。

3. 考顏峻，應作顏竣。史不說他有女出家，賴有本傳可以補闕。

山陰北寺淨嚴尼傳遺考 2 （《梁傳》卷五（晉山陰嘉祥寺釋慧虔傳））

山陰北寺〔1〕有淨嚴尼，宿德有戒行。夜夢見觀世音從西郭門入，清暉妙狀，光映日月，幢旛華蓋皆以七寶莊嚴。見便作禮，問曰：「不審大士今何所之？」答云：「往嘉祥寺迎虔公〔2〕，因爾無常。」

考釋：

〔1〕山陰北寺　請詳本論文〈寺院考〉。

〔2〕虔公　案，虔公就是慧虔和尚，嘗在廬山佐慧遠和尚弘揚羅什法師所出經誦；其後於晉義熙初，東遊吳越，住持山陰嘉祥寺。才五年，便疾篤，於是一心求生安養，祈誠觀世音菩薩。詳見《梁傳》卷五〈晉山陰嘉祥寺釋慧虔傳〉。

簡譜：

409 A. D. 東晉安帝義熙五年　慧虔比丘在山陰嘉祥寺往生安養。

小結：

淨嚴尼師必是一宿德有戒行而修持淨土法門者，可惜生平不詳。

釋道慧母傳遺考 3 （《梁傳》卷八〈齊京師莊嚴寺釋道慧〉）

慧以母年老，欲存資奉，乃移憩莊嚴寺，母怜其志，復出家爲道，捨宅爲福，不遠精舍〔1〕。

考釋：

〔1〕從〈傳〉文，知道釋道慧的母親，實受道慧的感動而出家，而捨宅；可惜史不載其法號，也不載精舍名，更不記其後之事。因爲釋道慧卒於齊建元三年（481 A. D.），才三十一歲的青年；他的母親，時或還在世吧？

簡譜：

451 A. D. 宋文帝元嘉二十八年　道慧比丘生。

481 A. D. 齊高帝建元三年　道慧比丘卒，時年三十一歲。

小結：

道慧比丘之母，應該已出家爲尼；可惜史不載其名，不過，這是受兒子度化的一例。

晉洛陽簡靖寺靖首尼傳遺考 4

（釋）安慧則〔1〕……止洛陽大市寺〔2〕，手自細書黃縑，寫《大品》一部，合爲一卷，字小如豆，而分明可識，凡十餘本。

以一本與汝南周仲智妻胡母氏〔3〕供養……此經今在京師簡靖寺〔4〕靖首尼處。

考釋：

〔1〕安慧則　即釋慧則，得道高僧也。〈本傳〉只說他在「晉永嘉中，天下疫病，則晝夜祈誠，願天神降藥，以愈萬民。」永嘉是西晉懷帝的年號，前後凡六年（307～312 A. D.），那麼，師當是此時之人了。

〔2〕洛陽大市寺　請詳本論文〈寺院考〉。

〔3〕汝南周仲智妻胡母氏　案，《冥祥記》做：「周嵩婦胡母氏」，又，文末說：「會稽王道子就嵩，曾云求以供養。後嘗瘞在新渚寺，劉敬叔云，曾親見此經：『字如麻大，巧密分明。』新渚寺，今天安是也；此經蓋得道僧釋慧則所寫也。或云，嘗在簡靖寺，靖首尼讀。」

〔4〕簡靖寺　請詳本論文〈寺院考〉。

小結：

靖首尼的生平，據此只知是簡靖寺的住持而已。

齊江陵三層寺慧緒尼傳遺考 5（《梁傳》卷十一〈齊壽春釋慧通傳〉）

釋慧通〔1〕……謂僧歸曰：「我有姊在江陵作尼，名慧緒，住三層寺。君可爲我相聞。」……僧歸既至，尋得慧緒，具說其意；緒既無此弟，亦不知何以而然？乃自往壽春〔2〕尋之，竟不相見。

後通自往江陵，而慧緒已死；入其房中，訊問委悉……

考釋：

〔1〕慧通　《梁傳》卷十一〈齊壽春釋慧通傳〉已言「不知何許人」，而
　　　其生卒亦不可考。

〔2〕壽春　屬江南鳳陽府，今安徽省壽縣。

小結：

慧緒尼應不是慧通比丘的姊姊，只知是江陵三層寺的尼師而已。

僧法尼傳遺考6（見《唐傳》卷一〈梁揚都正觀寺扶南沙門僧伽婆羅傳附〉）

　　太學博士江泌〔1〕女，僧法者，小年出家。有時靜坐，閉目誦出《淨土》、
《妙莊嚴》等經。始從八歲，終於十六，總出三十五卷。天監年中，在華光
殿，親對武帝誦出異經〔2〕，揚都道俗咸稱神授。

考釋：

〔1〕江泌　《南齊書》卷五十五、《南史》卷七十三都有傳，今據《南史》：
　　　「江泌，字士清，濟陽考城人也；父亮之，員外郎。泌少貧……性行
　　　仁義，衣弊蝨多，綿裏置壁上，恐蝨饑死，乃復置衣中，數日間終身
　　　無復蝨。母亡後，以生闕供養，遇鮭不忍食；茱不食心，以其有生意，
　　　唯食老葉而已……梁武帝以爲南康王子琳侍讀……」也許因爲他的仁
　　　孝，所以天降之以好女，但是史傳不載，賴有僧傳之存，正可以補史
　　　之闕。

〔2〕案，梁僧祐和尚的《出三藏記集·新集疑經僞撰雜錄第三》有此事的
　　　記載，略謂：「齊末太學博士江泌處女尼子，初尼子年在齠齔，有時
　　　閉目靜坐，誦出此經。或說上天，或說神授，發言通利，有如宿習；
　　　令人寫出，俄而還止，經歷旬朔，續復如前。京都道俗咸傳其異，今
　　　上敕見面問所以，其依事奉答，不異常人；然篤信正法，少修梵行，
　　　父母欲嫁之，誓而弗許，後遂出家，名僧法，住青園寺。祐既收集正
　　　典，撿括異聞，事接耳目，就求省視；其家祕隱，不以見示，唯得〈妙
　　　音師子吼經〉三卷，以備〈疑經〉之錄。此尼以天監四年三月亡，有
　　　好事者，得其文，疏前後所出經。」

簡譜：

490 A. D. 齊武帝永明八年　師生。

505 A. D. 梁武帝天監四年　師卒，時年十六歲。

小結：

師所誦出之經，據《祐錄》說是：

1. 〈寶頂經〉一卷、〈淨土經〉一卷、〈正頂經〉一卷、〈法華經〉一卷、〈勝鬘經〉一卷、〈優曇經〉一卷（案，以上是永元元年，師九歲時誦出。）

2. 〈藥草經〉一卷、〈太子經〉一卷、〈伽耶波經〉一卷（案，以上是永元二年，師十歲時誦出。）

3. 〈波羅奈經〉一卷、〈優婁頻經〉一卷（案，以上是中興元年，師十二歲時誦出。）〈益意經〉二卷、〈般若得經〉一卷、〈華嚴瓔珞經〉一卷（案，以上是天監元年，師十三歲時誦出。）

4. 〈出乘師子吼經〉一卷（案，以上是天監三年，師十五歲時誦出。）

5. 〈踰陀衛經〉一卷、〈阿那含經〉一卷、〈妙音師子吼經〉三卷（案，以上是天監四年，師十六歲時誦出。其中〈踰陀衛經〉特別標註，是在臺內華光殿誦出的。）

6. 〈妙莊嚴經〉四卷、〈維摩經〉一卷、〈序七世經〉一卷（案，以上未標註誦出的年月；而〈維摩經〉則特別註明，是江家出。）

以上凡二十一種經、三十五卷。

梁湖州法華寺尼道蹟傳遺考 7（《續比丘尼傳》）

　　道蹟，一名明練，號總持，吳興〔1〕人。或作梁武帝女〔2〕，事達摩〔3〕爲弟子，悟心要法。達摩將返天竺，命門人各言所得〔4〕。道蹟曰：「我今所解，如慶喜見阿閦佛國，一見更不再見。」達摩曰：「汝得吾肉。」

　　後遁居湖州弁嶺峰，晝夜誦《法華經》，誦滿萬部，不下山者凡二十年，感空中白雀常來聽經，山遂以白雀名。

　　既圓寂，塔全身於結廬之所。大同元年〔5〕，塔內忽有青蓮花一朵，道俗異之；啓視，見花從舌根生。州郡錄奏，敕建法華寺。事具褚詢望〔6〕所寫塔碑。

考釋：

〔1〕吳興　屬浙江湖州府，今浙江省吳興縣。

〔2〕梁武帝女　考《梁書》、《南史》，只有〈武德郗皇后傳〉記載了梁武帝的三個女兒：「武德郗皇后諱徽，高平金鄉人也……齊建元末（案，建元才四年（479～482 A. D.），那麼所謂「末」，應該是指「四年」

（482 A. D.）吧？）嬪于武帝，生永興公主玉姚、永世公主玉婉、永
康公主玉嬛。及武帝爲雍州刺史，殂于襄陽官舍，年三十二。其年歸
葬南徐州南東海武進縣東城里山。」不但沒有說那一公主出家，甚且
連她們的〈傳〉也未之或立；這不是本書特有的作法，而是《宋書》、
《南齊書》、《梁書》、《南史》等的體例吧？

另一個可注意的現象是，南朝諸帝儘管佞佛；但是他們的后妃、公主，
似乎沒有入道的事體（案，據《南史》所載，只有一個陳後主的沈皇
后在毗陵爲尼；不過，那已經到了貞觀年間了。詳本論文〈毗陵天靜
寺觀音尼傳考〉。）即如郗皇后的故實，佛教徒盛傳梁武帝爲之請寶
誌和尚撰《梁皇懺》；但是，《南史》只說：「后酷妒忌，及終，化爲
龍入于後宮井，通夢於帝。或見形，光彩照灼。帝體將不安，龍輒激
水騰涌。於露井上爲殿，衣服委積，常置銀鹿盧金瓶灌百味以祀之。
故帝卒不置后。」它則多無一言。再如武帝的丁貴嬪，雖然「及武帝
弘佛教，貴嬪長進蔬膳；受戒日，甘露降于殿前，方一丈五尺。帝所
立經義，皆得其指歸，尤精《淨名經》。普通七年（526 A. D.）十一
月庚辰，薨，移殯於東宮臨雲閣，時年四十二。」也沒有說出家事。
那麼，褚詢望的塔碑說公主出家，不知何所據而云然？

還有一個問題，是郗皇后死於武帝爲雍州刺史時的襄陽官舍，那時皇
后正是年三十二。考《梁書》、《南史》所載，梁武爲雍州刺史的時候，
是在齊明帝建武四年（497 A. D.）。那麼，皇后之生，應該在宋明帝
泰始二年（466 A. D.），而在齊建元四年（482 A. D.）十六歲出嫁。
丁貴嬪則是生於齊武帝永明三年（485 A. D.），而卒於普通七年（526
A. D.）。

從以上的考察，武帝應該是沒有出家的女兒吧？又，我以爲「總持」
應非人名，而是禪定力、智慧力的別稱，這是形容該尼師的功德語。

〔3〕達摩　即菩提達摩，案「摩」又做「磨」。其〈傳〉具見於《洛陽伽
藍記》、《唐傳》、《傳法正宗記》及《景德傳燈錄》等禪宗史錄；而湯
用彤先生以爲《傳燈錄》以後的史記不可盡信，要以《洛陽伽藍記》、
《唐傳》爲憑。今考《伽藍記》卷一〈城內・永寧寺〉條：「永寧寺，
熙平元年（516 A. D.），靈太后胡氏所立也……裝飾畢功，明帝與太
后共登之。」案，永寧寺曾經修建過兩次，前一次是在天安二年（467

A. D.）建於代都平城。《魏書》卷一一四〈釋老志〉載：「天安二年……其歲高祖誕載，於時起永寧寺（《廣弘明集》卷二也載此事，不過說是皇興元年起於恆安北臺。）構七級佛圖，高三百餘尺，基架博敞，爲天下第一。」可惜被天火燒了。全書卷六十七〈崔光傳〉就說：「皇興中，青州七級，亦號崇壯，夜爲上火所焚。」可以爲證。接著就是靈太后胡氏的這一次，那規制的雄偉，又遠遠地超過了青州七級。《伽藍記》、《魏書》〈藝術傳〉、〈釋老志〉、《水經・穀水注》都有詳細的記述。〈崔光傳〉又說：「熙平二年（517 A. D.）八月，靈太后幸永寧寺，躬登九層浮圖。」可知寺已建好。於是，《伽藍記》在「裝飾畢功，明帝與太后共登之」後，緊接著說：「時有西域沙門菩提達摩者，波斯國胡人也（案，《唐傳》說是南天竺婆羅門種）。起自荒裔，來遊中土……自云：『……此寺精麗，閻浮所無……』口唱南無，合掌連日。」這是說師到中土，當在熙平二年八月之後，這和《唐傳》所說：「初達宋境南越，末又北度至魏。」（卷十六〈齊鄴下南天竺僧菩提達摩傳五〉）較相一致。因爲師或在劉宋的時候，已發心東來；卻因與梁武帝不契，至是已經來到魏地了。那麼，《景德傳燈錄》說是「達於南海，實梁普通八年丁未歲（527 A. D.）九月二十一日也，廣州刺史蕭昂具主禮迎接，表聞武帝。帝覽奏，遣使齎詔迎請，十月一日至金陵。」固然不確，就是《傳燈錄》的校勘說：「達摩以梁普通元年庚子歲（520 A. D.）至此土，其年乃後魏明帝正光元年也。」恐怕也不盡是實。（詳見《傳燈錄》卷三〈第二十八祖菩提達摩傳〉）《伽藍記》說師：「自云年一百五十歲，歷涉諸國，靡不周遍。」在這之前，達摩禪師或許已經和中土僧伽有所接觸了。《梁傳》卷十二〈宋京師中興寺釋慧覽傳〉說：「覽曾遊西域，頂戴佛鉢，仍於罽賓從達摩比丘諮受禪要。達摩曾入定往兜率天，從彌勒受菩薩戒，後以戒法授覽。」因爲有這樣的因緣，達摩才肯不遠千里而來吧？

〔4〕達摩將返天竺，命門人各言所得　《洛陽伽藍記》、《唐傳》都沒有這一記載；但是，根據《傳燈錄》及相關的各〈傳〉，如：《五燈會元》、《指月錄》等，都說是在後魏孝明帝太和十九年（495 A. D.），未免差距太大；校勘引宋元注說：「依《續法記》，則十月五日乃孝莊帝永安元年，即梁大通二年戊申歲（528 A. D.），其年即明帝武泰元年也。

二月明帝崩，四月莊帝即位，改元建義，至九月又改永安也；後云汝主已厭世，謂明帝崩也。」很是，因爲《傳燈錄》及相關的各〈傳〉明明寫著：「迄九年已，欲西返天竺。」這是說師在中國傳了九年法，而要回印度了。師從後魏孝明帝正光元年來到洛陽，下數九年，正好是明帝武泰元年。校勘引〈別記〉就說：「師初居少林寺九年，爲二祖說法。」可證。這時師已一百五十九歲了。不過，根據民國八十八年九月十七日臺北聯合報第十四版的新聞報導，說：「【本報東京十六日電】據日本朝日新聞今天報導，佛教禪宗始祖菩提達摩的墳墓，最近被日本學者在河南省熊耳山麓發現，墓上有梁武帝撰文的〈菩提達摩大師頌〉石碑和墓塔。據朝日新聞報導，東京的華嚴學研究所所長小島岱山八月二十六日獲准進入未對外國人開放的熊耳山區，在陝西文物國際旅行社的嚮導伴隨下，在標高九百一十二公尺的熊耳山麓平原上，發現高十五公尺的墓塔和墓碑……小島用照相機拍下碑文……全碑文約一千字，記載來自天竺的達摩於大通元年抵達中國……於大同二年十二月五日於洛州禹門（今之龍門石窟）圓寂，武帝於同月十五日撰此碑文，但何時立碑則未見記載。唐代成書的《寶林傳》（801 A. D.）中有引用武帝的達摩碑銘，經小島對照碑文，發現《寶林傳》的文字有許多誤漏。但所發現的達摩墓及其墓塔、碑文是否是附會傳說的僞作，尚待考古學鑑定，如果是眞，將是研究禪宗史的最寶貴資料。」那麼，達摩祖師並沒有回其天竺了。

〔5〕大同元年　是梁武帝即位的第三十三年，西元 535 年。梁武帝是太清三年（549 A. D.）五月往生的，壽八十六歲，那麼大同元年已經是七十二歲的高齡了。今夷考（從本節〔1〕所引史傳之文）武帝娶郗皇后時才二十歲，郗皇后之生永興公主玉姚、永世公主玉婉、永康公主玉嬛等，如果是一年一位，那麼，就以永康公主玉嬛來說，到本年也已經是五十歲的老婦了。假設總持尼就是玉嬛公主，而〈傳〉說她得達摩祖師之「肉」以後，便居在白雀山誦《法華經》萬部，足不下山者凡二十年，那麼，她是三十歲得達摩祖師之「肉」啦，則其出家當在幾何歲數呢？這裡雖提不出堅實的否定證據，不過就年歲的比對，似乎不太像，因爲梁武帝之篤信佛教，是在作了皇帝之後，這時他是三十八歲，永康公主是十七歲；皇帝的女兒留到十七歲才來出家嗎？

似乎不太合情理。再說，達摩祖師捨壽於大同二年（536 A. D.），以時間上來看，也頗有不合。

〔6〕褚詢望　待考。

簡譜：

517 A. D. 北魏孝明帝熙平二年（即梁武帝天監十七年）　八月達摩祖師東來梁土。

520 A. D. 北魏孝明帝正光元年（即梁武帝普通元年）　達摩至洛陽，時一百五十歲。

529 A. D. 北魏孝莊帝永安二年（即梁武帝中大通元年）　達摩西歸，謂總持尼得其「肉」，尼乃入白雀山誦《法華經》萬部。

535 A. D. 梁武帝大同元年　總持尼舌根生蓮，武帝乃敕建法華寺。

小結：

根據本節所考，總持尼應該不是梁武帝的女兒。

梁宜都紫竹庵尼太清傳遺考 8（《續比丘尼傳》）

太清，宜都〔1〕人……住紫竹庵，日夕誦經……庵臨溪側。

一日，溪水暴漲，太清大笑，擲蒲團於水中，趺坐其上，誦〈普門品〉，順流由長陽江出大江而去，莫知所之，因名其溪曰師姑溪。

考釋：

〔1〕宜都　屬湖廣荊州府彝陵州長陽縣，今湖北省長陽縣。

小結：

師姑溪，蓋長陽江的支流，太清尼所居紫竹庵側，溪因師而得名。

陳高郵某庵尼華手傳遺考 9（《續比丘尼傳》）

華手，梁普通二年居高郵〔1〕某庵，志節冰霜。誦《妙法蓮花經》，不捨晝夜……右手爪上即生一華，形如菱菜。如是誦五卷，五指爪上生五華，次誦第六、第七，掌內又生二華，形大於前，州境內因呼為華手尼。

尼亦無甚苦節，陳武帝〔2〕召見看之，大為嘉敬。後不知所終。

考釋：

〔1〕高郵　屬江南揚州府，今江蘇省高郵縣。

〔2〕陳武帝　即陳高祖，《南史》卷九：「武皇帝，諱霸先，字興國，小字

法生，吳興長城下若里人。」永定元年（557 A. D.）冬十月乙亥，即皇帝位於南郊，這是一位虔誠的佛教皇帝，所以：全年庚辰，詔出佛牙於杜姥宅，集四部設無遮大會；二年（558 A. D.）辛酉幸大莊嚴寺捨身，壬戌群臣表請還宮；全年乙亥，又幸大莊嚴寺發《金光明經》；全年十二月甲子，再幸大莊嚴寺設無遮大會，捨乘輿法物。丙午，帝崩於璿璣殿，時年五十七。以是考之，帝之召見華手尼師，不能遲於永定二年也。

簡譜：

521 A. D. 梁武帝普通二年　師以誦《妙法蓮花經》，而花生指掌，因名華手尼。

558 A. D. 陳武帝永定二年　帝在這一年以前召見華手尼。

北齊五臺祕魔巖法祕尼傳遺考 10（《續比丘尼傳》）

法祕，北齊人……居五臺山西臺，專修禪慧……積五十年，未嘗下山，年八十餘始寂。後人重其道，名其住處曰祕魔巖〔1〕，謂高尼法祕煉魔地也。唐有祕魔巖和尚〔2〕，得馬祖〔3〕之道，擎叉接人，亦以住此而名。

考釋：

〔1〕祕魔巖　據〈傳〉言，殆在五臺山的西臺；五臺山，當在山西省五臺縣的東北，殆一名山。

〔2〕祕魔巖和尚　據《景德傳燈錄》卷十，說是荊州永泰寺靈湍禪師的法嗣；而靈湍禪師則是南嶽懷讓禪師第二世的法嗣，〈傳〉說：「五臺山祕魔巖和尚，常持一木叉，每見僧來禮拜，即以叉卻頸云：『那箇魔魅教汝出家？那箇魔魅教汝行腳？道得也叉下死，道不得也叉下死！速道！』僧鮮有對者。」

〔3〕馬祖　就是南嶽懷讓禪師第一世的法嗣，江西道一禪師。《景德傳燈錄》卷六，〈傳〉說：「江西道一禪師，漢州什邡人也，姓馬氏。容貌奇異，牛行虎視，引舌過鼻，足下有二輪紋。幼歲依資州唐和尚落髮，受具於渝州圓律師；唐開元中，習禪定於衡嶽傳法院，遇讓和尚。同參九人，唯師密受心印……師入室弟子一百三十九人，各為一方宗主，轉化無窮。師於貞元四年正月中，登建昌石門山……至二月四日入滅。」

二、史　傳

這是就《晉書》、《魏書》、《北齊書》、《周書》、《北史》、《宋書》、《南齊書》、《梁書》、《陳書》、《南史》等加以鉤稽的：

濟尼傳遺考 11（《晉書》卷九十六‧列傳第六十六〈王凝之〔1〕妻謝氏傳〉）

　　初，同郡張玄〔2〕妹亦有才質，適於顧氏〔3〕，玄每稱之，以敵道韞〔4〕。有濟尼者，游於二家，或問之，濟尼答曰：「王夫人神情散朗，故有林下風氣。顧家婦清心玉映，自是閨房之秀。」道韞所著詩賦誄頌並傳於世。

考釋：

〔1〕王凝之　義之之次子「亦工草隸，仕歷江州刺史、左將軍、會稽內史。」他們家世代事奉張天師五斗米道，也就是所謂的「天師道」。另外，從上考察，濟尼之在王、顧二家，應當在東晉孝武帝太元四年（379 A.D.，王義之卒年）之後，隆安二年之前。

〔2〕張玄　吳中秀士，字祖希，他的事跡僅附見於王忱傳。《晉書》卷四十五〈王忱傳〉說王忱：「嘗造其舅范甯，與張玄相遇。甯使與玄語，玄正坐斂衽，待其有發；忱竟不與言，玄失望便去。甯讓忱曰：『張玄吳中之秀，何不與語？』忱笑曰：『張祖希欲相識，自可見詣。』既而，甯使報玄，玄束帶造之，始為賓主。」

〔3〕顧氏　不知誰何？但本人頗疑其為顧和，《晉書》卷八十三〈顧和傳〉說他兒時的清操機鋒：「王導為揚州辟從事，月旦當朝；未入，停車門外。周顗遇之，和方擇蝨，夷然不動；顗既過顧，指和心曰：『此中何所有？』和徐應曰：『此中最是難測地。』顗入謂導曰：『卿州中有一令僕才。』導亦以為然。」其後官拜左光祿大夫、儀同三司、加散騎常侍，門風鼎盛，才可以與王氏〈義之、凝之〉相提並論，也才是濟尼交游的對象，也才配得上那樣的淑媛；可惜沒有堅確的證據，足資證明。

〔4〕道韞　今所遺留的詩文，據胡文楷氏的《歷代婦女著作考》所載，只有馮氏《詩紀》的登山詩、詠松詩、詠雪聯句，以及《藝文類聚》卷五十五所收的論語贊一篇而已。

簡譜：

379～398 A. D.東晉孝武帝太元四年至東晉安帝隆安二年　濟尼嘗出入王、
　　　　　　顧二家閨閣。

小結：

1. 濟尼者，不知何許人也；但能出入名家閨閣，當不是等閒人物。
2. 王凝之是虔誠的道教徒，已如史言；而《中國道教史》
3. 疑顧氏，或爲顧和。

張氏尼傳遺考 12（《晉書》卷九十六·列傳第六十六〈呂纂妻楊氏傳附呂紹
妻張氏傳〉）

　　呂紹〔1〕妻張氏，亦有操行。年十四，紹死，便請爲尼。呂隆〔2〕見
而悅之，欲穢其行，張氏曰：「欽樂至道，誓不受辱。」遂昇樓，自投於地，
二脛俱折，口誦佛經，俄然而死。

考釋：

〔1〕呂紹　見《晉書·載記》卷二十二〈呂光、呂纂、呂隆傳的附記〉。
　　案，紹，字永業，光之嫡子，所以光在晉孝武帝太元十四年「僭即三
　　河王位」時，就立紹爲世子；太元二十一年僭即天王位，乃改立爲太
　　子。不過，呂光也知道太子不是一人才，因此在死前托孤給他的庶長
　　子呂纂，就說：「永業才非撥亂，直以正嫡有常，猥居元首。」而要
　　求呂纂、呂弘兄弟緝穆地扶持太子；然而呂纂還是篡了位，堂弟呂隆
　　又篡了他的位。《載記》說：「（呂）隆率戶一萬，隨（姚興將齊）難
　　東遷至長安……其後隆坐與子弼謀反，爲興所誅。呂光以孝武帝太元
　　十二年定涼州，十五年僭立；至隆凡十有三載，以安帝元興三年
　　滅。」實在是其興也暴，其亡也速。呂光死於晉安帝隆安三年（399 A.
　　D.），呂纂在隆安四年（400 A. D.）僭即天王位，可知呂紹之死當在
　　其間。

〔2〕呂隆　呂光的弟弟、呂寶的兒子，算來是呂紹的叔叔；卻覬覦姪子的
　　妻室，真是從何說起。不過《載記》記呂纂對待他的弟弟呂弘的心態，
　　說：「弘眾潰，出奔廣武，纂縱兵大掠。以東苑婦女賞軍，弘之妻子
　　亦爲士卒所辱，纂笑謂群臣曰：『今日之戰何如？』其侍中房晷曰：
　　『……弘妻陛下之弟婦也，弘女陛下之姪女也；奈何使無賴小人辱爲

婢妾？天地神明豈忍見此？』」以此例之，呂隆可知。

簡譜：

386 A. D. 東晉孝武帝泰元二十一年　張氏尼生。

399 A. D. 東晉安帝隆安三年　呂紹卒，妻張氏便請出家爲尼，時年十四。

400 A. D. 東晉隆安四年　呂隆欲行穢跡，張氏尼投樓而寂，猶口誦佛經，時年十五。

小結：

張氏尼既「二脛俱折，口誦佛經，俄然而死」，此等氣勢，很有「遺身」成就的氣派。

惠香尼傳遺考 13（見《魏書》卷一一四〈釋老志〉）

太和〔1〕九年秋，有司奏：「上谷郡比丘尼惠香，在北山松樹下死，屍形不壞，爾來三年，士女觀者有千百。於時人皆異之。」

考釋：

〔1〕太和　是北魏孝文帝的年號，相當於西元 485 年；惠香尼卒於「爾來三年」，那麼，應當是太和六年（482 A. D.）。

簡譜：

482 A. D. 北魏孝文帝太和六年　師卒。

485 A. D. 北魏孝文帝太和九年　有司奏師之卒已三年，而屍形不壞。

小結：

師所現者，殆金剛不壞之全身舍利也。

練行尼馮氏傳遺考 14（《魏書》卷十三〈皇后列傳〉）

后〔1〕貞謹有德操，遂爲練行尼〔2〕，後終於瑤光佛寺〔3〕。

考釋：

〔1〕后　案，此指孝文廢后而言。《魏書·皇后列傳》說：「廢后馮氏，太師熙之女也。太和十七年（493 A. D.），高祖既終喪（案，這是高祖孝文帝爲文成文明太后守的喪），太尉元丕等表以長秋未建，六宮無主，請正內位。高祖從之，立以爲后。」其後高祖寵幸后姊昭儀，后遂廢爲庶人。

案，后姊昭儀，其後亦嘗爲尼而立爲后。〈孝文幽后傳〉說：「幽后，亦馮熙女也。母曰常氏，本微賤，得幸於熙；熙元妃公主薨後，遂主家事，生后與北平公夙。文明皇太后欲家世貴寵，乃簡熙二女，俱入掖庭，其一早卒。后有姿媚，偏見愛幸；未幾疾病，文明太后乃遣還家爲尼。」〔註1〕（關於文明太后事，請參閱本論文〈玖、地域考〉章〈地域與宗教的關係〉節）

〔 2 〕練行尼 謂修練戒行的沙彌尼也。

〔 3 〕瑤光佛寺 請參閱本論文〈寺院考〉。

簡譜：

496 A. D. 齊明帝建武三年 馮氏入爲練行尼，居瑤光佛寺。

小結：

佛制沒有練行尼的設置，應該是我國的新增。

北魏帝室入道諸尼遺考 15（《北史》卷十三〈后妃上〉）

帝室的后妃入道，大概有兩種情況：要不就是寵衰愛弛，要不就是帝王駕崩（或者怯懦）宮闈難容，只得遯而入道，初非本意，所以法號的有無，本來也不在意，史家作傳，也就不加深考。這一種例子不少，如：

宣武皇后高氏尼傳遺考 16

宣武皇后高氏，文昭皇后兄偃之女也……性妒忌，宮人稀得進。及明帝即位，上尊號曰皇太后；尋爲尼，居瑤光寺，非大節慶不入宮中。建德公主始五六歲，靈太后恆置左右，撫愛之。神龜元年，太后出覲母武邑君；時天文有變，靈太后欲以當禍，是夜暴崩，天下冤之。喪還瑤光佛寺，殯葬皆以尼禮。（案，此段有碑誌留存，詳見本論文〈魏瑤光寺尼慈義傳考 18〉）

宣武靈皇后胡氏尼傳遺考 17

宣武靈皇后胡氏，安定臨涇人〔1〕，司徒國珍〔2〕女也。母皇甫氏

〔註1〕關於此段事體，《資治通鑑》卷一四〇〈齊紀六‧明帝建武三年（496 A. D.）〉條記載得比較明暢：「秋，七月，魏廢皇后馮氏。初，文明太后欲其家貴重，簡馮熙二女入掖庭；其一早卒，其一得幸於魏主，未幾，有疾，還家爲尼。及太后殂，帝立熙少女爲皇后。既而其姊疾愈，帝思之，復迎入宮，拜左昭儀，后寵浸衰。昭儀自以年長，且先入宮，不率妾禮。后頗愧恨，昭儀因譖而廢之。后素有德操，遂居瑤光寺爲練行尼。」

〔3〕，產后之日，赤光四照。京兆山北縣〔4〕有趙胡者，善於卜相，國珍問之。胡云：「賢女有大貴之表，方爲天地母，生天地主；勿過三人知也。」后姑〔5〕爲尼，頗能講道。宣武初，入講禁中，積歲，諷左右稱后有姿行。帝聞之，乃召入掖庭，爲充華世婦。而椒庭之中，以國舊制，相與祈祝，皆願生諸王、公主，不願生太子〔6〕；唯后每稱：「夫人等言，何緣畏一身之死而令皇家不育冢嫡也？」明帝在孕，同列猶以故事相恐，勸爲諸計；后固意確然，幽夜獨誓，但使所懷是男，次第當長子，子生，身死不辭。既誕明帝，進爲充華嬪。及明帝踐阼，尊后爲皇太妃，後尊爲皇太后。臨朝聽政，猶曰殿下，下令行事；後改令稱詔，群臣上書曰陛下，自稱曰朕。太后性聰悟，多才藝，姑既爲尼，幼相依託，略得佛經大義。親覽萬機，手筆斷決。幸西林園法流堂，命侍臣射，不能者罰。太后父薨，百僚表請公除，太后不許。幸永寧寺〔7〕，觀建剎於九層之基，僧尼士女赴者數萬人……後幸嵩高山，夫人、九嬪、公主以下從者數百人，升于頂中。廢諸淫祀，而胡天神〔8〕不在其例。

　　時太后逼幸清河王懌〔9〕，淫亂肆情，爲天下所惡。領軍元叉〔10〕、長秋卿劉騰〔11〕等奉明帝於顯陽殿，幽太后於北宮，於禁中殺懌；其後太后從子都統僧敬〔12〕與備身左右張車渠〔13〕等數十人謀殺叉，復奉太后臨朝。事不克，僧敬坐徙邊，車渠等死，胡氏多免黜。後明帝朝太后於西林園，宴文武侍臣，飲至日夕，叉乃起至太后前自陳，外云太后欲害己及騰。太后答云：「無此語。」遂至於極昏。太后乃起執明帝手下堂，言：「母子不聚久，今暮共一宿，諸大臣送我入。」太后與帝向東北小閣，左衛將軍奚康生〔14〕謀殺叉不果。

　　自劉騰死，叉叉寬怠，太后與明帝及高陽王雍〔15〕爲計，解叉領軍。太后復臨朝，大赦改元。自是朝政疏緩，威恩不立，天下牧守所在貪惏。鄭儼〔16〕汙亂宮掖，勢傾海內；李神軌〔17〕、徐紇〔18〕並見親侍，一、二年中，位總禁要。手握王爵，輕重在心，宣淫於朝，爲四方之所穢。文武解體，所在亂逆，土崩魚爛，由於此矣。僧敬又因聚集親族，遂涕泣諫曰：「陛下母儀海內，豈宜輕脫如此！」太后大怒，自是不召僧敬。

　　內爲朋黨，防蔽耳目，明帝所親幸者，太后多以事害焉。有蜜多道人〔19〕，能胡語，帝置於左右；太后慮其傳致消息，三月三日，於城南大巷中殺之，方懸賞募賊。又於禁中殺領左右、鴻臚少卿谷會紹達〔20〕，並帝

所親也。母子之間，嫌隙屢起。鄭儼慮禍，乃與太后計，因潘嬪〔21〕生女，妄言皇子，便大赦，改年爲武泰元年，復陰行鴆毒。其年二月，明帝暴崩，乃奉潘嬪女，言即太子位；經數日，見人心已安，始言潘嬪本實生女，今宜更擇嗣君，遂立臨洮王子釗〔22〕爲主，年始二、三歲，天下愕然。

及尒朱榮稱兵渡河，太后盡召明帝六宮，皆令入道，太后亦自落髮。榮遣騎拘送太后及幼主於河陰。太后對榮多所陳說，榮拂衣而起；太后及幼主並沉於河。太后妹馮翊君收瘞於雙靈寺〔23〕，武帝時始葬以后禮，而追加謚曰靈。

考釋：

〔 1 〕安定臨涇　今甘肅省鎮原縣東六十里有臨涇城，屬陝西平涼府。

〔 2 〕胡國珍　《魏書》卷八十三、《北史》卷八十俱有傳。國珍，字世玉，少好學，雅尚清儉，更加崇信佛法。《魏書》說：「時事齋潔，自強禮拜……神龜元年四月七日，步從所建佛像，發第至閶闔門四、五里（案，此時已經是八十高齡的老者了）。八日，又立觀像，晚乃肯坐。」竟因此一病不起。家教如此，難怪靈太后之篤志信佛。

〔 3 〕母皇甫氏　安定朝那人，《北史》卷八十有靈太后舅～皇甫集小傳。

〔 4 〕山北縣　今陝西省長安縣東南五十里有山北城。

〔 5 〕后之姑，不知其法號，且以胡氏尼誌之。

〔 6 〕所謂「以國舊制」者，即北魏祖宗之慣例，凡欲立爲太子者，其生母必賜死，如〈道武宣穆皇后劉氏傳〉就說：「登國初，納爲夫人，生華陰公主，後生明元。后專理內事，寵待有加，以鑄金人不成，故不登后位。魏故事，後宮產子，將爲儲貳，其母皆賜死。」爲此而死的，如：文成元皇后李氏、孝文貞皇后林氏等都是。

〔 7 〕永寧寺　詳見本論文〈寺院考〉。

〔 8 〕胡天神　殆指金人而言。參閱本「考注六」。

〔 9 〕清河王懌　《北史》卷十九〈本傳〉說他字叫宣仁，美姿貌，有文才；這才被太后逼幸，也才招來了殺身之禍。當然，〈傳〉說：「元叉恃寵驕橫，懌裁之以法，每抑黜之。」是禍端的近因。史家對他的評語是：「清河器識才譽，以懿親作輔，時鍾屯祲，始遘牆茨之逼；運屬道消，晚扼兇權之手，悲哉！」

〔10〕領軍元叉　太后之妹夫也，史說其恃寵驕橫至於廢太后，操生殺與奪

之權。

〔11〕劉騰　《北史》卷九十二〈恩倖傳〉、《魏書》卷九十四〈閹官傳〉並
有傳。騰，字青龍，本平原城民，徙屬南兗州之譙郡。史說他手不解
書，裁知署名而已；但是，靈太后臨朝，特蒙進寵，洛北的永橋、太
上公、太上君及城東三寺，都是他主修營建的。

〔12〕僧敬　《梁傳》卷八〈僧宗傳〉說僧宗善〈大涅槃〉及〈勝鬘〉、〈維
摩〉等，每至講說聽者將近千人，所以「魏主元宏遙挹風德，屢致書
并請開講。」〈傳〉又說在此同時，有中興寺的僧敬和向善於數論，
振名上國。魏主元宏，就是高祖孝文帝；中興寺，則是在建康。時既
不同，地也有異；然則善於數論的僧敬，殆不是太后從子兼都統的僧
敬了。

〔13〕張車渠　官備身左右，曾經參與宮廷之變，不成而死。案，《洛陽伽
藍記》卷五〈禪虛寺〉條載有車渠之勇武事體：「城北禪虛寺，在大
夏門御道西，寺前有閱武場。歲終農隙，甲士習戰，千乘萬騎，常在
於此。有羽林馬、僧相善觚角戲，擲戟與百尺樹齊等。虎賁張車渠
擲刀，出樓一丈，帝亦觀戲在樓，恒令二人對為角戲。中朝時宣武
場大夏門東北，今為光風園，苜蓿生焉。」而《說郛》卷六十五所記
多同。

〔14〕奚康生　《北史》卷三十七：「奚康生，河南陽翟人也；本姓達奚，
其先居代，世為部落大人。」康生驍勇有膂力，多所殺戮；但卻信向
佛道，史說他：「每捨居宅立寺塔，凡歷四州，皆有建置。」最後死
於叛亂，年五十四。

〔15〕高陽王雍　《北史》卷十九有傳，文帝第四子，字思穆；明帝時，與
元叉同決庶政，榮貴之盛，昆弟莫及。但是，不學無術，孝莊初在河
陰遇害。

〔16〕鄭儼　《魏書》卷九十三、《北史》卷三十五有傳，說他容貌壯麗，
為靈太后所幸，權傾內外，至於毒殺明帝，後為尒朱榮所討。

〔17〕李神軌　《魏書》卷六十六有傳，蓋頓丘人李崇之次子，史說他累出
征討，頗有將領之氣；大概因此，在孝昌中為靈太后所寵遇，於是與
鄭儼、徐紇等勢傾朝野，當時人譏諷說：「見幸帷幄」。

〔18〕徐紇　《魏書》卷九十三、《北史》卷三十五有傳，說他少好學，有

名理，頻以文詞見稱；但是外似謇正，內實讒諛。與鄭儼、李神軌寵任相亞，時稱「徐鄭」。

〔19〕蜜多道人　北魏肅宗所寵幸者，後為靈太后所殺，事亦見《通鑑》卷一五二。

〔20〕谷會紹達　蓋複姓，《通志》卷二十九〈代北複姓〉條說《魏書・官氏志》改谷會為谷氏，谷會紹達殆即《通鑑》的谷士恢，卷一五二：「魏靈太后再臨朝以來，嬖倖用事，政事縱弛，恩威不立，盜賊蠭起，封疆日蹙。魏肅宗年浸長，太后自以所為不謹，恐左右聞之於帝；凡帝所愛信者，太后輒以事去之，務為壅蔽，不使帝知外事。通直散騎常侍昌黎谷士恢有寵於帝，使領左右，太后屢諷之欲用為州，士恢懷寵不願出外，太后乃誣以罪而殺之。」

〔21〕潘嬪　其出身不詳，蓋明帝時後宮之充華（見下傳），為帝所專寵。《魏書》卷九十四說她是閹官成軌的假女，而成軌勢傾中外。〈閹官・成軌傳〉：「肅宗所幸潘嬪，以軌為假父，頗為中官之所敬憚。」

〔22〕臨洮王子釗　是臨洮王寶暉的兒子，生三歲而登基，生三歲而被尒朱榮沉於河。《北史》卷四〈魏本紀〉、《魏書》卷九〈孝明帝本紀〉載說：「武泰元年春正月乙丑生皇女，祕言皇子。景寅大赦，改元。二月癸丑，帝崩於顯陽殿，時年十九。甲寅，皇子即位，大赦。皇太后詔曰：時直以國步未康，假稱承統，欲以底定物情，係仰宸極。何圖一旦弓弛莫追，國道中微，大行絕祀？皇曾孫～故臨洮王寶暉世子釗，體自高祖，天表卓異，大行平日養愛特深，義齊若子，事符當璧。及翊日弗愈，大漸彌留，乃延入青蒲，受命玉几；暨陳衣在庭，登策靡及，允膺大寶，即日踐阼。朕是用惶懼。」

〔23〕雙靈寺　詳本論文〈寺院考〉。

小結：

1. 后之姑為尼，善講道，又能出入禁中，可見當時尼師的勢態的一般了。

2. 生太子而母賜死，則其君王、領導階層的信佛心態，可以想見。

3. 胡天神，是鮮卑拓跋氏的本土宗教信仰，所以登后位得鑄金人；而佛教明顯的是外來的層疊宗教。

4. 太后崇佛，大興土木，除九層的永寧寺之外；又著劉騰建構洛北的永橋、太上公、太上君及城東三寺，都是他主修營建的。

5. 太后有都統的僧敬從子，明帝有置之左右的蜜多道人，於是互相傾軋、角力，然則當時的佛教信仰之情事可以知矣。

簡譜：

請參後文。

孝明皇后胡氏尼傳遺考 18

孝明皇后胡氏〔1〕，靈太后從兄冀州刺史盛〔2〕之女也。靈太后欲榮重門族，故立爲皇后。

肅宗頗有酒德，專寵充華潘氏，后及嬪御並無過寵。太后爲肅宗選納，抑屈人流，時博陵崔孝芬〔3〕、范陽盧道約〔4〕、隴西李瓚〔5〕等女，但爲世婦；眾人訴訟，咸見忿責。

武泰初，后既入道，遂居於瑤光寺。

考釋：

〔1〕案，〈傳〉又見《魏書》卷十三〈后妃列傳第一〉。

〔2〕冀州刺史盛　《北史》卷八十有傳，說他是胡國珍養兄胡眞的次子，字歸興，也是一好官，因之追封陽平郡公。

〔3〕崔孝芬　傳見《魏書》卷五十七、《北史》卷三十二〈崔挺傳附〉，他的豐功已見〈本傳〉，《大事記續編》竟然以孝芬的被殊爲罪狀之一，則他在時人心目中的分量，不言可喻，卷四十六：「夏四月，魏元慶和攻東魏，遣司徒高敖曹等拒之。解題曰：按丘悅〈三國典略〉魏制曰逆賊高歡初從爾朱榮入洛，勸榮纂位罪一；……尚書崔孝芬、辛雄等國家勳舊，責以駕行不從，一時屠害罪十八。」而孝芬最爲後人稱道的，是他的孝義，《御定小學集註》卷六：「崔孝芬兄弟孝義慈厚，弟孝暐等奉孝芬盡恭順之禮，坐食進退孝芬不命則不敢也。雞鳴而起，且溫顏色；一錢尺帛不入私房，吉凶有須聚對分給，諸婦亦相親愛，有無共之。孝芬叔振既亡後，孝芬等承奉叔母李氏若事所生，旦夕溫清，出入啓覲，家事巨細一以咨決。每兄弟出行有獲，則尺寸以上皆入李之庫，四時分賚李氏自裁之，如此二十餘歲。○孝芬北朝博陵人。」諸凡此等記載，史不絕書。

〔4〕盧道約　〈傳〉附見《魏書》卷四十七〈盧玄傳〉，蓋淵之子，字季恭，范陽涿人，太傅李延實之妻弟。興和末除衛大將軍、兗州刺史，

在州頗得民和。武定元年（543 A. D.）卒，年五十八；贈使持節驃騎大將軍、儀同三司、幽州刺史。其女又爲北齊武成帝之后，事見《北齊書》卷九〈后妃傳〉：「北齊武成胡后，其母盧道約女。初懷孕，有胡僧詣門曰：『此宅葫蘆中有月』既而生后。天保初，選爲長廣王妃；產後主日，鴉鳴於產帳上。武成崩，尊爲皇太后。陸媼及和士開密謀殺趙郡王叡，出妻定遠、高文遙爲刺史，和、陸諂事太后，無所不至。初武成時，后與諸閹人褻狎，武成寵幸和士開，每與后握槊，因此與后姦通。自武成崩後，數出詣佛寺，又與沙門曇獻通，布金錢於獻席下，又挂寶玲胡床於獻屋壁，武成平生之所御也。乃置百僧於內殿，託以聽講，日夜與曇獻寢處，以獻爲昭玄統，僧徒遙指太后以弄曇獻，乃至謂之爲太上者。帝聞太后不謹，而未之信；後朝太后，見二少尼晤而召之，乃男子也，於是曇獻事亦發，皆伏法。并殺元山王三郡君，皆太后之所昵也……齊亡入周，恣行姦穢，隋開皇中殂。」《天中記》卷十二〈握槊〉條所載同，而說是出自《北史》，恐不確。

〔 5 〕 李瓚　待考。

小結：

沙門與后妃通而爲昭玄統、爲太上者；帝見少尼，晤而召之（儘管發現實爲男子而伏法）。則僧尼固有不是，帝王、后妃之心態、作爲又何嘗正確？且他們的亂法，同是一轍的。

簡譜：

請參後文。

西魏文帝文皇后乙弗氏尼傳遺考 19

　　文帝文皇后乙弗氏〔1〕不只入了道，更死在道上。《北史》卷十三〈后妃列傳〉說：「文帝文皇后乙弗氏，河南洛陽人也。其先世爲吐谷渾〔2〕渠帥，居青海，號青海王……后美容儀……年十六，文帝納爲妃。及帝即位，以大統元年冊爲皇后……生男女十二人，多早夭，唯太子〔3〕及武都王戊〔4〕存焉。時新都關中，務欲東討，蠕蠕〔5〕寇邊，未遑北伐，故帝結婚以撫之。於是更納悼后〔6〕，命后遜居別宮，出家爲尼……六年春，蠕蠕舉國渡河，前驅已過夏，頗有言虜爲悼后之故興此役。帝曰：『豈有百萬之眾爲

一女子舉也？雖然，致此物論，朕亦何顏以見將帥邪！』乃遣中常侍曹寵〔7〕齎手敕令后自盡。后奉敕，揮淚謂寵曰：『願至尊享千萬歲，天下康寧，死無恨也。』因命武都王前，與之訣。遺語皇太子，辭皆悽愴，因慟哭久之。侍御咸垂涕失聲，莫能仰視。召僧設供，令侍婢數十人出家，手爲落髮。事畢，乃入室，引被自覆而崩，年三十一。鑿麥積崖〔8〕爲龕而葬，神柩將入，有二叢雲先入龕中，頃之一滅一出，後號寂陵。」

考釋：

〔1〕乙弗氏　請參閱本論文〈罕見姓氏考〉。

〔2〕吐谷渾　《魏書》卷一〇一有傳，略謂：「吐谷渾，本遼東鮮卑徒河涉歸子也。涉歸一名弈洛韓，有二子：庶長曰吐谷渾，少曰若洛廆。涉歸死，若洛廆代統部落，別爲慕容氏；涉歸之存也，分七百戶以給吐谷渾……於是遂西附陰山，後假道上隴……止於枹罕暨甘松南界、昂城、龍涸，從洮水西南極白蘭數千里中逐水草蘆帳而居，以肉酪爲糧。西北諸種謂之阿柴虜。」說到這裡，都是以吐谷渾爲部落，爲國家；其後乃爲一氏族：「葉延自謂曾祖弈洛韓始封昌黎公：『吾爲公孫之子，案禮公孫之子得以王父字爲氏，遂以吐谷渾爲氏焉。』」於是數傳，到了：「伏連籌死，子夸呂立，始自號爲可汗，居伏俟城，在青海西十五里；雖有城郭而不居，恆處穹廬，隨水草畜牧。」

〔3〕太子　即廢帝欽，大統元年正月乙卯立爲皇太子，十七年三月即皇帝位；三年之後，爲宇文泰所廢。

〔4〕武都王戊　秦州刺史，其母文皇后嘗徙之與住。

〔5〕蠕蠕　《魏書》卷一〇三有傳，說到他們的傳承是：始祖木骨閭→車鹿會（自號柔然）→吐奴傀→（數傳至）社崙（號爲強盛。隨水草畜牧，其西則焉耆之地、東則朝鮮之地，北則渡沙漠，窮瀚海，南則臨大磧。其常所會庭則敦煌、張掖之北。自號丘豆伐可汗）→斛律（號藹苦蓋可汗）→步鹿眞→大檀→吳提（號敕連可汗）→吐賀眞立（處可汗）→予成（受羅部眞可汗）→豆崙（伏古敦可汗）→那蓋（候其伏代庫者可汗）→醜奴（案，永平四年九月，嘗遣沙門洪宣奉獻珠像）→阿那瓌（永光初，封爲朔方郡公、蠕蠕王；齊獻武王以常山王妹樂安公主改封蘭陵公主，與和親。）蠕蠕寇邊，事在大統初年。

〔6〕納悼后事在大統四年。悼后，郁久閭氏，蠕蠕主阿那瓌之長女，立后

之時，年方十四；年十六，因生產而崩，時大統六年。

〔7〕曹寵　西魏文帝時之中常侍。

〔8〕麥積崖　有二處：一在山西省平順縣東南百四十里，一在甘肅省天水縣東南九十里處。而西魏立都長安，也就是現在的陝西省西安市，以此來看，這裡的麥積崖應屬後者，因地緣切近故。

小結：

1. 吐谷渾，一名而兼義：先是人名，其後國名，再氏族名，最後則成姓氏矣。

2. 乙弗氏爲尼，殆非其本意，實在是政治迫害的犧牲品而已。（詳見本論文〈女眾入道因緣考〉）

西魏恭帝皇后若干氏尼傳遺考 20

恭帝皇后若干氏〔1〕，司空長樂正公惠〔2〕之女也。有容色，恭帝納之爲妃。及即位，立爲皇后。後出家爲尼，在佛寺薨，竟無謚。

考釋：

〔1〕若干氏　請參閱本論文〈罕見姓氏考〉。

〔2〕司空長樂正公惠　即若干惠，《周書》卷十七、《北史》卷六十五都有傳：「若干惠，字惠保，代郡武川人也（案，代郡即今山西省大同縣，屬雁門道；武川，就在大同縣北的塞外）。其先與魏氏俱起，以國爲氏。」魏孝武帝西遷，他從擒寶泰，復弘農，破沙苑，於是加侍中、開府，進爵長樂郡公，最後是死於軍中。

簡譜：

500 A. D. 北魏宣武帝景明元年　宣武靈皇后胡氏之姑爲尼，頗能講道。宣武初（案，宣武爲帝，當在是年；其崩，在延昌四年，三十三歲。則彼爲帝，時爲十七歲；十八歲，靈皇后胡氏入宮爲充華世婦。）入講禁中，積歲，諷左右稱后有姿行。靈皇后胡氏之姑爲尼，住在自立的胡統寺中，關於這事，請參考本論文〈寺院考・胡統寺條〉。

515 A. D. 北魏宣武帝延昌四年　宣武皇后高氏爲尼，居瑤光寺。

518 A. D. 北魏孝明帝神龜元年　宣武皇后出覲母武邑君；時天文有變，靈太后欲以當禍，是夜暴崩，天下冤之。喪還瑤光佛寺，殯葬皆以

尼禮。

528 A. D. 北魏孝明帝武泰元年　介朱榮稱兵渡河，宣武靈皇后胡氏（即胡太后）盡召明帝六宮，皆令入道，太后亦自落髮。榮遣騎拘送太后及幼主於河陰，並沉於河。太后妹馮翊君收瘞於雙靈寺。孝明皇后胡氏（靈太后從兄冀州刺史盛之女）也在是年入道，居瑤光寺。

534 A. D. 西魏文帝大統元年　蠕蠕寇邊。

538 A. D. 西魏文帝大統四年　文帝納悼后（時后年十四），文皇后乙弗氏（時后年二十九）出家為尼。

540 A. D. 西魏文帝大統六年　蠕蠕舉國渡河，文帝文皇后乙弗氏……召僧設供，令侍婢數十人出家，手為落髮。事畢，乃入室，引被自覆而崩，年三十一。鑿麥積崖為龕而葬。

556 A. D. 西魏恭帝　（案，恭帝與其前的廢帝一樣，都不用年號；今夷考其即位，當大統十七年之後的第三年（554 A. D.），而他在位也不過兩年，即到（556 A. D.））。所以恭帝皇后若干氏之出家為尼，應該是在這一年。

小結：

1. 北魏后妃嬪御，多有出家者；但是，出家多不是本願，因此鮮有善終的。
2. 瑤光寺、雙靈寺等是帝室的家寺，其出家之后妃嬪御，多居於此。

北齊帝室后妃入道諸尼傳遺考（《北史》卷十四〈后妃下〉）

文宣皇后李氏尼傳遺考 21

　　文宣皇后李氏〔1〕，諱祖娥，趙郡李希宗〔2〕女也，容德甚美。初為太原公〔3〕夫人，及帝將建中宮，高隆之〔4〕、高德正〔5〕言漢婦人不可為天下母，宜更擇美配；楊愔〔6〕固請依漢、魏故事，不改元妃。而德正猶固請廢后而立段昭儀〔7〕，欲以結勳貴之援，帝竟不從而立后焉。

　　帝好捶撻嬪御，乃至有殺戮者，唯后獨蒙禮敬。天保十年，改為可賀敦皇后；孝昭〔8〕即位，降居昭信宮，號昭信皇后。武成〔9〕踐祚，逼后淫亂，云：「若不許，我當殺爾兒。」后懼，從之。後有娠，太原王紹德〔10〕至閤，不得見；慍曰：「兒豈不知耶？姊姊腹大，故不見兒。」后聞之，大慚，由是生女不舉。帝橫刀詬曰：「爾殺吾女，我何不殺爾兒！」對后前築殺紹德。

后大哭，帝愈怒，裸后亂摑撻之，號天不已。盛以絹囊，流血淋漓，投諸渠水，良久乃蘇，犢車送妙勝尼寺〔11〕。

后性好佛法，因此爲尼。齊亡入關，隋時得還趙郡。

考釋：

〔1〕案，《北齊書》卷九亦有傳。

〔2〕李希宗　曾祖順，北魏世祖時官侍中、鎮西大將軍、太魏公、高平王，諡曰宣王；祖李式，歷散騎常侍、平東將軍、西兗州刺史、濮陽侯；父憲，贈使持節、都督定、冀、相、殷四州諸軍事、驃騎大將軍、儀同三司、尙書令、定州刺史。家世之顯赫，可以想見。希宗是李憲的次子，字景玄。北魏亡後，北齊獻武王擢爲中外府長史，爲齊王納其第二女爲妃；後出爲上黨太守，興和二年四月卒於郡，年四十。〈傳〉見《魏書》卷三十六〈李順傳附〉。

〔3〕太原公　即文宣皇帝，蓋東魏天平二年（535 A. D.）所封也。

〔4〕高隆之　《北齊書》卷十八有傳：隆之，字延興，本姓徐氏，云出自高平金鄉；爲姑婿高氏所養，因從其姓。崇佛，史說他「廣費人工，大營寺塔」；有寡姊爲尼，事之如母。但是隆之性陰毒，睚眥必報，終至家門殄滅。

〔5〕高德正　《北史》卷三十一、《北齊書》卷三十並有傳，但是《北齊書》「正」做「政」。德正，字士貞，渤海蓨人；父顯，魏滄州刺史。但是德正卻逼魏靜帝禪位於齊，終於死在齊文宣帝的刀下。

〔6〕楊愔　《北齊書》卷三十四有傳：愔，字遵彥，小名秦王，弘農華陰人。世奉釋氏，史說有自家的佛寺（在碻磝戍）精廬；且在流亡的時候，變姓名，入嵩山與沙門曇謨徵等屏居削跡。尙太原長公主（即魏孝靜皇后），天保十年封開封王；乾明二年，爲孝昭帝所誅，時年五十。

〔7〕段昭儀　《北史》卷十四〈后妃傳下〉說昭儀是平原王段韶的妹妹，才色兼美，禮遇殆同正嫡；只是文宣亡後，又改嫁了錄尙書唐邕。

〔8〕孝昭　《北史》、《北齊書》並有傳，殆文宣帝之母弟乾明元年（560 A. D.）廢少帝自立，改元皇建，降文宣皇太后爲皇后。皇建二年（561 A. D.）崩，年二十七；史臣之論，頗有正面之評：「經謀宏曠，諒近代之明主；而降年不永，其故何哉。……將齊之基宇止在於斯，帝欲大

之，天不許也？」

〔9〕武成　《北史》、《北齊書》並有傳，即神武第九子高湛，孝昭皇帝之
　　　母弟。史臣在論及後主的昏虐時，說：「承武成之奢麗，以爲帝王當
　　　然……凡此諸役皆漸於武成，至帝而增廣焉。然未嘗有帷薄淫穢，唯
　　　此事頗優於武成云。」武成有什麼淫穢呢？〈后妃傳下〉說：「孝昭
　　　皇后元氏……帝崩，從梓宮之鄴。始度汾橋，武成聞后有奇藥，追索
　　　之不得，使閹人就車頓辱。」又，文宣王嬪及中人盧勒叉妹，武成並
　　　以爲嬪；「彭樂、任祥並有女，因坐父兄事，皆入宮，爲文宣所幸。
　　　武成以彭爲夫人，養齊安王；任生丹陽王，並爲太妃。」兄弟之妃嬪
　　　也隨興狎褻，不淫穢而何？

〔10〕太原王紹德　《北史》卷五十二、《北齊書》卷十二並有傳，文宣帝
　　　之次子，武成帝是他的親叔叔；〈傳〉說：「武成因怒李后，罵紹德
　　　曰：『你父打我時，竟不來救。』以刀環築殺之，親以土埋之遊豫
　　　園。」

〔11〕妙勝尼寺　李玉珍《唐代的比丘尼》表六〈長安尼寺沿革表〉說：「（尼
　　　寺的）創建人是周靜帝后平原公主，開皇二年（582 A. D.）立，會昌
　　　五年（845 A. D.）廢。備註：周靜帝后司馬令姬，並無平原公主之封
　　　號，稱后尋廢；再嫁李丹。」作者的「註釋」，說是見於《北史》卷
　　　十四〈后妃傳下〉頁五三一；今察是書，並沒有立妙勝尼寺的記載。
　　　或許是涉《唐兩京城坊考》而誤吧？妙勝尼寺應在鄴。

簡譜：

535 A. D. 東魏孝靜帝天平二年　高洋（即後來的北齊文宣帝）受封爲太原
　　　　郡公，李氏爲太原夫人。

559 A. D. 北齊文宣帝天保十年　文宣皇后李氏改爲可賀敦皇后。

560 A. D. 北齊孝昭帝皇建元年　降文宣皇太后爲昭信皇后，居昭信宮。

561 A. D. 北齊武成帝太寧元年　高湛（史稱武成帝者）逼后淫亂，后大哭，
　　　　帝愈怒，裸后亂撾撻之，號天不已，乃以犢車載送妙勝尼寺，后
　　　　遂爲尼。

小結：

1. 可賀敦，夷人稱單于的元配之意。《周書》卷五十〈異域下・突厥傳〉：「魏

廢帝元年正月，土門發兵擊茹茹，大破之於懷荒北，阿那瓌自殺，其子菴羅辰奔齊。餘眾復立阿那瓌叔父鄧叔子爲主，土門遂自號伊利可汗，猶古之單于也；號其妻爲可賀敦，亦猶古之閼氏也。」又，《資治通鑑》卷一九四〈梁紀〉：「有巫地萬，言祖惠今在天上，我能呼之。乃於大澤中施帳幄祀天神，祖惠忽在帳中，自云恒在天上。伏跋大喜，號地萬爲聖女，納爲可賀敦。地萬既挾左道，復有姿色，伏跋敬而愛之，信用其言干亂國政。」（注：柔然之主曰可汗，其正室曰可賀敦。）

2. 文宣皇后李氏爲尼，住妙勝尼寺，應該是在高湛踐阼的時候，即太寧元年。

彭城太妃尒朱氏尼傳遺考 22

彭城太妃尒朱氏，榮之女〔1〕，魏孝莊后也〔2〕。神武〔3〕納爲別室……後爲尼，神武爲起佛寺〔4〕。天保初，爲太妃〔5〕。及文宣〔6〕狂酒，將無禮於太妃，太妃不從，遂遇禍。

考釋：

〔1〕尒朱榮　《魏書》、《北史》並有傳，大略是說：尒朱榮，字天寶，北秀容人。因爲他們的先人曾經住過尒朱川，所以才姓「尒朱氏」。榮，美容儀，有膂力、善騎射，因襲父爵爲直寢、游擊將軍；後因功封車騎將軍、右光祿大夫、儀同三司。靈太后弒肅宗，他入匡朝政，武泰元年（528 A. D.）沉太后於河，遂握重權；更圖篡位，於是永安三年（530 A. D.）被殺，才三十八歲的壯年！史家頗多惋惜。

〔2〕魏孝莊后　孝莊帝之后。帝，彭城王勰的第三子，諱子攸，母曰李妃。永安元年（528 A. D.）即皇帝位，永安三年（530 A. D.）殺尒朱榮，同年十二月甲辰被尒朱兆弒於晉陽城內三級佛寺，時年才二十四歲。

〔3〕神武　即北齊神武帝高歡，字賀六渾，勃海蓨人。〈傳〉說其納孝莊后爲別室，應當是在永熙元年（532 A. D.），因其時才大權在握，生殺由己。《北史・齊本紀》說到這一年的神武：「既而神武至洛陽，廢節閔及中興主而立孝武。孝武既即位，授神武大丞相、天柱大將軍、太師，世襲定州刺史，增封並前十五萬戶。」

〔4〕神武爲起佛寺　史未明言何寺？意以爲或者就是遼陽甘露寺。《北

史‧齊本紀第七》：「十年甲寅，行幸遼陽甘露寺。二月丙戌，帝於甘露寺禪居深觀，唯軍國大政奏聞。」奏聞軍國大政的，史稱是高洋；但高洋此時能決什麼軍國大政？〈紀〉稱：「末年遂不能進食，唯數飲酒，麴糵成災，因而致斃。（死時是三十一歲）」狂悖逆亂以致於斃，我想太妃或者也是死於這個時候吧？

〔５〕天保初，爲太妃　這是高洋還沒有狂悖的時候，所以能尊之爲太妃；那麼，其時應該是在天保四年以前，即 550～553 A. D.。

〔６〕文宣　即顯祖高洋，神武之次子，字子進，相貌特異，鮮卑話叫做「侯尼于」，又因爲生於晉陽，所以小名又喚「晉陽樂」。〈傳〉說他狂酒，應該是在天保五年（554 A. D.）以後。《北史‧齊本紀第七》：「五年春正月癸丑，帝討山胡大破之，男子十二以上皆斬，女子及幼弱以賞軍士，遂平石樓。石樓絕險，自魏代所不能至。於是遠近山胡，莫不懾伏。是役也，有都督戰傷，其什長路暉禮不能救，帝命剖其五臟，使九人分食之，肉及穢惡都盡。自是始行威虐。」怎樣的威虐狂酒呢？

〈紀〉稱：「既征伐四剋，威振戎夏，六七年後，以功業自矜，遂留情耽湎，肆行淫暴……徵集淫嫗，悉去衣裳，分付從官，朝夕臨視。或聚棘爲馬，紐草爲索，逼遣乘騎，牽引來去，流血灑地，以爲娛樂……沉酗既久，轉虧本性……魏樂安王元昂，后之姊婿，其妻有美色，帝數幸之，欲納爲昭儀。召昂令伏，以鳴鏑射一百餘下，凝血垂將一石，竟至於死。後帝自往弔哭，於喪次逼擁其妻……」這樣的狂悖，殺個把太妃，直是餘事而已！

簡譜：

550～553 A. D.北齊文宣帝天保一至四年　尒朱氏尼爲太妃。

559 A. D.北齊文宣帝天保十年　尒朱氏尼爲高洋（史稱文宣帝者）所弑。

小結：

神武爲起佛寺，或者就是遼陽甘露寺。

後主皇后斛律氏尼傳遺考 22

後主〔１〕皇后斛律氏，左丞相光〔２〕之女也。初爲皇太子〔３〕妃，後主受禪，立爲皇后。武平三年正月生女，帝欲悅光，詐稱生男，爲之大赦。光誅，后廢在別宮，後令爲尼〔４〕。齊滅，嫁爲開府元仁〔５〕妻。

考釋：

〔1〕後主　武成帝長子，諱緯，字仁綱，母曰胡皇后。天統元年，受其父禪；周建德七年，賜死。嘗鑿晉陽西山爲大佛像，一夜然油萬盆，光照宮內；又爲胡昭儀起大慈寺，未成，改爲穆皇后大寶林寺，窮極工巧，運石填泉，勞費億計，人牛死者不可勝紀。

〔2〕斛律光　《北史》卷五十四、《北齊書》卷十七並有傳，光，字明月。武定五年，封永樂縣子；天保三年，除晉州刺史；九年，除朔州刺史；天統元年，後主拜其次女爲皇后，光轉大將軍；武平二年，拜左丞相，別封清河郡公；三年八月，被誅時年五十八，廢斛律氏皇后爲庶人。

〔3〕皇太子　就是後來的「後主」高緯，他是高湛的兒子，河清四年（565 A. D.）四月即位，遂即改元「天統」；武平七年（576 A. D.）十二月改元隆化，遂傳位給八歲的幼主高恆，北齊跟著亡國。

〔4〕令爲尼　應該是在斛律光被誅的時候，則是武平三年（572 A. D.）。

〔5〕元仁　待考。

簡譜：

565 A. D. 北齊武成帝河清四年　四月，高緯（史稱後主者）立爲帝；封左丞相斛律光之女爲皇后，這時高緯才十歲。

572 A. D. 北齊後主武平三年　左丞相斛律光被殺；皇后廢在別宮，後令爲尼，這時高緯才十七歲。

576 A. D. 北齊後主武平七年　十二月改元隆化，遂傳位給八歲的幼主高恆，這時高緯才二十一歲。於是，北齊隨之亡國。皇后斛律氏尼嫁爲開府元仁妻。

小結：

後主佞佛，每災異、寇盜、水旱，皆不貶損；唯諸處設齋，以此爲修德。

法行尼傳遺考 23（《北史》卷三十三〈李靈傳〉）

揺〔1〕妹曰法行，幼好道，截指自誓不嫁，遂爲尼。所居去鄴三百里，往來恆步，在路或不得食，飲水而已。逢屠牽牛，脫衣求贖，泣而隨之。雉兔馴狎，入其山居房室。

齊亡〔2〕後，遭時大儉，施糜粥於路。異母弟宗侃〔3〕與族人孝衡〔4〕

爭地相毀，尼曰：「我有地，二家欲得者，任來取之，何爲輕致忿訟？」宗侃等慚，遂讓爲閑田。

考釋：

〔 1 〕搔，字德沈，李元忠之子。元忠在北齊神武帝高歡時，嘗拜驃騎大將軍、儀同三司。搔爲河內太守，有政聲，百姓爲立頌德碑。

〔 2 〕齊亡　和帝蕭寶融中興元年（510 A. D.）在江陵（今湖北江陵縣）即位，第二年三月禪於梁，數日後被殺，才十五歲，齊亡。

〔 3 〕宗侃　待考。

〔 4 〕孝衡　待考。

小結：

師凡所爲，都以利人爲本，應該歸在「興福」類中。

北周帝室入道諸尼考（《北史》卷十四〈后妃下〉）

孝閔皇后元氏尼傳遺考 24

孝閔〔1〕皇后元氏，名胡摩，魏文帝〔2〕第五女也，初封晉安公主。帝之爲略陽公〔3〕也，尚焉。及踐阼，立爲王后；帝被廢，后出俗爲尼。建德初，武帝誅晉公護〔4〕，上帝尊號，以后爲孝閔皇后，居崇義宮。隋革命，后出居里第。大業十二年，殂。

考釋：

〔 1 〕孝閔　即孝閔帝宇文覺，他是宇文泰的兒子，生於西魏文帝大統八年（542 A. D.）。西魏恭帝即位的第三年（556 A. D.）十二月禪位給他，隔年正月，他即帝位於長安，稱天王而不建年號；九月，被宇文護廢了，月餘被殺，時年十六。《周書》卷三〈帝紀第三·孝閔帝〉：「孝閔皇帝，諱覺，字陁羅尼，太祖第三子也，母曰元皇后，大統八年生於同州官舍。九歲封略陽郡公，時有善相者史元華見帝，退謂所親曰：『此公子有至貴之相，但恨其壽不足以稱之耳。』魏恭帝三年三月，命爲安定公世子，四月拜大將軍，十月乙亥太祖崩，丙子嗣位太師、大冢宰，十二月丁酉魏帝詔以岐陽之地封帝爲周公。庚子禪位於帝。」

〔 2 〕魏文帝　即西魏文帝。

〔3〕略陽公　帝之封略陽公，是在九歲的時候，則晉安公主之尚帝，就在
　　　這一年。

〔4〕建德初，武帝誅晉公護　武帝，名宇文邕，也是宇文泰的兒子，生於
　　　西魏文帝大統九年（543 A. D.）。他是明帝武成二年（560 A. D.）四
　　　月繼立的，第二年正月改元保定；（572 A. D.）三月改元建德，凡六
　　　年。晉公護，即宇文護。

簡譜：

542 A. D. 西魏文帝大統八年　北周孝閔帝生。

550 A. D. 西魏文帝大統八年　孝閔帝封略陽郡公，娶晉安公主元氏，時帝
　　　　　九歲。

556 A. D. 西魏恭帝三年（案，恭帝即位之初，乃廢年號，復姓拓跋氏）　十
　　　　　二月，宇文覺受禪，是爲北周，元氏被立爲皇后。時帝十五歲。

557 A. D. 北周孝閔帝元年（亦廢年號）　九月，帝被廢（月餘被殺，年十
　　　　　六），后出俗爲尼。

572～577 A. D. 北周武帝建德元年～建德六年　帝誅晉公護，上帝尊號，以
　　　　　后爲孝閔皇后，居崇義宮。

581 A. D. 北周靜帝大定元年　禪位於隋，后出居里第。

616 A. D. 隋煬帝大業十二年　后殂。

小結：

后之出俗爲尼，顯然不是出於情願，國破家亡，不得不耳。

常悲尼傳遺考 25

　　武帝〔1〕李皇后，名娥姿，楚人也。于謹〔2〕平江陵，后家被籍沒；
至長安，太祖以后賜高祖，後稍得親幸。

　　大象元年〔3〕二月，改爲天元帝太后；七月，又尊爲天皇太后。二年，
尊爲天元聖皇太后。宣帝崩，靜帝尊爲太帝太后。

　　隋開皇元〔4〕年三月，出俗爲尼，改名常悲。八年，殂，年五十三，以
尼禮葬于京城南。

考釋：

〔1〕武帝　即北周武帝宇文邕。《周書》卷五〈帝紀第五・武帝上〉：「高
　　　祖武皇帝，諱邕，字襧羅突，太祖第四子也，母曰叱奴太后，大統九

年（543 A. D.）生於同州。」

〔2〕于謹　謹字思敬，河南洛陽人也，小名巨彌，《周書》卷十五有傳。
又其平江陵事，見於《周書》卷三〈帝紀第三・恭帝〉：「恭帝元年七
月，太祖西狩至於原州，梁元帝遣使請據舊圖以定疆界，又連結於
齊，言辭悖慢。太祖曰：『古人有言，天之所棄，誰能興之？其蕭繹
之謂乎！』多十月壬戌，遣柱國于謹、中山公護、大將軍楊忠、韋
孝寬等步騎五萬討之，十一月癸未師濟於漢，中山公護與楊忠率銳騎
先屯其城下，據江津以備其逸。丙申，謹至江陵，列營圍守；辛
亥，進攻城，其日克之，擒梁元帝殺之，并虜其百官及士民以歸，沒
為奴婢者十餘萬，其免者二百餘家，立蕭詧為梁主，居江陵，為魏附
庸。」

〔3〕大象元年　參後注。

〔4〕隋開皇元年　即581 A. D.北周靜帝大定元年，案，靜帝宇文衍大成
元年（579 A. D.）二月受其父宣帝之禪，改元大象；大定元年（581 A.
D.）二月禪位給隋文帝，而北周亡，五月被殺，才九歲的孩子。

簡譜：

536 A. D. 西魏文帝大統二年　李氏生。

553 A. D. 西魏恭帝元年　于謹平江陵，李娥姿家被籍沒，時十八歲。

579 A. D. 西魏靜帝大象元年　二月，改為天元帝太后；七月，又尊為天皇
太后，時四十三歲。

580 A. D. 西魏靜帝大象二年　尊為天元聖皇太后。正月，宣帝崩，靜帝尊
為太帝太后，時四十四歲。

581 A. D. 隋文帝開皇元年　武皇后李氏出俗為尼，改名常悲，時四十五歲。

588 A. D. 隋文帝開皇八年　常悲尼卒，以尼禮葬于京城南，年五十三。

小結：

這是北朝皇后出俗為尼，而有法號之首見。

法淨尼傳遺考 26

宣帝〔1〕后朱氏，名滿月，吳人也。其家坐事，沒入東宮。帝之為太子，
后被選掌帝衣服；帝年少，召而幸之，遂生靜帝。大象元年，立為天元帝后，
尋改為天皇后；二年，又改為天大皇后。

后本非良家子，又年長於帝十餘歲，疏賤無寵；以靜帝故，特尊崇之，班亞楊皇后〔2〕焉。宣帝崩，靜帝尊為帝太皇后。

隋開皇元年二月，出俗為尼，改名法淨。六年，殂，年四十，以尼禮葬于京城西。

考釋：

〔1〕宣帝　即武帝子宇文贇，生於西魏恭帝即位的第一年（554 A. D.）；武帝宣政元年（578 A. D.）六月立以為帝，此時是二十四歲。第二年正月改元大成，二月傳位給他的兒子靜帝，大象二年（580 A. D.）正月就死了，才二十七歲。

〔2〕楊皇后　隋文帝長女，名麗華。宣帝即位，號后為天元皇后，見《周書》卷九〈皇后傳〉，〈傳〉說：「（宣）帝後昏暴滋甚，喜怒乖度，嘗譴后欲加之罪，后進止詳閑，辭色不撓；帝大怒，遂賜后死，逼令引訣。后母獨孤氏聞之，詣閤陳謝，叩頭流血，然後得免。帝崩，靜帝尊后為皇太后，居弘聖宮。開皇六年，封后為樂平公主，後又議奪其志；后誓不許，乃止。大業五年，從煬帝幸張掖，殂於河，年四十九。」

簡譜：

547 A. D. 西魏文帝大統十三年　宣帝后朱氏生。

579 A. D. 西魏靜帝大象元年　二月，改為天元帝后；七月，又尊為天皇后；尋又改為天大皇后，時三十三歲。

580 A. D. 西魏靜帝大象二年　正月，宣帝崩，靜帝尊為帝太皇后，時三十四歲。

581 A. D. 隋文帝開皇元年　二月宣帝后朱氏出俗為尼，改名法淨，時三十五歲。

586 A. D. 隋文帝開皇六年　法淨尼卒，以尼禮葬于京城西，年四十。

小結：

后因其家坐事，沒入東宮，所以本非良家子，又年長於帝十餘歲，疏賤無寵，及皇帝死，乃入道，這又是政治迫害的一例。

華光尼傳遺考 27

宣帝皇后陳氏，名月儀，自云潁川〔1〕人，大將軍山提〔2〕第八女也。

大象元年六月，以選入宮，拜爲德妃。月餘，立爲天左皇后。二年二月，改爲天左大皇后。三月，又以后爲天中大皇后〔3〕。

帝崩，后出家爲尼，改名華光。后永徽初終。

考釋：

〔1〕潁川　今河南省許昌縣，屬開封府。

〔2〕山提　《周書》卷九〈皇后列傳〉說：「后父山提本高氏之隸〔註2〕；仕齊，官至特進、開府、東兗州刺史、謝陽王。高祖平齊，拜大將軍，封淅陽郡公。大象元年，以后父超授上柱國，進封鄖國公，除大宗伯。」

〔3〕案，〈傳〉所記年月恐怕有誤，因爲宣帝是在大成元年（579 A. D.）二月傳位太子，勢無再選妃，封后的事體。且宣帝之崩，殆在大象二年正月，則『二年二月，改爲天左大皇后。三月，又以后爲天中大皇后。』云云，皆成戲論。又考《周書》卷九〈皇后傳〉所載，應在宣政元年（578 A. D.）：「宣政元年閏六月，立（楊氏）爲皇后。帝後自稱天元皇帝，號后爲天元皇后；尋又立天皇后及左右皇后，與后爲四皇后焉……尋又立爲天中太皇后與后爲五皇后。」可以爲證。

簡譜：

578 A. D. 西魏宣帝宣政元年　六月，被選入宮，拜爲德妃；元氏拜爲貴妃，時年十五。月餘，立爲天左皇后，元氏立爲天右皇后。

579 A. D. 西魏宣帝大成元年　二月，改爲天左大皇后，元氏改爲天右大皇后。三月，又以后爲天中大皇后。

580 A. D. 西魏靜帝大象二年　正月，宣帝崩，帝崩，后出家爲尼，改名華光；元氏出俗爲尼，改名華勝。

650 A. D. 唐高宗永徽元年　華光尼卒。

小結：

后雖不知生卒年月，但應爲長壽尼者。

〔註2〕鼎文本《新校本周書・校勘記》云：「〈殿本考證〉云：『《北史》作：本尒朱兆之隸。』未知孰是？」按《御覽》卷一四○同《北史》。張森楷云：「二史皆是也。山提初爲兆隸，兆使殺己，不從；兆死，轉事高歡爲蒼頭。各據一端而言，其實非有二也。」案，張氏之説，見於《北齊書》卷二十五〈張亮傳〉及卷五十〈恩倖傳〉。

華勝尼傳遺考 28

宣帝皇后元氏，名樂尙，河南洛陽人，開府晟〔1〕之第二女也。年十五，被選入宮，拜爲貴妃。大象元年七月，立爲天右皇后；二年二月，改爲天右大皇后〔2〕。

帝崩，后出俗爲尼，改名華勝。初，后與陳后同時被選入宮，俱拜爲妃，及升后位，又同日受冊〔3〕。帝寵遇二后，禮數均等，年齒復同，特相親愛。及爲尼後，李、朱及尉遲后並相繼殞歿，而二后貞觀中〔4〕尙存。

考釋：

〔1〕開府晟　《周書》卷九〈皇后列傳〉說：「后父晟，少以元室宗室拜開府；大象元年七月，以后父進位上柱國，封翼國公。」

〔2〕同上〈傳〉所考。

〔3〕請參閱上〈傳〉「簡譜」。

〔4〕上〈傳〉謂華光尼卒於永徽初，〈本傳〉又說「二后貞觀中尙存」，可見史家只是約略之言。

華首尼傳遺考 29

宣帝皇后尉遲氏，名繁熾，蜀國公迴〔1〕之孫女也。有美色；初適杞國公亮子西陽公溫〔2〕，以宗婦例入朝，帝逼而幸之。及亮謀逆，帝誅溫，進后入宮，拜爲長貴妃。大象二年三月，立爲天左大皇后。〔3〕

帝崩，出俗爲尼，改名華首。隋開皇十五年，殂，年三十。

考釋：

〔1〕蜀國公迴　《周書》卷二十一、《北史》卷六十二並有傳：「尉遲迴，字薄居羅，代人也。其先魏之別種，號尉遲部，因而姓焉。父俟兜，性宏裕有鑒識，尙太祖姊昌樂大長公主，生迴及綱。」而《北史》又記迴之子順：「寬弟順以迴平蜀功，授開府安固郡公；後以女爲宣帝皇后，拜上柱國，封胙國公。」可知「迴之孫女」，即謂尉遲順之女也。

〔2〕杞國公亮子西陽公溫　彼蓋宗室之後，也因爲這一原因，才有「以宗婦例入朝」事而被逼幸。《周書》卷十〈邵惠公顥傳〉說：「邵惠公顥，太祖之長兄也。德皇帝娶樂浪王氏，是爲德皇后，生顥；次生簡公連，次莒莊公洛生，次太祖。」顥有三子，次子導生廣，廣生亮，《周書》

說：「亮，字乾德。武成初封永昌郡公，後襲烈公爵，除開府儀同三司、梁州總管，天和末拜宗師、中大夫、進位大將軍。」史說他爲官甚無政績，後因造反，乃連同他的兒子西陽公溫一起被誅。

〔3〕同上〈傳〉所考。

簡譜：

561 A.D. 北周武帝保定元年　宣帝后尉遲氏生。

579 A.D. 西魏宣帝大成元年　二月，改爲天左大皇后，時十九歲。

595 A.D. 隋文帝開皇十五年　華首尼卒，年三十。

陳帝室后妃入道尼師考 《南史》卷十二〈后妃下〉）

　　南朝后妃不像北朝之動不動入道，相反地，除了陳後主的沈皇后之外，竟然無一遯居空門者。而且沈皇后之入道，也是在隋煬帝被殺以後；至於她們不入道的原因何在？則頗耐人尋味，請參閱本論文〈女眾入道的因緣〉。

觀音尼傳遺考 30

　　後主沈皇后，諱婺華，吳興武康人也。父君理〔1〕自有傳。后母即武帝女～會稽穆公主〔2〕，早亡；時后尚幼，而毀瘠過甚，及服畢，每歲時朔望恒獨坐涕泣，哀動左右，內外敬異焉。

　　大建二年拜爲皇太子妃〔3〕；後主即位，立爲皇后〔4〕。后性端靜，有識量，寡嗜欲，聰敏強記，涉獵經史，工書翰。後主在東宮，而后父君理卒，居憂處別殿，哀毀逾禮〔5〕。

　　後主遇后既薄，而張貴妃〔6〕有寵，總後宮之政；后澹然未嘗有所忌怨，而身居儉約，衣服無錦繡之飾，左右近侍纔百許人，唯尋閱圖史及釋典爲事。嘗遇歲旱，自暴而誦佛經，應時雨降。無子，養孫姬子以爲已子〔7〕，數上書諫爭，後主將廢之而立張貴妃，會國亡不果。乃與後主俱入長安，及後主薨，后自爲哀辭，文甚酸切。

　　隋煬帝每巡幸，恒令從駕；及煬帝被殺〔8〕，后自廣陵過，於毗陵天靜寺〔9〕爲尼，名觀音。貞觀初卒。

考釋：

〔1〕沈君理　位儀同三司、望蔡貞憲侯，〈傳〉見《陳書》卷二十三、《南史》卷六十八：「沈君理，字仲倫……美風儀，博涉有識鑒。陳武帝鎮南徐州，（君理之父沈）巡遣君理致謁，深見器重，命尚會稽長公

主；及帝受禪，拜駙馬都尉，封永安亭侯，爲吳郡太守……宣帝以君理女爲皇太子妃，賜爵望蔡縣侯……」這是姑表之親，也可見得沈氏在朝廷的聲勢了。

〔2〕后母即武帝女～會稽穆公主　〈宣帝本紀〉作「會稽長公主」，高祖女也，所以稱「長公主」。

〔3〕據《陳書》卷五〈宣帝本紀〉納太子妃，是在太建元年：「秋七月、辛卯，皇太子納妃沈氏，王公已下賜帛各有差。」

〔4〕立后，據《陳書》卷六〈後主本紀〉，是在太建十四年：「己巳，立妃沈氏爲皇后。」

〔5〕事在太建五年。

〔6〕張貴妃　〈本傳〉又見《陳書》卷七〈沈皇后傳附〉，略謂：「後主張貴妃名麗華，兵家女也。家貧，父兄以織席爲事。後主爲太子，以選入宮，是時龔貴嬪爲良娣，貴妃年十歲爲之給使，後主見而說焉，因得幸，遂有娠生太子深。後主即位，拜爲貴妃。」後主有二十二男，張貴妃除生皇太子深之外，又生了會稽王莊。

〔7〕無子，養孫姬子以爲己子　《陳書》卷二十八記其事，說：「吳興王胤，字承業，後主長子也。太建五年二月乙丑生于東宮，母孫姬因產卒，沈皇后哀而養之，以爲己子。時後主年長未有子嗣，高宗因命以爲嫡孫。」然而早卒，「禎明二年（588 A. D.），廢爲吳興王，仍加侍中、中衛將軍；三年（589 A. D.）入關，卒于長安。」

〔8〕煬帝被殺　事在隋恭帝義寧二年（618 A. D.），爲宇文化及所殺，壽五十；他弒父，人殺他，正合佛教的因果報應。

〔9〕案，《陳書・後主沈皇后傳》在這裡是作：「后自廣陵過江還鄉里，不知所終。」而關於天靜寺，請參閱本論文〈寺院考〉。

簡譜：

569 A. D. 陳宣帝太建元年　秋七月、辛卯，皇太子納妃沈氏。

573 A. D. 陳宣帝太建五年　太子妃沈氏之父君理卒，孫姬生太子胤。

582 A. D. 陳宣帝太建十四年　己巳，立妃沈氏爲皇后。

588 A. D. 陳後主禎明二年　太子胤廢爲吳興王，時年十六。

589 A. D. 陳後主禎明二年　太子胤卒於長安，時年十七。

604 A. D. 隋文帝仁壽四年　陳後主薨，年五十二。

618 A. D. 隋恭帝義寧二年　后於毗陵天靜寺爲尼，名觀音。

小結：

史說後主禁僧尼邪道、防奢侈，「夏四月庚子，詔曰：朕臨御區宇，撫育黔黎，方欲康濟澆薄，蠲省繁費，奢僭乖侈，實宜防斷。應鏤金銀，薄及庶物，化生土木，人綵花之屬，及布帛幅尺短狹輕疏者，並傷財廢業，尤成蠹患。又僧尼道士，挾邪左道，不依經；民間淫祀祅書、諸珍怪事，詳爲條制，並皆禁絕。」而張貴妃之輩的奢靡，卻是世所罕有，尤其「好厭魅之術，假鬼道以惑後主，置淫祀於宮中，聚諸妖巫，使之鼓舞。」

宣明寺尼傳遺考 31（見《陳書》卷三十二〈孝行篇・謝貞傳〉）

　　謝貞，字元正，陳郡陽夏〔1〕人，晉太傅安九世孫也。祖綏〔2〕，梁著作佐郎、太子舍人；父藺，正員外郎、兼散騎常侍〔3〕。貞，幼聰敏，有至性；祖母阮氏〔4〕……母王氏〔5〕授貞《論語》、《孝經》，讀訖便誦。八歲，嘗爲〈春日閑居〉五言詩，從舅王筠〔6〕奇其有佳致……年十三，略通《五經》大旨，尤善《左氏傳》，工草隸蟲篆。十四，丁父艱，號頓於地，絕而復蘇者數矣。初，父藺居母阮氏憂，不食，泣血而卒；家人、賓客懼貞復然，從父洽〔7〕、族兄暠〔8〕乃共往華嚴寺，請長爪禪師〔9〕爲貞說法……太清之亂〔10〕，親屬散亡；貞於江陵陷沒，暠逃難番禺〔11〕，貞母出家於宣明寺〔12〕。及高祖受禪，暠還鄉里，供養貞母將二十年。太建五年，貞乃還朝，除智武府外兵參軍事，俄遷尚書駕部郎中，尋遷侍郎。及始興王叔陵〔13〕爲揚州刺史……辟貞爲主簿……後主仍詔貞入掌中宮管記、遷南平王友、加招遠將軍掌記室府長史……至德三年，以母憂去職〔14〕……。

考釋：

〔1〕陳郡陽夏　陽夏，今河南省太康縣，屬開封府。

〔2〕綏　《梁書》卷四十七、《南史》、《通志》〈謝藺傳〉並作「經」，且言其官職，但作：「父經，中衛諮議參軍」、《南史》卷七十四作「北中郎諮議參軍」而已。

〔3〕藺　《梁書》、《南史》、《通志》並有〈傳〉，其官職厥爲：王府法曹行參軍（爲吏部尚書蕭子顯嘉其至行所拔擢者）、累遷外兵記室參軍、兼散騎常侍而使魏（《北史》卷三十三詳載其事），蓋一門盡是孝子。

〔 4〕阮氏　阮孝緒妹也，見〈謝藺傳〉。

〔 5〕王氏　即王筠妹。

〔 6〕王筠　《梁書》卷三十三有〈傳〉，蓋以文學名；太清三年卒，壽六十九。《藝文類聚》卷七十三、《詩紀》、《漢魏六朝百三名家集·吳朝請集》、《太平御覽》卷七五七、《續古文苑》卷四都錄有他的〈以服散鎗贈殷鈞別〉：「玉鉉布交文，金丹煥仙骨，九沸翻成緩，七轉良爲切，執以代疏麻，長貽故人別。」誤入〈吳朝請集〉，那說明了王筠詩文的聲名之一般了。

〔 7〕謝洽　僅知彼爲謝貞之從父而已，他則待考。

〔 8〕謝㬌　僅知彼爲謝貞之族兄而已，他則待考。

〔 9〕長爪禪師　殆華嚴寺主，有道高僧也。

〔10〕太清之亂　太清，是梁武帝末年的年號，凡三年，從中大同元年（546 A. D.）四月改元到太清三年（549 A. D.）五月。其亂事，殆指侯景臺城之禍。

〔11〕番禺　今廣東省番禺縣。

〔12〕宣明寺　見本論文〈寺院考〉。

〔13〕始興王叔陵　《陳書》卷三十六有〈傳〉，其爲揚州刺史殆在太建九年：「九年春正月辛卯，輿駕親祀北郊。壬寅，以湘州刺史、新除中衛將軍始興王叔陵爲揚州刺史。」而太祖十四年崩，叔陵造反，伏誅。

〔14〕以母憂去職　謝貞至孝，大概也是卒於是年。〈本傳〉接在「以母憂去職」之後說：「頃之，敕起還府，仍加招遠將軍掌記室；貞固辭……哀毀羸瘠，終不能之官舍……吏部尚書吳興姚察與貞友善；及貞病篤，察往省之，問以後事……。」可以爲證，可惜史不載其卒歲，不能用編年譜。

簡譜：

546〜549 A. D.梁武帝太清元年〜三年　謝貞母於宣明寺出家。

557 A. D.陳武帝永定元年　謝貞族兄㬌逃難於番禺，還，或者在本年迎謝貞母回，而奉養將二十年。

573 A. D.陳宣帝太建五年　謝貞乃還朝，除智武府外兵參軍事，俄遷尚書駕部郎中，尋遷侍郎。

577 A. D. 陳宣帝太建九年　始興王叔陵爲揚州刺史，辟謝貞爲主簿。

585 A. D. 陳後主至德三年　謝貞母卒，謝貞孝母亦卒。

小結：

1. 這是一個典型的佛化家庭，〈貞本傳〉寫他臨終的遺命，說：「氣絕之後，若直棄之草野，依僧家尸陀林法，是吾所願；正恐過爲獨異耳，可用薄板周身，載以靈車，覆以葦席，坎山而埋之。又吾終鮮兄弟，無他子孫；靖（案，這是他的孤子，彼時才六歲。）年幼少，未閑人事。但可三月施小床，設香水；盡卿兄弟（案，這是指他的族子凱而言）相厚之情，即除之，無益之事勿爲也。」薄喪儉葬，正是佛家本色；而尸陀林法，是將屍體棄之山林，布施蟲鳥的大悲法，我國意譯爲「寒林」。從上記述，可以看出謝貞佛法修持的一般；而且他的善友姚察，更是有名的優婆塞士人，其傳詳《陳書》卷二十七〈本傳〉。

2. 母王氏能授子《論語》、《孝經》，並且能和謝安的九世孫聯姻，應該是世家門閥；可惜從其從兄王筠處，考察不出她的世系。不過，王、謝憐姻是兩晉南北朝的士族婚姻關係，是牢不可破的階級意識，《昭明文選·沈約彈奏王源》的理由居然是：「王、滿連姻，實駭物聽，玷辱士族，莫此爲甚。」可以想見其時風尚之一般。至於他們聯姻的背景，根據蘇紹興氏《兩晉南朝的士族》的研究，是：「此種姻戚關係，固然由於當時士庶天隔之營事婚宦風氣，但亦由於二族互作頻密交往之結果。交往之形式，約分二種：一種是文化上的……一種是社會上的……」。

香嚴寺楊氏尼遺考 32（見《陳書》卷六十四、《南史》卷一四二〈張彪傳·妻楊氏〉）

張彪，不知何許人，自云家本襄陽〔1〕，或云左衛將軍、衡州刺史蘭欽〔2〕外弟也。少亡命在若邪山〔3〕爲盜，頗有部曲。（下略）

及侯景平〔4〕，王僧辯〔5〕遇之甚厚，引爲爪牙……會僧辯見害〔6〕，彪不自展拔。時陳文帝已據震澤〔7〕，將及會稽；彪乃遣沈泰〔8〕、吳寶眞〔9〕還州助（謝）岐保城〔10〕，彪後至，泰等反與岐迎陳文帝入城。彪因其未定，踰城而入；陳文帝遂走出，彪復城守。沈泰說陳文帝曰：「彪部曲、家口並在香嚴寺〔11〕，可往收取。」遂盡獲之。彪將申縉〔12〕密與泰相知，因又叛彪，彪復敗走，不敢還城。據城之西山樓子，及暗得與弟崑崙、

妻楊氏去。猶左右數人追隨，彪疑之，皆發遣；唯常所養一犬名黃蒼，在彪前後未嘗捨離。乃還入若邪山中。

沈泰說陳文帝遣章昭達〔13〕領千兵重購之，并圖其妻……彪知不免，謂妻楊氏呼爲鄉里，曰：「我不忍令鄉里落他處，今當先殺鄉里然後就死。」楊引頸受刀，曾不辭憚；彪不下刀，便相隨下嶺到平處。謂劫曰：「卿須我頭，我身不去也。」呼妻與訣，曰：「生死從此而別，若見沈泰、申縉等爲語曰，功名未立，猶望鬼道相逢。」劫不能生得，遂殺彪并弟，致二首於昭達。黃蒼號叫彪側，宛轉血中，若有哀狀。

昭達進軍，迎彪妻便拜，稱陳文帝教迎爲家主。楊便改啼爲笑，欣然意悅，請昭達殯彪喪……楊還經彪宅，謂昭達曰：「婦人本在容貌，辛苦日久，請暫過宅裝飾。」昭達許之。楊入屋，便以刀割髮毀面，哀哭慟絕，誓不更行。陳文帝聞之，歎息不已，遂許爲尼。後陳武帝軍人求取之，楊投井決命；時寒，比出之垂死，積火溫燎乃蘇，復起投於火。

彪始起於若邪，興於若邪，終於若邪。及妻、犬皆爲時所重異。楊氏，天水〔14〕人，散騎常侍暾〔15〕之女也。有容貌，先爲河東裴仁林〔16〕妻，因亂爲彪所納。彪友人吳中陸山才〔17〕嗟泰等翻背，刊吳昌門爲詩一絕曰：「田橫感義士，韓王報主臣；若爲留意氣，持寄禹川人〔18〕。」

考釋：

〔1〕 襄陽　今湖北省襄陽縣，屬襄陽府。

〔2〕 衡州刺史蘭欽　據《綱目訌誤》卷二〈東魏孝靜帝武定七年目〉所考，謂：「『高澄獲衡州刺史蘭欽子京，以爲膳奴。』按，衡州當作徐州，蘭欽之見獲，史雖不著其事；然以史之前後考之，必在東魏遣行臺辛術略定江淮以北時也；若梁之衡州（《五代志》：梁置衡州於南海郡、含洭縣。），其地僻在嶺海之間，非東魏兵力所能至，眞所謂風馬牛不相及耳。」其事則在梁武帝大通元年（527 A. D.）己酉。

〔3〕 若邪山　《通志》卷一六二做「若邱山」，當是手民之誤；山在浙江省紹興縣東南四十五里。

〔4〕 侯景平　梁豫章王蕭棟天正元年（551 A. D.）十一月，禪位於侯景，景即位於建康，年號太始；梁元帝蕭繹承聖元年（552 A. D.）四月，侯景被殺，亂爲王僧辯所平。

〔5〕 王僧辯　《梁書》卷四十五有傳。

〔6〕會僧辯見害　時當貞陽侯蕭淵明天成元年，《梁書》卷六〈敬帝紀〉：
「梁元帝承聖四年（555 A. D.，即貞陽侯蕭淵明天成元年。案，貞陽
侯是年五月被立，改元，九月被廢。）九月甲辰司空陳霸先舉義，襲
殺王僧辯，黜蕭淵明；丙午，帝即皇帝位。」

〔7〕陳文帝已據震澤　事當在梁元帝承聖三年（554 A. D.），《陳書》卷三
〈世祖紀〉：「三年，高祖北征廣陵，使世祖爲前軍，每戰克捷。高祖
之將討王僧辯也，先召世祖與謀。時僧辯女婿杜龕據吳興，兵眾甚盛；
高祖密令世祖還長城，立柵以備龕。世祖收兵纔數百人，戰備又少；
龕遣其將杜泰領精兵五千乘虛奄至……龕軍大敗窘急，因請降。東揚
州刺史張彪起兵圍臨海太守王懷振，懷振遣使求救，世祖與周文育輕
兵往會稽以掩彪。」是也。又，震澤，即所謂的太湖，今江蘇省吳縣
西南三十里處。

〔8〕沈泰　史無其〈傳〉，但據諸〈傳〉所載，彼曾任定州、南豫州刺史、
安西將軍；先是張彪將，後降文帝，帝死後復反。高祖早已說他：「反
覆無行，遐邇所知。」（見《陳書》卷二〈高祖紀〉）

〔9〕吳寶眞　史無其〈傳〉，但知爲張彪將，《梁書》卷六〈敬帝紀〉說他
是職掌軍主。

〔10〕案，當時戰況的激烈，據《陳書》卷二十〈韓子高傳〉載：「文帝之
討張彪也，沈泰等先降；文帝據有州城，周文育鎮北郪香嚴寺，張彪
自剡縣夜還襲城，文帝自北門出，倉卒闇夕軍人擾亂，文育亦未測文
帝所在，惟子高在側。文帝乃遣子高自亂兵中徃見文育反命，酬答於
闇中，又往慰勞眾軍；文帝散兵稍集，子高引導入文育營，因共立柵。
日與彪戰，彪將申縉復降，彪奔松山，浙東平。」不過，此地說「鎮
北郪」，是錯誤的，因爲郪縣屬河南；而文帝之討張彪，是在會稽，《冊
府元龜》卷三九〇作：「陳周文育爲智武將軍，文帝濟江襲會稽，太
守張彪得其郡城；及帝爲彪所襲，文育時頓城北香嚴寺，帝夜往趨之，
因共立柵。頃之，彪又來攻之，文育悉力苦戰，彪不能尅。」應該是
城北，不是北郪。又，謝岐，《陳書》卷十六、《南史》卷六十八並有
〈傳〉，說他曾經是張彪的長史；彪亡，參贊高祖的機要，「永定元年
（557 A. D.）爲給事黃門侍郎、中書舍人、兼右丞如故。天嘉二年（561
A. D.）卒，贈通直散騎常侍。」

〔11〕香嚴寺　請參閱本論文〈寺院考〉。

〔12〕申縉　史無其〈傳〉，但知爲張彪將。

〔13〕章昭達　《南史》卷六十六有〈傳〉，昭達薨於宣帝太建三年（571 A. D.）；卻二世而絕，〈傳〉說：「子大寶襲邵陵郡公位、豐州刺史，在州貪縱，百姓怨酷。後主以太僕卿李暈代之，乃襲殺暈而反；尋被禽，梟首朱雀航，夷三族。」

〔14〕天水　今甘肅省天水縣，屬陝西鞏昌府。

〔15〕楊曒　史無其〈傳〉，但《梁書》卷三十八〈賀琛傳〉說：「太清二年（琛）遷雲騎將軍、中軍、宣城王長史，侯景舉兵襲京師，王移入臺內，留琛與司馬楊曒守東府。」可見他原是任司馬而已。

〔16〕裴仁林　史無其〈傳〉，但知爲張彪妻楊氏之前夫。

〔17〕陸山才　《陳書》卷十八、《南史》卷六十八、《通志》卷一四五並有傳，說他的字叫孔章，吳郡吳人，好尙文史；「天康元年卒，時年五十八，贈右衛將軍，諡曰簡子。」

〔18〕禹川人　明黃淳耀《陶庵全集》卷九〈禹川人〉條，說是「哀張彪也」，在敍完張彪義烈之後，賦詩說：「若耶壯士七尺身，生死爲梁不爲陳，雖然不及陳興國，亦是當時雄傑人。萬騎翻城多部曲，潛身獨上山巔宿，夜半火來爭斫頭，黃蒼驚叫青蛾哭，一哭田橫命何短，再哭人心不如犬。」而禹川之名，殆從法禹之治水之意，元釋圓至《牧潛集》卷六〈禹川字說〉條：「夫以智治物，君子不得已也。然因於彼以爲功，則行乎物之自然，而以己不費，故曰禹之治，水之道也。不由其道而鑿險，必行禹之所惡也。夫君子之治其性也，有異禹之於水哉，行乎不得已之間；不幸而必以智濟，亦因於物而已。故定其內而外從之，豈役己以必乎彼哉？瀋以自治焉，亦禹之道也。」所以自古以來，禹川文命便和延陵季子並提，都義烈人也。唐釋道世《法苑珠林》卷九〈禹川人〉條說：「九州房廟，萬國之靈：姑蘇泰伯、延陵季子、禹川文命、窟澤須王，水府山精、風師雨伯、豐隆列缺、迴祿陵疾。或駕竹爲龍飛鳧代鳧，形依高廟，體附重樓，行雨去來，分風上下。」是也。

小結：

1. 王僧辯的女婿杜龕被酒好勇而無謀略，《南史》卷六十四〈本傳〉說：

「龕僧辯堮也。始爲吳興太守，以陳武帝既非素貴，及爲之本郡，以法繩其宗門，無所縱捨；武帝銜之切齒，及僧辯敗，龕乃據吳興以拒之，頻敗陳文帝軍。龕好飮酒，終日恒醉，勇而無畧。部將杜泰私通于文帝，說龕降文帝，龕然之；其妻王氏曰：『霸先讐隙如此，何可求和？』因出私財賞募，復大敗文帝軍。後杜泰降文帝，龕尙醉不覺，文帝遣人負出項王寺前斬之。王氏因截髮出家，杜氏一門覆矣。」因訂名杜龕妻王氏尼。

2. 此之香嚴寺在會稽，不在河南。

3. 楊氏尼的義烈，又是政治、人權迫害之一例。

4. 考察「禹川人」的出典。

會稽陳氏三尼遺考 33（見《南史》卷七十三〈孝義傳上〉）

會稽寒人陳氏，有三女，無男，祖父母年八、九十，老無所知，父篤癃病，母不安其室。遇歲饑，三女相率於西湖採菱蓴，更日至市貨賣，未嘗虧怠，鄉里稱爲「義門」，多欲娶爲婦。長女自傷煢獨，誓不肯行。祖父母尋相繼卒，三女自營殯葬，爲菴舍〔1〕居墓側。

考釋：

〔1〕菴舍　案，菴就是庵，《後漢書・皇甫規傳》：「規監關中兵，親入菴廬巡視。」可證。原指軍行宿室，今凡奉佛小舍始稱庵，又因爲它是茅草搭建的（如〈拾遺記〉云：「漢任末編茅爲庵」是）所以寫作「菴」。〈釋氏要覽上〉說：「西天僧俗，修行多居庵。」這是說住庵的行者，原不分僧俗男女；但是，從菴字很容易聯想到菴摩羅國，印度特產的水果之一，《翻譯名義集》說：「此樹開花，花生一女，國人歡異，封其園。園既屬女，女宿善冥熏，以園奉佛；佛即受之，而爲所住。」從此凡女尼所居，始得稱菴。

小結：

本傳未記年月，但是根據前〈會稽永興吳翼之母丁氏傳〉提到「元徽末大雪」事，因此姑且繫年於此。

三、碑　誌

這是以石刻史料爲依據而爲之鉤稽的：

比丘尼統慈慶墓誌遺考 34（見《漢魏南北朝墓誌集釋》）

尼年二十四〔1〕，適恆農楊興宗〔2〕，寓豫州。值玄菟鎮將〔3〕，汝南人常珍奇〔4〕據城反叛，王師致討〔5〕，掠沒奚官〔6〕，遂爲恭宗景穆皇帝昭儀斛律氏〔7〕躬所養恤，共文昭皇太后〔8〕有若同生。太和中固求出家〔9〕。

侍護先帝〔10〕於弱立之辰，保衛聖躬〔11〕於載誕之日。正光五年〔12〕，春秋八十有六，忽遘時疹；四月二十七日，車駕躬臨省視，餘氣將絕，猶獻遺言。五月七日，遷神於昭儀寺〔13〕。詔曰：尼歷奉五朝〔14〕，崇重三帝〔15〕，追贈比丘尼統。命史臣作銘。

征虜將軍中散大夫領中書舍人常景〔15〕文、李寧民書。

考釋：

〔1〕《漢魏南北朝墓誌集釋》原注（以下簡稱「原注」）：「時爲魏文成帝和平三年」，相當 462 A. D.。

〔2〕楊興宗　尼慈慶前夫，餘待考。

〔3〕原注：《魏書・地形志》：「豫州治縣菟城」。

〔4〕常珍奇　無傳，而諸史數見，如：《魏書》卷六〈顯祖紀〉：「天安元年……九月，劉彧、司州刺史常珍奇以懸瓠內屬。」然據全書卷三十六〈李敷傳〉，同時降附的還有徐州刺史薛安都。〈畢眾敬傳〉：「常珍奇，汝南人，劉駿司州刺史。遣使請降，顯祖遣元石率眾赴之；歲餘，乘虛於懸瓠反叛，石往討，大破之，珍奇逃免。」又，《南史》卷二十八〈褚彥回傳〉：「傖人常珍奇與薛安都爲逆，降叛非一，後又求降，明帝加以重位。彥回謂全其首領扵事已足，不足大加寵異。帝不從，珍奇尋又叛。」《資治通鑑》卷一百三十一〈宋紀十三・太宗明皇帝上之下〉：「泰始二年……五月丁亥朔，夜，劉順眾潰走淮西就常珍奇，常珍奇據懸瓠，在淮水之西……豫章太守殷孚、汝南太守常珍奇並遣使乞降，（胡三省注：尋陽已平，故並乞降）。」

〔5〕原注：「時尼年二十八」。

〔6〕恭宗景穆皇帝昭儀斛律氏　史不載其事，乃可以補闕。

〔7〕案，《魏書・后妃傳》載：「文昭皇太后，即宣武帝母高氏。」

〔8〕原注：「〈后妃傳〉：『昭后自代至洛陽，暴卒；或云馮昭儀～即孝文幽后～遣人賊之。』乃太和中事，疑尼固求出家以此」。「太和」是

北魏孝文皇帝的年號，凡十七年（477～493 A. D.）。時師在三十九歲至五十五歲之間，假設「太和中」是九年（485 A. D.），則師是四十七歲。

〔 9 〕原注：「謂世宗。」

〔10〕原注：「謂肅宗。」

〔11〕案，即肅宗孝明皇帝即位之第十年（524 A. D.）。孝明皇帝，十九歲被毒死；此時才十六歲而已。

〔12〕昭儀寺　詳見本論文〈寺院考〉。

〔13〕原注：「尼入魏宮，當在獻文帝皇興初，歷孝文、宣武、孝明三帝；〈誌〉云五朝者，數景、穆言之也。」

〔14〕原注：「謂孝文、宣武、孝明三帝。」

〔15〕常景　北魏時人，官作到中書舍人、黃門侍郎、祕書監、幽州刺史、儀同三司等，楊衒之記得甚詳。《伽藍記》卷一〈永寧寺〉條楊衒之自注說：「詔中書舍人常景，為寺碑文。景，字永昌，河內人也。敏學博通，知名海內，太和十九年（495 A. D.）為高祖所器，拔為律學博士，刑法疑獄，多訪於景。正始初（504 A. D.）詔刊律令，永作通式，敕景共治書侍御史高僧裕、羽林監王元龜、尚書郎祖瑩、員外散騎侍郎李琰之等撰集其事。又詔太師彭城王勰、青州刺史劉芳入預其議，景討正科條，商榷古今，甚有倫序，見行於世，今律二十篇是也。又共芳造洛陽宮殿門閣之名，經途里邑之號，出除長安令，時人比之潘岳。其後歷位中書舍人、黃門侍郎、祕書監、幽州刺史、儀同三司，學徒榮焉。景入參近侍，出為侯牧；居室貧儉，事等農家，惟有經史盈車滿架。所著文集數百餘篇，給事封暐伯作序，行於世。」又見《魏書》本傳。

簡譜：

439 A. D. 北魏太武帝太延五年　師生。

462 A. D. 北魏文成帝和平三年　師適恆農楊興宗，寓豫州。時二十四歲。

466 A. D. 北魏顯祖獻文帝天安元年　玄瓠鎮將，汝南人常珍奇據城反叛，王師致討，因被掠沒入奚官，遂為恭宗景穆皇帝昭儀斛律氏躬所養恤。時師二十八歲。案，「原注」說：「魏時后妃誕子，將為儲君，例應先殺其母，皇子托於保姆。尼蓋保姆之流亞也。宣武

以弱歲喪親，孝明以沖齡登極，尼經歷二帝，得蒙優遇（自注：
《魏書·后妃傳序》：『世祖、高宗緣保母劬勞之恩，並極尊崇之
義。』可爲此誌寫照。）乃史失其名，不獲與高宗乳母常氏並稱，
今賴誌石補闕，亦幸事矣」則所謂「沒入奚官」就是沒爲保姆之
義了。

485 A. D. 北魏孝文帝太和九年　昭后自代至洛陽，暴卒；師因固請出家，
時師四十七歲。

524 A. D. 北魏肅宗孝明帝正光五年　師卒，世壽八十六，追贈比丘尼統。

小結：

師蓋保姆之流亞，經歷（宣武、孝明）二帝，得蒙優遇；但是，史失其名，
賴有誌石爲之補闕，亦幸事矣。

魏瑤光寺尼慈義傳遺考 35（見《漢魏南北朝墓誌集釋》卷二〈魏瑤光寺尼慈義墓誌銘〉）

　　尼諱英，姓高氏，勃海徐人也，文昭皇太后之兄女〔1〕。

　　世宗景明四年納爲夫人，正始五年拜爲皇后〔2〕。帝崩〔3〕，志願道
門，出俗爲尼。以神龜元年九月二十四日薨於寺〔4〕，十月十五日遷葬於芒
山；弟子法王等一百人，痛容光之日遠，懼陵谷之有移，敬銘泉石以誌不朽。
其辭曰：「……方窮福眷，永保遐年；如何弗壽？禍降上天……」

考釋：

〔1〕文昭皇太后之兄女　考《魏書·皇后列傳·宣武皇后高氏傳》，說后
　　是文昭皇太后的弟弟～高偃的女兒；這不確，因爲〈孝文昭皇后傳〉
　　說：「孝文昭皇后高氏，司徒公肇之妹也，父颺，母蓋氏，凡四男三
　　女，皆生於東裔。」而〈高肇傳〉說：「肇長兄琨，琨弟偃，偃弟壽，
　　壽弟肇。」這樣看來，偃是文昭皇太后的哥哥，不是弟弟了；是〈誌
　　銘〉對，而史傳誤。

〔2〕世宗景明四年納爲夫人，正始五年拜爲皇后　案，〈后傳〉只說：「世
　　宗納爲貴人，生皇子，早夭；又生建德公主，後拜爲皇后，甚見禮重。」
　　並沒有明說時間，案，景明四年，是梁武帝天監三年（504 A. D.）；
　　正始五年，則是天監七年（508 A. D.）。又，〈后傳〉說是先爲「貴人」，
　　〈高偃傳〉說：「景明四年納其女爲貴嬪。」考《魏書·皇后列傳序》

載：「高祖改定內官：左右昭儀位視大司馬，三夫人視三公，三嬪視三卿，六嬪視六卿……」於是《遼居乙稿》就說應該「以誌爲得」，因爲「夫人位高於嬪，至世祖時有貴人之名，世宗時殆已罷廢矣。」但是，夷考《皇后列傳序》又說：「太祖追尊祖妣，皆從帝諡，爲皇后。始立中宮，餘妾多稱夫人，多少無限，然皆有品次。世祖稍增左右昭儀及貴人，椒房中式數等，後庭已漸多矣……」則似貴人或貴嬪的位階，實在夫人之上。如：「明元密皇后，初以良家子選入太子宮，有寵，生世祖及太宗。即位，拜貴嬪；泰常五年（420 A. D.）薨，諡曰密貴嬪。」又如：「太武敬哀皇后賀氏，代人也。初爲夫人，生恭宗；神𪍿元年（428 A. D.）薨，追贈貴嬪。」都可以爲證。

〔3〕帝崩　宣武帝之崩，在延昌四年（515 A. D.）。案，帝即位於孝文帝太和二十三年（499 A. D.）四月，至此不過十六個年頭；高英景明四年納爲夫人，正始五年封爲皇后，也不過做了七年的皇后而已。

〔4〕神龜元年九月二十四日薨於寺　案，這一個日期，和〈孝明帝本紀〉所記不同；因爲「九月二十四日」是癸未朔丙午，和〈孝明紀〉的「九月戊申」（二十六日）差了兩天。這是什麼道理？《遼居乙稿》說：「〈孝明紀〉說：『神龜元年九月戊申皇太后崩於瑤光寺，冬十月丁卯以尼禮葬於北邙。』考是月爲癸未朔，二十六日得戊申，與誌作二十四日差二日，殆以二十四日暴崩，越二日始宣布耶？」

又，〈墓誌〉說「薨於寺」，〈孝明紀〉說「崩於瑤光寺」，其實是暴斃。關於這一點，〈后傳〉反而沒有什麼諱言：「神龜元年，太后出覲母武邑君，時天文有變；靈太后欲以后當禍，是夜暴崩，天下冤之。」不過，〈墓誌〉說：「方窮福眷，永保遐年；如何弗壽？禍降上天」，其實便已經透露了箇中消息了；要不然，「及肅宗即位，上尊號曰皇太后；尋爲尼，居瑤光寺。非大節慶，不入宮中。」（見〈后傳〉）兒子做了皇帝，母親反倒出家爲尼，且「非大節慶，不入宮中」，這是什麼「方窮福眷，永保遐年」呢？可見得這是寫碑誌者的曲筆。

另外，宣武皇太后之驟崩，考之史傳，實在是宮禁之爭的關係。而宣武皇太后之所以失敗，除了皇帝幼弱（案，肅宗武泰元年（528 A. D.）被毒死，才十九歲；那是生於宣武帝永平三年（510 A. D.），到他即位做皇帝，才是六歲的小孩子罷了。）護不了母親以外，還有就是靈

太后胡氏的強悍（此見後考）。再有的話，就和她本身的爲人有關了。

〈后傳〉說：「后性妒忌，宮人稀得進御……世宗暮年，高后悍忌，夫人、嬪御有至帝崩，不蒙侍接者。由是在洛二世二十餘年，皇子全育者，惟肅宗而已。」可以爲證。

簡譜：

504 A. D. 北魏宣武帝景明四年　　納高英爲夫人。

508 A. D. 北魏宣武帝正始五年　　封高英爲皇后。

515 A. D. 北魏宣武帝延昌四年　　帝崩，后出俗爲尼。

518 B. C 北魏孝明帝神龜元年　　后薨於寺。

小結：

1. 本誌可與本論文〈北魏帝室入道諸尼遺考之 18〉相參考。

2. 尼猶有弟子法王等一百人在，可見得瑤光是一頗具規模的大尼寺。

故比丘尼釋脩梵石室誌銘並序〔1〕遺考 36（見《益都金石記》卷一）

比丘尼諱脩梵，姓張氏，清河東武城〔2〕人，瀛州刺史烈〔3〕之第三女……有同縣崔居士南青使君之第五子〔4〕，以德義故歸焉。未獲偕老而君子先逝，遂發菩提心，出家入道……以開皇十三年八月二十三日終于俗宅，春秋九十有一〔5〕；五年十月二十四日，窆于石室。兄弟相撫，貫截肝心，烏鳥之恩，終天莫報……馮翊吉子才高學博，請掞其詞……

考釋：

〔 1 〕《益都金石記》（以下簡稱《益都記》）考說：「右石室銘，高一尺五寸，闊如「之」字，徑八分，正書，共十七行。在城內李文世家，云：得之於城西南隅田間。」

〔 2 〕清河東武城　案，山東、河北、遼寧、浙江甚而江蘇省都有清河，而東武城則在河北，其故城正在河北省清河縣，屬直隸廣平府。

〔 3 〕張烈　《魏書》卷七十六〈本傳〉說：「張烈，字徽仙，清河東武城人也。高祖賜名曰烈，仍以本名爲字焉。高祖悕，爲慕容儁尚書右僕射；曾祖恂，散騎常侍，隨慕容德南渡，因居齊郡之臨淄。烈少孤貧，涉獵經史，有氣概……時順陽太守王青石世官江南，荊州刺史廣陽王嘉慮其有異，表請代之……遂敕除陵江將軍、順陽太守，烈到郡二日，便爲寶卷將崔慧景圍攻七十餘日……世宗即位，追錄先勳，封清河縣

開國子，邑二百戶。尋以母老歸養……肅宗初，除龍驤將軍、司徒右長史，又轉征虜將軍、司空長史……靈太后反政……改授安北將軍、瀛州刺史。爲政清靜，吏民安之……元象元年卒於家，時年七十七。烈先爲〈家誡〉千餘言，并自敘志行，及所歷之官。臨終敕子姪不聽求贈，但勒〈家誡〉，立碣而已。」

〔4〕同縣崔居士南青使君之第五子　《魏書》卷二十四〈崔玄伯傳〉附〈崔僧淵傳〉說：「僧淵入國，坐兄弟，徙於薄骨律鎮，太和初得還。（案，這是指劉彧叛逆，召前安南將軍、南冀州刺史、清河公崔道固爲前將軍、徐州刺史，道固遂復叛；及皇興初，魏顯祖詔征南大將軍慕容白曜攻其東郭，道固又來歸降，顯祖以爲平齊郡太守、臨淄子加寧朔將軍。當慕容白曜圍城時，劉彧授道固嫡兄的兒子僧祐爲輔國將軍，而僧淵正是僧祐之弟。事見〈崔玄伯傳〉所附各傳。）高祖聞其有文學，又問佛經，善談論……敕以爲尙書儀曹郎，遷洛之後，爲青州中正，尋出爲征東大將軍、廣陵王羽諮議參軍加顯武將軍。討海戒於黃郭，大破之……出除龍驤將軍、南青州刺史。」所謂「同縣崔居士南青使君」，即指此而言。僧淵有子六人，但是兄弟並不相得，〈僧淵傳〉說：「僧淵元妻房氏生二子：伯驎、伯驥；後薄房氏，更納平原杜氏。僧淵之徒也，與杜俱去，生四子：伯鳳、祖龍、祖螭、祖虯。得還之後（案，這是指僧淵在作南青州刺史任內「坐擅出師無據，檢覈幽禁，後乃獲免」事。）棄絕房氏，遂與杜氏及四子家於青州；伯驥與母房氏居於冀州，雖往來父間，而心存母氏，孝慈之道頓阻一門。僧淵卒，年七十餘；伯驎雖往奔赴，不敢入家，哭沙門寺。」這樣看來，崔僧淵的第五子，應該是祖螭。全書全卷〈祖螭傳〉說：「祖螭，小字社客，麤武有氣力。刺史元羅板爲兼統軍，率眾討海賊；普泰初，與張僧皓俱反，圍青州。尒朱仲遠遣將討平之，傳首京師。」因爲是叛逆被誅，所以〈誌〉諱其名，所以有「未獲偕老，君子先逝」之說。

〔5〕師卒於開皇十三年，九十有一；那麼，應該是生在魏宣武帝景明四年、梁武帝天監二年。南北至隋八朝，師已經看了六朝了。

簡譜：

504 A. D. 魏宣武帝景明四年　師生。

532 A. D. 北魏節閔帝普泰二年　師之夫崔祖螭因謀反伏誅，師遂出俗，時
　　　　二十九歲。

593 A. D. 隋文帝開皇十三年　師卒，時九十一歲。

小結：

師之出俗，或者迫於無奈？因為她的丈夫謀反故，所以她其實也沒有真出
家，而是在家修行，嚴格來講，應該算不得釋氏，而墓誌以尼稱之，這是
特例。

尼師造像題記遺考 37

所謂「造像題記」，就是在佛、菩薩的石像上，題造像者的名字，以祈佛、
菩薩加庇的。這一部分的資料，通常來至石刻；所記也只是祈佛、菩薩加庇
的緣由，不要說尼師們的身世，就是她們住居的庵寺，多半也未曾書明。本
論文為了儘量使本時期尼眾的資料得以完整，特別從石刻史料裏，儘量加以
爬梳，庶幾能亟近真相。

本節的石刻史料，大概是從以下資料鉤取：《金石萃編》、《八瓊室金石補
正》，當然，兩本或兩本以上錄有同一像記的，則校其同異，而但取一本以為
據。譬如說〈尼法行題記〉具見於《金石萃編》和《八瓊室金石補正》，而後
者的釋詞說：「《萃編》作〈法衍造像記〉；細審之中無『氵』痕，豈已磨滅邪？」
從這一段話裏，顯然可見《八瓊室金石補正》要比《金石萃編》詳審許多，
因此便以之為據。

另外，本節的作法，是先考察分析尼師造像題記的緣由，再將同一緣由
的尼師歸在一起。這樣既省篇幅，又能具體而詳實地看出造像題記風氣之一
般。茲分析之如下：

（一）純粹為己身祈福，求往生極樂淨土的，如〈尼法文、法隆等題記〉
就說：「永平二年（案，這是北魏宣武帝的年號，相當 509 A. D.）歲次己丑、
四月二十五日，比丘尼法文、法隆等覺非常世，深發誠願，割竭私財，各為
己身敬造彌□像一軀。願使過見者，普沾法雨之潤；禮拜者，同无上之樂。
龍華三唱，願在流□一切眾生普同斯福。」（《八瓊室金石補正》卷十三）與
此相同的，還有：北齊天保八年（557 A. D.）的〈僧靜明等脩塔造象碑并兩側〉
（案，此碑又見於《金石續編卷二》，題作〈邑義垣周等造像記〉。）智朗、
僧照、道香、僧和、惠通、道希、靜淵、光輝、惠要、惠壽、惠寶等。（卷二

十一）

　　（二）求今生離卻煩惱的，如〈尼法行題記〉就說：「法行徼心敬造二菩薩，永離煩惱。現在師徒，並□共福。」（仝上，又見《金石萃編》卷二十七）與此相同的，還有：神龜三年（520 A. D.）的〈尼慈香、慧政題記〉（案，此文又見於《十二硯摘金石過眼錄》卷六〈元魏〉條）、正光四年（523 A. D.）的〈尼法陰題記〉。

　　（三）為己身、七世父母求往生極樂淨土；若今生不得，則求下生為公王長者離苦得樂的，如〈尼惠智題記〉就說：「永平三年（510 A. D.）十一月二十九日，比丘尼惠智為七世父母、所生父母，造釋迦像一軀，願使託生西方妙樂國土；下生人間為公王長者，永離三途。又願己身平安，遇□彌勒，俱生蓮華樹下，三會說法。一切眾生普同斯願。」（仝上）與此相同的，還有：仝卷的〈尼法慶題記〉、〈企和寺尼題記〉（案，本題記又見《金石萃編》卷二十七，而《平津讀碑記》云：「《洛陽伽藍記》無此寺，當在一千三百六十七所之列。」）、正光四年（523 A. D.）的〈尼法照題記〉、孝昌元年（525 A. D.）的〈比丘尼僧□題記〉、天平二年（案，這是東魏孝靜帝的年號，相當 535 A. D.）的〈朱舍興等造四面象碑〉其中有比丘尼慧潤（卷十七）、〈比丘尼紹戔題記〉（仝上）、北齊天保三年（552 A. D.）的〈宋顯伯等造像龕記并陰側〉其中有上座比丘尼惠藏、上座比丘尼僧津、比丘尼惠姜、比丘尼僧讚、比丘尼僧敬、比丘尼僧勝、比丘尼僧好、比丘尼僧要、比丘尼僧暉、比丘尼僧相、比丘尼僧援、比丘尼薩花、比丘尼阿勝洛妃等。（案，此銘是以白衣為齋主，而把比丘、比丘尼同刻其上的；陸增祥〈金石續編校訂〉說：「碑文云宋顯伯等四十餘人，今碑末層殘闕，就所存計之，已得五十八人，疑法略、僧寶及諸比丘尼乃後來儳刻，不在四十餘人之內也。」我想此話不確。原因是：一、不合僧人戒貪之戒；二、如果是後來才儳刻上去的，則應該列名碑末，事實上在「比丘尼阿勝洛妃」之後，還有「開佛光明主　斯妃仁」等三十九人，和碑文的撰書者、立碑的年代等；三、這一碑制，猶見於本條下文：北齊武平元年〈董洪達造像銘〉，可見以白衣為齋主，而請比丘為起像的，不止此銘而已。）、北齊天保七年（556 A. D.）的〈尼如靜造像記〉（案，此為亡師尼始靚的，見卷二十）、北齊武平元年（570 A. D.）的〈董洪達造像銘〉其中有比丘尼曇仙、曇信、曇那、惠朕、靜輝、曇羨、曇容、曇財等。案，此銘是以白衣為齋主，而請比丘為起像；竟然隨著鑴題比丘尼名號，這是不是表示僧、

尼同住一寺呢？是大可注意的事體。本銘的題款如下：

　　邑師比丘□敢起像　齋主張黃頭

　　以上第一列

　　□化主馬黃頭　北面像主比丘尼雲仙　北面像主比丘尼雲信……北
　　面像主比丘尼雲財……

　　以上第二列

但是，根據上引「北齊天保三年〈宋顯伯等造像龕記并陰側〉」的鐫刻形制：
「邑師父法略　廣福寺僧寶　上座比丘尼惠藏　上座比丘尼僧津　比丘尼惠
姜　比丘尼僧讚……」應該可以認定是僧、尼同住一寺了！這是不合尼戒的，
如《大愛道比丘尼經》中所說的「八敬道」之三：「比丘、比丘尼不得相與並
同居止」就是。）

　　（四）求生兜率的，如〈尼法興題記〉就說：「永平四年（511 A.D.）歲
次在卯（案，卯上掉一辛字）、九月一日、甲午朔，比丘尼法興敬造彌勒像一
軀。上為皇家、師僧、父母、有識含生，普乘微善，龍華三會，俱得齊上。
又願皇祚永隆，三寶量延，法輪長唱。所生父母託生紫袖，蓮昇兜率，面奉
慈氏，足步虛空，悟發大解。所願如是。」（仝上）與此相同的，還有：孝昌
元年（525 A.D.）的〈尼僧達題記〉（案，此是為她死去的兒子而造的）

　　（五）求免厄患的，如〈尼法興再題記〉（案，此尼法興就是前條的尼法
興）就說：「延昌二年（513 A.D.）八月二日，比丘尼法興因患，發願造釋迦
像一軀，願使此身厄惡雲消，戒行清潔，契感元宗，明悟不二。逮及七世父
母、生身父母、一切眾生，咸同此福。」（仝上）與此相同的，還有：孝昌二
年（526 A.D.）的〈乾靈寺尼智空題記〉、北齊武平元年（570 A.D.）的〈尼
靜深造像記〉。（卷二十二）

　　（六）求獲法喜的，如〈尼法璨題記〉就說：「孝昌二年（526 A.D.）五
月二十三日，比丘尼法璨為師僧、父母、同學、緣眷、十方眾生，敬造釋迦
像，願普津法澤。」（仝上）與此相同的，還有：天平三年（536 A.D.）的〈尼
曇會題記〉（卷十七）、北齊乾明元年（560 A.D.）的〈尼慧承等造象記〉中所
載的：比丘尼慧承、靜遊、□究、僧炎等。（卷二十一）

　　（七）為親人求征夫平安的，如〈尼法光題記〉就說：「比丘尼法光為弟
劉桃扶北征，願平安還，造□世音像一軀。友為忘父母造釋迦像一軀，願見
在眷屬、一切眾生，共同斯福。普泰二年（532 A.D.）四月八日造記。」（仝

上）（案，本題記之文甚粗糙，如「軀」做「區」、「又」做「友」、「亡」做「忘」；而且「普泰」是北魏節閔帝的年號，節閔帝是年的二月被立，改「建明」爲「普泰」，第二年的四月被廢，五月被殺；安定王旋即改元「中興」。）

四、小說、類書

這是從《法苑珠林》、《太平廣記》、《宣驗記》、《冥祥記》等等之中加以鉤稽的：

桓溫尼傳〔1〕遺考 38（見〈冥祥記〉）

晉大司馬桓溫，末年頗奉佛法，飯饌僧尼。

有一比丘尼，失其名〔2〕，來自遠方，投溫爲檀越尼；纔行不恆，溫甚敬待，居之門內。尼每浴，必至移時。溫疑而窺之：見尼裸身揮刀，破腹出臟，斷截身首，支分臠切。溫怪駭而還，及至尼出浴室，身形如常。溫以實問，尼答曰：「若遂凌君上，刑當如之。」時溫方謀問鼎，聞之悵然，故以戒懼，終守臣節。

尼後解去，不知所在。

考釋：

〔1〕案，本傳又見《晉書》卷九十八、列傳第六十八〈桓溫傳〉〔註3〕及《法苑珠林》卷二十三。

〔2〕失其名　《晉書》作：「名有道術」，甚不文；或者有漏文，故不從。

小結：

桓溫之終守臣節，是不是真受到此神尼的教化，今且不論；但從這一則傳記裡，有兩點要在意的，是：（一）尼師之出入公門，直接受到公卿的禮敬，已是不爭的事實。（二）尼師教化的手段，不是以經義，而是以神通力，這反應了時人佛教信仰的層次之如何矣。

〔註3〕案，〈桓溫傳〉云：「溫性儉，每讌惟下七奠，拌茶果而已。然以雄武專朝，窺覦非望。或臥對親察曰：『爲爾寂寂，將爲文景所笑。』眾莫敢對。既而撫枕起曰：『既不能流芳後世，不足復遺臭萬載邪？』常行經王敦墓，望之曰：『可人，可人！』其心跡若是。時有遠方比丘尼，名有道術；於別室浴，溫竊窺之。尼倮身，先以刀自破腹，次斷兩足。浴竟出，溫問吉凶，尼云：『公若作天子，亦當如是！』」

尼智通傳〔1〕遺考 39（見《太平廣記》卷一一六）

宋尼智通，京師簡靜尼也〔2〕。年貌殊少〔3〕，信道不篤；元嘉九年，師死，罷道，嫁爲魏都梁甫妾〔4〕。生一男，年七歲，家甚貧窮，無以爲衣。

智通爲尼時，有數卷素《無量壽》、《法華》等經；悉練擣之，以衣其兒。居一年而得病，恍惚驚悸，肌體壞爛〔5〕，狀若火瘡。有細白蟲，日去升餘，慘痛煩毒〔6〕，晝夜號叫。常聞空中語云：「壞經爲衣，得此報也。〔7〕」旬餘而死。（出〈冥祥記〉）

考釋：

〔1〕案，本傳又見《法苑珠林》卷十八、《廣博物志》卷二十八。

〔2〕案，此句文義不馴。從其後文「元嘉九年，師死，罷道，嫁爲魏都梁甫妾」推之，應該是「京師簡靜寺尼也」。簡靜寺，是在吳郡，晉太傅王道子爲支妙音尼所立的，本論文〈簡靜寺支妙音尼傳考 12〉云：「妙音，未詳何許人也……博學內外，善爲文章。晉孝武皇帝、太傅會稽王道、孟顗等，並相敬信，每與帝及太傅、中朝學士談論屬文，雅有才致，藉甚有聲。太傅以太元十年爲立簡靜寺，以音爲寺主，徒眾百餘人。」她大概就是百餘徒眾裏的一人，而且支妙音尼在當時直是名動公卿的人物：「內外才義者因之以自達，供嚫無窮，富傾都邑，貴賤宗事，門有車馬日百餘兩。」在這樣的境域裏，「年貌姝少」的智通，那裡能信道得篤呢？

〔3〕殊 〈冥祥記〉做「姝」，當從。

〔4〕梁甫妾 〈冥祥記〉、《法苑珠林》、《廣博物志》做「梁群甫妻」，當從。

〔5〕肌體壞爛 〈冥祥記〉做「竟體剝爛」。

〔6〕慘 〈冥祥記〉做「燥」。

〔7〕得此報也 〈冥祥記〉做「得此劇報」，多一「劇」，當從。

僧欽尼傳〔1〕遺考 40（見〈冥祥記〉）

宋費崇先〔2〕者，吳興人也。少頗信法，至三十際，精勤彌至。泰始三年受菩薩戒，寄齋於謝惠遠〔3〕家，二十四日，晝夜不懈。每聽經，常以鵲尾香爐置膝前（案，《古小說鈎沉》校云：「《初學記》二十五引云：費崇先少

信佛，常以鵲尾香爐置膝前。」）〔４〕初齋三夕，見一人容服不凡，逕來舉爐將去；崇先視膝前爐猶在其處，更詳視此人，見提去甚分明，崇先方悟是神異。自惟衣裳新濯，了無不淨，唯坐側有唾壺，既使去壺；即復見此人還爐坐前，未至席頃，猶見兩爐，既即合爲一。然則此人所提者，蓋爐影乎？

　　崇先又嘗聞人說：福遠寺〔５〕有僧欽尼，精勤得道，欣然願見；未及得往，屬意甚至。嘗齋於他家，夜三更中，忽見一尼，容儀端嚴，著褚布袈裟，正立齋席之前，食頃而滅。及崇先後見此尼，色貌被服，即窗前所睹者也。

考釋：

〔１〕案，本傳又見《法苑珠林》卷三十三、《廣博物志》卷三十九。

〔２〕費崇先　史傳不載，而頗見於小說家言。

〔３〕謝惠遠　史不載其傳，但是據諸書所載，殆是與謝靈運同爲南朝宋人，或者是靈運的族弟惠連的族人（案，本人頗疑是惠連的字誤，尤其〈西陵遇風獻康樂〉一詩，《會稽志》等諸書便作謝惠連所傳），靈運人稱康樂公，《宋書》、《梁書》、《南史》、《通志》等等俱各有傳；彼既和謝康樂有所酬唱，當是同時之人可知。清蔣維鈞《義門讀書記》卷四十六〈文選詩〉節評之曰：「〈西陵遇風獻康樂〉清便婉轉，此等詩亦復憲章陳王（案，殆指陳思王曹植也）；但比之康樂，爲差弱耳。」又云：「〈秋懷詩〉一往清綺，而不乏眞味。」彼不但能詩，亦且能書畫，清卞永譽撰《式古堂書畫彙考》卷三十一、清康熙《御定佩文齋書畫譜》卷十七：「中品下：荀勗、王獻之、毛稜、顧駿之、謝赫、謝惠遠、戴蜀、陸整、江僧寶、解蒨、王知愼、劉堇凡一十二人。」這是把他的書畫列在中品之下了。

〔４〕鵲尾香爐　此應是有柄，可以提攜之物，《山堂肆考》卷二三四：「塵尾拂，塵似鹿而大，尾可爲拂以揮蠅。晉王導、謝安嘗捉玉柄塵尾而談。又費崇先少信佛法，嘗以鵲尾鑪置膝前，鑪有柄。」是也。

〔５〕福遠寺　請詳本論文〈寺院考〉。

簡譜：

467 A. D. 宋明帝泰始三年　費崇先，少頗信法，至三十際，精勤彌至，乃在是時受菩薩戒；又有僧欽尼者，頗有神通，能因感現形。

小結：

1. 謝惠遠或是謝惠連之誤。

2. 這一故事，後世詩文常加引用，如《能改齋漫錄》卷七：「鵲尾香爐，東坡詩有：『夾道青煙鵲尾爐』，按，〈松陵唱和集〉：『〈皮日休寄華陽潤卿詩〉云：鵲尾金爐一世焚。注云：陶貞白有金鵲尾香爐，又《珠林》云：宋吳興人費崇先，少信佛法，每聽經常以鵲尾香爐置膝前。費崇先事又見王琰〈冥祥記〉』。」

3. 僧欽尼應在「神異」類中。